통계학의 입문

남상복 · 채홍철

한림원출판사

서 문

통계학은 관심대상에 대한 관련 자료를 수집하고 그 자료를 요약 정리하여 불확실한 사실에 대한 결론이나 일반적인 규칙성을 추구하는 학문으로 모든 학문분야에서 통계학이 사용되고 있으며, 대학의 모든 학과(또는 전공)에서 학과의 특성에 맞게 통계학 과목이 개설되고 있다. 그러나 많은 학생들이 통계학을 배우기도 전에 "어렵다"는 선입견을 가지고 있으며, 몇 번이나 통계학을 공부하다 포기하는 등 통계학에 대한 흥미를 느끼지 못하는 경우가 많다. 또한 대부분의 기존 통계학 교재는 좋은 내용과 형식으로 짜여져 있지만 너무 이론적이거나 전문적이어서 통계학을 전공하지 않은 학생들이 접근하는데 상당한 어려움이 내포되어 있다는 것도 사실이다.

이 책의 특징은 고교과정에서 배웠던 집합과 확률에 대한 기본 개념, 자료의 수집과 정리, 분포의 특성, 확률변수와 확률분포, 이산 및 연속 확률분포, 추정, 가설검정 등의 순으로 구성되어 통계학을 처음배우는 학생, 통계학을 다시공부해보고 싶은 학생, 정말 통계학을 몰라 남보다 뒤쳐져 있다고 생각하는 학생들을 위하여 통계학의 기초적인 개념과 개념에 수반된 예제들의 자세하고 쉬운 풀이 등을 통하여 다른 통계학 교재에서 찾아 볼 수 없는 통계의 초심자를 위한 통계학의 입문에 해당하는 내용에 충실하게 작성된 교재하고 생각한다.

책을 쓰면서 통계학 관련 내용을 이해시킨다고 하는 것이 얼마나 어려운 일인지를 절감하였으며, 미진한 부분이 많을 것으로 생각되고 또한 바로 보완하고 수정할 것을 약속하며 부족하지만 책을 펴내기로 했으며, 이 책이 실제로 어려워만 했던 통계학을 처음 접하려는 학생들에게 조금이라도 도움이 된디면 한 힉기 내내 여름까지 통계학 책을 쓰려고 했넌 고생에 위안이 되리라 생각한다.

이 책을 집필하는데 도움을 주신 분들에게 감사드리며, 특히 이 책의 출판을 허락해주신 한림원(주) 김홍중 사장님과 한림원(주) 가족여러분에게 감사한다.

2012년 8월

저자 일동

CONTENTS

제1장 통계학의 개요

제1장 통계학의 개요

우리는 불확실한 세계에서 살고 있다고 해도 과언이 아니다. 최근에 있었던 마라톤대회에서 누가 우승을 할 것인지, 우리나라가 2014년에 브라질에서 개최되는 월드컵 본선에 진출할 수 있을 것인지, 대학 입시에서 어느 학생이 합격할 것이라는 예측도 불확실한 상황에서 이루어지며, 천안함 사태로 야기된 북한과의 관계 개선에 대한 전망이나 우리나라의 향후 경제발전에 대한 예측 등은 보다 더 불확실한 상황에서 이루어지게 된다. 이러한 불확실한 상황에서 생활한다고 하여 그대로 방치할 수는 없다고 판단된다. 북한문제에 대하여 불확실하다고 판단하여 정부에서 아무런 대책도 없이 방관만 한다면 우리나라의 장래는 어떻게 되겠는가? 2014년 월드컵 본선에 어느 나라가 진출할지 모른다고 수수방관만 하고 있다고 문제가 해결되는 것은 아니라고 생각된다.

이러한 문제가 개인에 관한 것이든 기업이건 정부이건 보다 현명한 의사 결정을 하기 위해서는 주어진 불확실한 상황을 정확하게 분석하여, 불확실성을 최소화하려는 노력이 필요하다고 판단된다. 이러한 노력을 체계적으로 정리한 것이 통계학이다.

제1절 통계학이란?

통계학은 지금껏 단지 여러 분야의 데이터들에 대한 정보들을 모아놓은 숫자 또는 그래프로서 다른 학문 분야의 연구결과를 뒷받침하는 보조적인 학문으로 인식해 왔다. 그러나 통계학은 사회과학뿐만 아니라 자연과학과 이에 관련된 여러 분야와도 밀접한 관계를 맺고 있다.

그렇다면 통계학(statistics)이란 무엇인가? 통계학은 어떠한 역할을 수행하며 실질적인 문제를 해결하는데 있어서 어떠한 도움을 주는가?

먼저, 통계학의 어원은 영어의 *statistics*(통계학, 통계)는 확률을 뜻하는 라틴어의 *statisticus*(확률) 또는 *statisticum*(상태), 이탈리아어의 *statista*(나라, 정치가) 등에서 유래했다고 한다. 특히 국가라는 의미가 담긴 이탈리아어 *statista*의 영향을 받아, 국가의 인력, 재력 등 국가적 자료를 비교 검토하는 학문을 의미하게 되었다.

둘째로, 통계학(statistics)이란 무엇인가? 다음의 예를 보자.

식물은 광합성을 통하여 탄수화물을 생산하며, 이때 식물이 생산하는 탄수화물의 양은 빛의 양, 빛의 종류, 수분의 양, 이산화탄소의 양, 온도 등이 여러 요인들에 의해 그 양이 결정될 것이다. 이때 특정한 요인이 광합성에 어떠한 영향을 미치는가를 알아보고자 실험을 한다면 고려해야 할 점이 많겠지만 우선 다음과 같은 사실을 우선적으로 고려해야 한다. 특정한 식물 종을 대상으로 실험하더라도 그 종의 모든 식물체를 실험 대상으로 삼을 수는 없기에 그 종의 식물체 중에서 대표적인 몇몇을 표본으로 추출하여 실험할 것이며 이러한 표본에서 얻어진 자료를 분석하여 유용한 정보를 얻고자 할 것이다. 이렇게 표본에서 얻어진 정보는 다시 전체 식물에 대한 정보로 이용하게 된다. 우리가 궁극적으로 관심이 있는 것은 모집단이라고 불리는 특정한 종의 전체 식물체이지만, 이 모든 개체들을 대상으로 실험한다는 것은 불가능하므로 모집단에서 크기가 비교적 작은 표본을 추출한 후 그 표본을 대상으로 일차적인 실험과 관찰을 하는 것이다. 그리고 자료를 분석해 얻어진 정보를 이용하여 모집단에 관해 파악하고자 하는 것이다.

또한, 프로야구시합의 승부를 예측하기 위하여 각 팀들의 과거 승률을 조사하여 어느 팀이 더 유리하다고 예측할 것이며, 여러분들이 어느 대학 어떤 학과를 진학하고자 할 때 그 학과의 합격가능성을 예측하기 위하여 대학수학능력시험 성적의 분포, 내신 성적 반영 비율, 학과의 합격선 등을 고려하여 지원여부를 결정하는 것 등은 미래의 불확실성을 줄이기 위해 통계학의 개념을 이용한 경우이다. 그러나 이러한 의사결정의 불확실성을 감소시키려는 행위가 통계학의 전부가 아니라 자료를 수집하여 수량화하고 자료를 분석하는 일, 자료를 분석하고 해석하기 위한 학문적체계가 확립되어야만 할 것이다.

그러므로 통계학이란 불확실한 상황에서 현명한 의사결정을 하기 위한 이론과 방법의 체계이며, 통계학은 자료의 수집 · 분류 · 분석과 해석의 체계를 갖는다.

결론적으로 통계학(statistics)은 명확하게 규명된 과정에 따라 자료를 수집하고, 조직하고, 해석하는 응용수학의 한 학문분야이며, 통계학의 세 가지 목적은, 정보를 기술하고 요약함으로써 자료를 더 작고 의미 있는 자료로 줄이고, 관찰에 근거하여 사건이나 현상의 발생을 예측하여 일반화하고, 관찰된 자료들 사이의 관련, 또는 차이를 밝혀내기 위해 연구하는 과학의 한 분야가 통계학이다.

제2절 통계학의 기본 용어

2.1. 모집단과 표본

통계학을 배우는 데 있어서 많이 사용되는 용어로 모집단과 표본이 있는데 이를 설명하기 위하여 2011학년도 1학기에 실시한 "신입생 대학생활 만족도 조사"의 내용 중 하나의 문항을 예로 살펴보면 다음과 같다.

2011학년도에 입학한 982명을 대상으로 '하루 평균 컴퓨터를 사용하는 시간'을 묻는 물음에 1~2시간 정도 컴퓨터를 사용하고 있는 학생이 356명(40.6%)으로 제일 높게 나타났으며, 3~4시간을 사용하는 학생은 평균 338명(38.5%), 5시간 이상 사용하는 학생은 평균 140명(16%), 전혀 사용하지 않는 학생은 평균 43명(4.9%)의 순으로 나타났으며, 하루 평균 최소 컴퓨터 사용시간은 2010학년도 2.50시간, 2011년 2.99시간으로 나타나 하루 평균 컴퓨터를 사용하는 시간이 매년 증가하고 있음을 알 수 있다는 자료에서 설문에 응답한 학생을 모두 더하면 877명이라는 사실을 알 수 있으며, 이는 982명 중 87%만 참여했다는 사실을 알 수 있다.

〈표 1-1〉 최근 2년간 하루 평균 컴퓨터 사용시간

사용시간	2010년		2011년	
	빈도	비율	빈도	비율
전혀 없다	30명	6%	43명	4.9%
1~2시간	246명	49%	356명	40.6%
3~4시간	161명	32%	338명	38.5%
5시간 이상	63명	13%	140명	16%
계	500명		877명	

여기에서 모집단은 입학한 신입생 전체가 되는 것이며, 표본은 설문에 응답한 학생의 수가 되는 것이다.

또한, 경상남도는 사회통계조사를 위하여 인구, 고용, 보건, 환경, 사회 등 9개 부문, 47개 항목에 대하여 도내 10,000 가구를 대상으로 2008년 5월 6일부터 9일 까지 4일간 조사한 결과를 발표했다. 위의 조사에서와 같이 이 조사를 완벽하게 수행하기 위하여 경상남도 전체 가구를 대상으로 하여야 하지만 막대한 경비와 시간이 소요되는 관계로 일부 가구만을 대상으로 조사하여 서로 비교하는 방법이 일반적인 방법으로 사용되고 있다.

이와 같은 예는 주위에서 얼마든지 찾아 볼 수 있다. 특히 선거철이 되면 신문과 방송을 통해 많이 접하게 되는 내용으로 "A 정당의 지지도가 30% 이다. 이 조사는 전국에 거주하는 유권자 1,000명에 대하여 조사하였고 95%의 신뢰수준에 표준편차는 ± 3.5% 이다"라는 내용과, 우리나라 인구의 평균 몸무게를 알고자 한다면 모집단은 우리나라 인구 전체가 될 것이며, 작게는 우리 대학 학생들의 통계과목에 대한 시험점수를 알고자 한다면 모집단은 통계과목을 수강한 전체 학생의 수가 될 것이다. 즉 우리가 연구하고자 또는 조사하고자 하는 모집단의 수가 많거나 작을 수 있지만 시간적으로나 경제적으로 모집단 전체를 파악한다는 것은 많은 모집단에서는 어려운 상황이기에 표본을 선택하고 분석하여 모집단의 특성을 파악하려고 하는 것이 현대통계학의 주류이다.

이와 같이 모집단(statistical population)이란 통계적인 연구에 있어서 관심 대상이 되는 모든 개체들의 관측값 또는 측정값의 집합을 말하며, 표본(sample)이란 모집단의 일부분을 의미하며 통계적 처리를 위하여 모집단에서 실제로 추출한 관측값이나 측정값의 집합을 말한다.

2.2. 모수와 통계량

통계적으로 조사를 할 때, 모집단 전체를 대상으로 하여 모집단의 어떤 특성을 수치로 알아보는 경우도 있으며, 모집단의 전부를 조사하기 어려운 경우 표본을 뽑아서 그 특성을 알아보기도 하는데 연구 주제에 따른 조사목적을 달성하기 위한 자료조사방법에는 전수조사와 표본조사로 분류되며, 전수조사는 연구 대상이 되는 모집단을 하나하나 전부 조사하는 자료조사방법이며, 표본조사는 연구 대상이 되는 모집단의 일부를 표본으로 추출하여 조사하는 방법을 말한다.

예를 들어 서울시내 초등학생의 체중을 알고 싶다면 여러분은 어떤 조사방법을 이용할 것인지를 먼저 결정하여야 할 것이다. 즉 서울시내에 있는 초등학생들의 체중을 전부 조사하여 평균 체중을 산출할 수 도 있으며, 보다 경제적으로 서울 시내 초등학생 중에서 표본을 뽑아 그 표본으로부터 평균을 계산할 수도 있다. 다 같이 평균이라고 하지만 하나는 전체를 대상으로 하여 평균을 산출하였으며, 하나는 표본을 대상으로 계산된 평균이기에 분명한 차이가 있다. 그러므로 평균이라는 같은 용어로 표현이 되어도 성격이 다른 두 경우의 평균은 구분하여 표현하여야 한다. 편의상 지금까지 평균에 대한 표현의 방법이 달라야 한다고 하였지만, 평균 이외의 다른 특성들도 마찬가지로 그 대상에 따라 구분되어져야만 한다.

그러므로 모수와 통계량의 용어에 대하여 정확하게 이해하고 있어야 한다. 즉 모수(parameter)는 모집단으로부터 얻어진 평균, 분산, 표준편차 등의 수치로서 모집단의 특성을 수치로 나타낸 것을 말하며, 통계량(statistic)은 표본으로부터 얻어진 평균, 분산, 표준편차 등의 수치로서 표본의 특성을 나타낸다.

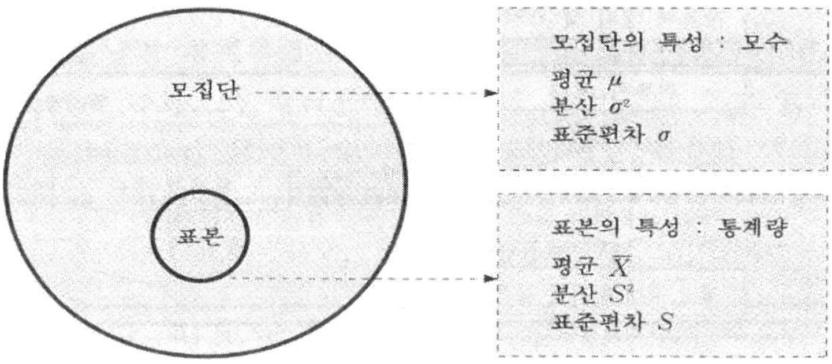

[그림 1-1] 모집단, 표본, 모수, 통계량의 관계

2.3. 기술통계학과 수리통계학

통계학의 두 가지 주요 형태는 기술 통계학(descriptive statistics)과 추리 통계학(inferential statistics)이다. 기술 통계학은 자료를 기술하거나 특성을 나타내기 위해 정보를 손실하거나 왜곡함이 없이 더 이해하기 쉬운 용어로 자료를 요약하는 것으로, 도수분포표, 차트, 빈도, 백분율, 중심경향성(central tendency)은 기본적인 표본의 특성을 묘사하기 위해 사용되는 가장 일반적인 통계로서 정보를 얻기 위하여 자료를 수집, 정리, 분석, 서술하여 명료하고 효과적인 방법으로 표본에서 정보를 얻고 요약하는 방법을 말하며 통계학의 기본이 된다.

기술통계학의 결과로 얻어진 정보를 이용하여 할 수 있는 일은 무엇인가? 우리는 이러한 정보를 이용하여 모집단의 특성에 대해서 파악하거나 보편적인 일반원리를 끌어낸다든지 앞날을 예측하는 수단으로 이용하고자 할 것이다. 이때 우리가 이용할 수 있는 것이 추리통계학(inferential statistics)이다. 추리통계학은 많은 분야의 연구에 강력한 수단이 될 수 있다. 이 책에서는 추리통계학에 대해서 많은 지면을 할애할 것이다. 즉 추리통계학(inferential statistics)이란 표본에서 얻은 정보를 이용하여 모집단에 대해서 추리, 예견, 결정을 내리는 표본 통계의 정확도나 신뢰도를 서술하는 것이 중요하다.

제3절 통계분석절차

3.1. 자료의 효과적인 수집

통계조사에서 사용되는 효과적인 자료수집방법은 크게 우편조사, 전화조사, 직접면접조사로 구분된다. 각 자료수집방법에 따라서 조사비용, 필요한 인적·물적 자원의 형태, 모집단의 범위, 응답률, 응답이 가능한 질문의 형태, 면접진행에 대한 통제, 조사절차의 용이성, 허용오차의 오차율 등에서 장단점이 있다. 조사 목적 및 주제, 시간과 비용, 조사인력 등을 신중히 검토하여 적합한 자료수집 방법을 결정해야 한다. 일반적으로 표본설계에서 자료수집방법을 먼저 결정하게 되는데 그것은 자료수집방법에 따라 질문지의 형태와 설명정도가 달라지기 때문이다.

통계는 정부 정책을 입안하는데 있어 기본적인 데이터를 제공하기 때문에 사소한 통계의 오류가 발생하더라도 정책에 심각한 오류가 발생하게 된다. 실제로 정부는 2008년 국민연금법 개정으로 연금지급액이 가입기간(만기 40년) 동안 소득의 60%에서 50%로 낮췄으며 보험료는 월 소득의 9%에서 2009년부터0.39% 포인트씩 올려 2018년 12.9%까지 올리기로 했다. 이 결과 국민연금 소진 시기는 2047년에서 2060년으로 늦춰졌다. 그러나 지난해 인구통계가 수정되면서 학계에서는 국민연금 고갈시기가 대폭 앞당겨질 것이라고 분석했다. 연금고갈 시기가 2060년보다 약 10~20년 정도 빨라질 것이라는 연구 결과가 속속 나오고 있는 것이다.

또한, 한국은행은 2010년 2분기 가계부채가 754조9000억원이 아니라 802조8200억원이라고 정정하면서 이에 따른 정책시행 시기를 놓친 것도 마찬가지로, 기준의 변화에 따른 수정이긴 하지만 지난해 6월 금융당국에서 부랴부랴 실시한 가계부채 연착륙 대책은 2010년 2분기에 본격적으로 논의됐어야 했다는 지적이다. 그러나 1년이나 뒤늦게 실시하면서 가계부채의 대응시기를 놓쳤다는 비판을 받았다.

또한, 중국이 전 세계 철강업계의 최대 시장으로 부상하고 있지만 부실한 통계 때문에 정확한 생산량과 소비량을 파악하기 힘들다고 월스트리트저널(WSJ)이 보도했다. 북미와 유럽, 아시아 업체들은 중국의 수요에 근거해 생산량을 조절할 정도로 중국의 영향력은 대단하다. 따라서 중국 시장 내 철강제품의 가격과 재고량뿐만 아니라 유연탄과 철광석 등 원자재 구매량도 중국 시장의 상태를 대변해주는 지표로 해석된다. 하지만 제대로 된 생산·소비 관련 수치가 없어 전 세계 업계가 추정에 의존하는 '퍼즐게임'을 벌이고 있다고 WSJ은 전했다.

그러므로 통계를 분석하는데 있어서 문제를 제기하고, 모집단을 설정한 후 표본을 추출하기 위한 자료를 수집하는 과정에서 대표성이 없는 자료를 수집하여 자료를 분석한다고 하더라도 부실통계의 우려가 있는 만큼 통계를 분석하는 첫 단계인 효과적이고 대표성이 있는 자료의 수집이야말로 제일 중요한 관건이라고 하겠다.

3.2. 자료를 요약된 형태로 표현

효과적이고 대표성이 있는 자료가 수집되었다면, 주어진 자료를 가지고 요약된 형태로 표현이 가능하여야 한다. 통계자료를 요약하는 방법으로는 자료의 중심을 나타내는 평균, 중앙값, 최빈값 등이 있으며, 자료의 산포정도를 나타내는 분산, 범위 등이 있고, 이러한 자료들을 도표 또는 그래프로 나타내는 방법으로 기둥, 원, 막대, 줄기 나 잎, 상자 등이 있다.

예를 들면, 2010년 통계청에서 조사한 '인구 주택 총 조사'보고서에는 가구 수 및 가구당 평균 가구원 수에 대한 자료를 발표하면서 2010년 11월 1일 현재 우리나라의 총 가구 수는 17,574,000 가구이며, 평균 가구원 수는 2.69명이고, 가장 주된 가구 유형은 2인 가구라고 발표하였다. 이는 1990년은 10가구 중 한 가구도 채 되지 않았던 '1인 가구'의 비율이 계속 늘어나 2010년에는 23.9%까지 증가하였으며, 앞으로도 계속 증가추세에 있다고 발표하였다.

〈표 1-2〉 가구 수 및 가구당 평균 가구원 수(1990~2010)

(단위 : 천 가구, %)

	'90	'95	'00	'05	'10
일반가구	1,355	12,958	14,312	15,887	17,339
일반 가구원	42,783	44,028	44,712	45,737	46,651
평균 가구원 수	3.77 명	3.40 명	3.12 명	2.88 명	2.69 명
1인 가구 (비중)	1,021 (9.0%)	1,642 (12.7%)	2,224 (15.5%)	3,171 (20.0%)	4,039 (23.9%)

예를 들면, 어느 대학에서 중간고사를 마친 후 학생들의 성적을 도수분포표로 나타냈으며, 이 표를 이용하여 통계적인 수치인 평균과 분산, 표준편차를 구하고 EXCEL을 이용하여 다양한 그래프로 나낼 수 있다.

먼저 중간고사를 치른 35명의 학생들에 대한 자료를 다음과 같이 도수분포표로 나타낼 수 있다.

〈표 1-3〉 중간고사 성적분포

성적분포	인원
15이상~20이하	8명
10이상~15미만	15명
5이상~10미만	10명
5이하	2명
계	35명

또한 위에 주어진 도수분포표를 가지고 다음과 같은 그래프를 EXCEL을 이용하여 다양한 방법으로 나타낼 수 있다.

(1) 막대그래프

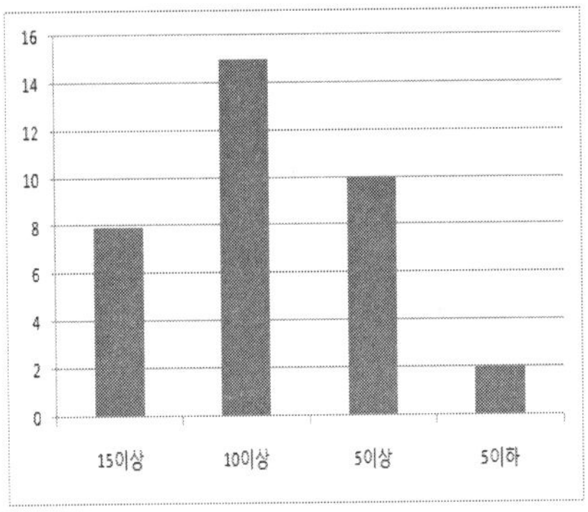

(2) 꺾은 선 그래프

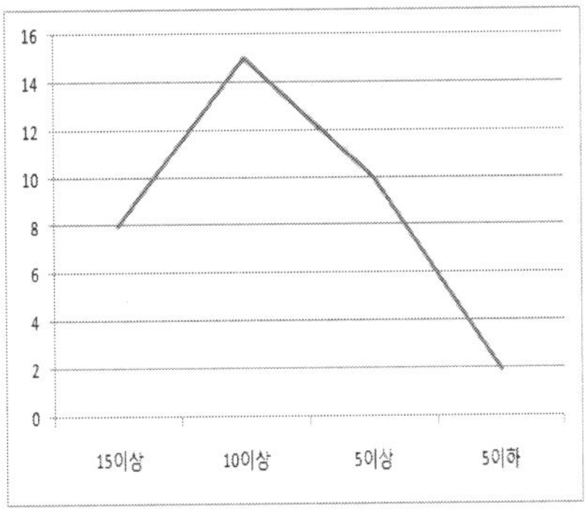

(3) 원형 그래프

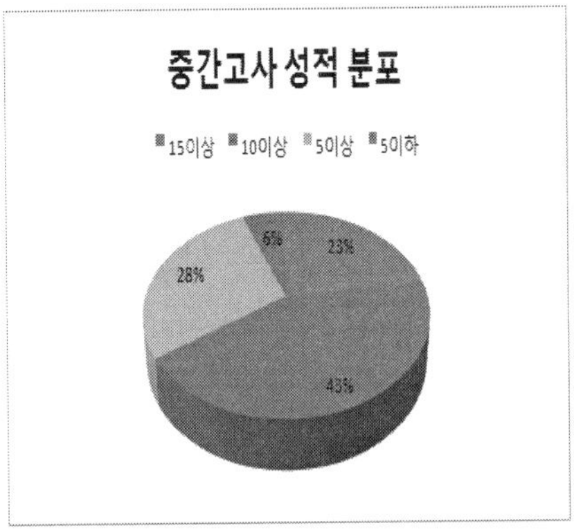

(4) 원뿔형

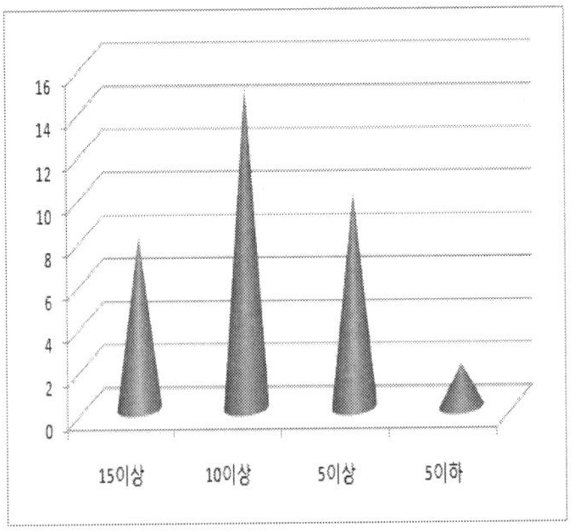

3.3. 모수의 추정

모수를 알면, 모집단에서 임의 추출한 표본의 특성값을 추정할 수 있다. 마찬가지로, 표본들의 값을 가지고 모수를 추정할 수 있다. 표본의 평균으로써 모집단의 평균을 예측한다. 표본의 크기가 클수록 둘의 차이는 작아진다. 그래서 표본평균과 모평균의 편차에 대한 기댓값은 0이다. 표본의 크기와 관계없이 표본평균에 대한 이론적 기댓값은 모집단의 평균이 된다. 각 표본에서 계산되는 표본평균들, 이에 대한 분산은 몇 개로 갈라진 표본들이 사이즈가 크면 표본의 개수가 줄어드는데, 표본의 개수가 줄어들면 표본 전체를 한 덩어리로 보고 그 속에서 구한 분산보다 작아지게 된다. 이를 반영해서 표본의 개수로 나누는 것이다.

이 큰 표본을 몇 덩어리로 나누는가에 따라 표본평균들에 대한 분산은 달라지게 된다.

어느 모집단으로부터 구한 표본에서 얻어진 결과를 기초로 그 모집단에 관해 추측하는 과정을 통계적 추측(statistical inference)이라고 하며, 모수를 추정하는 방법은 대응하는 모집단의 모수를 추정하는데 사용되는 단일 수치를 이용하는 점추정(point estimate) 과 모집단의 모수를 포함하는 구간을 나타내는 구간추정(interval estimate)으로 나누어진다.

3.4. 가설 검정

가설검정(testing hypothesis)은 통계적 추측의 하나로써, 모집단 실제의 값이 얼마가 된다는 주장과 관련해, 표본의 정보를 사용해서 가설의 합당성 여부를 판정하는 과정을 의미하는 것으로 다음과 같은 총 5단계 절차를 거치게 된다.

제1단계 : 유의수준의 결정, 귀무가설과 대립가설의 설정

제2단계 : 검정통계량의 설정

제3단계 : 기각역의 설정

제4단계 : 검정통계량 계산

제5단계 : 통계적인 의사결정

먼저 연구가설 내용을 통계적 가설로 바꾸어 줌으로써 가설 검정이 시작된다.

통계적 가설은 귀무가설(H_0)과 대립가설(H_1)로 나누어진다.

가령, 미국 성인여성의 평균 신장이 180cm라는 하나의 가설을 검정할 계획이라면, 귀무가설은 다음과 같이 표기한다.

$H_0 : m = 180$

해당 귀무가설과 반대되는 대립가설은 다음과 같은 형태가 있다.

제1형(H_1) : $m \neq 180$

제2형(H_1) : $m > 180$

제3형(H_1) : $m < 180$

여기서 제 1형은 양측검정(two-sided test), 제 2형, 제 3형은 단측검정(one-sided test)이라고 지칭한다. 단측 검정을 굳이 나누자면 제 2형은 우측검정이라고 하며, 제 3형을 좌측검정이라고 부른다.

3.5. 모형을 설정하고 분석

수집된 자료가 특정한 모형에서 추출되었다고 가정하고, 해당 모형을 추정하는 단계로서 분석하는 방법에는 회귀분석, 실험계획법, 범주형 자료 분석 등이 있다.

회귀분석(回歸分析, regression analysis)은 통계학에서 관찰된 연속형 변수들에 대해 독립변수와 종속변수 사이의 인과관계에 따른 수학적 모델인 선형적 관계식을 구하여 어떤 독립변수가 주어졌을 때 이에 따른 종속변수를 예측한다. 또한 이 수학적 모델이 얼마나 잘 설명하고 있는지를 판별하기 위한 적합도를 측정하는 분석 방법이며, 실험계획법 (實驗計畫法, experiments design)은 기업이 근대적 통계해석법(統計解析法)을 기반으로, 이상변동을 가져오는 많은 원인 중에서 중요한 원인을 적은 비용으로 선정, 그 효과를 수량적으로 측정하는 방법을 말하며, 범주형 자료(categorical data) 분석은 관측값을 어떤 속성에 따라 분류하여, 각 속성별 도수를 나타낸 자료를 각 모집단이 두 가지 이상의 서로 다른 속성을 갖는 개체로 나뉘는 경우 여러 모집단을 비교하는 방법을 말한다.

또한, 자료를 분석하기 위한 통계 패키지로 EXCEL, MINITAB, SAS, BMDP, SPSS 등이 있으며 최근에는 SPSS를 가정 선호하는 것으로 나타났다.

SPSS(Statistical Package for the Social Sciences)는 1969년 미국 시카고대학에서 데이터관리 및 통계 분석을 목적으로 개발된 소프트웨어로 사회과학 분야에서 얻은 각종 자료를 컴퓨터를 이용하여 쉽고 편리하게 분석하는 통계전문프로그램으로 데이터 입력과 관리, 집계, 통계 분석 등의 작업을 수행할 수 있으며, 분석결과를 일목요연하게 표와 그래프로 나타낼 수 있기에 교차분석, 상관분석, 회귀분석, 분산분석, 판별분석, 요인분석 등 다변량 분석도 가능한 프로그램으로 직접 명령어를 입력해야하는 SAS 보다 전 세계적으로 널리 사용되고 있는 프로그램이다.

그러나 이 책에서는 학생들이 쉽게 접할 수 있고, 프로그램을 쉽게 쓸 수 있는 EXCEL을 이용한 통계처리방식에 대하여 집중적으로 논하고자 한다.

연습문제

1.1. 통계학이란 어떤 학문인가?

1.2. 모집단과 표본의 차이를 설명하시오.

1.3. 모수와 통계량의 차이를 설명하시오.

1.4. 기술통계학과 수리통계학을 비교하여 설명하시오.

1.5. 통계자료 분석과정 5단계에 대하여 약술하시오.

1.6. 대표적인 국가부실 통계자료에 대한 자료를 검토하여 자료를 효과적으로 수집하기 위한 방법에 대하여 서로 토론해 보자.

1.7. 자료를 요약된 형태로 표현하는 방법에 대하여 서로 토론해 보자.

1.8. 가설검정의 순서 5단계에 대하여 약술하시오.

제2장 집합과 확률

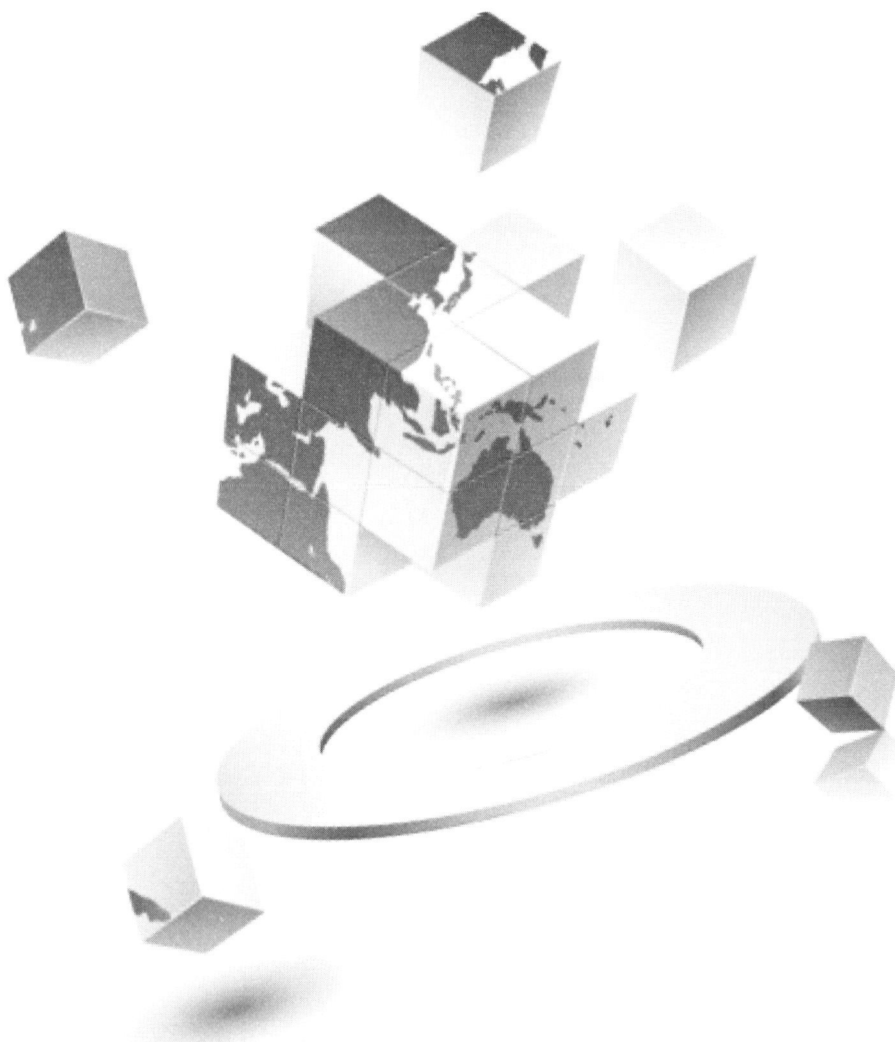

제2장 집합(Set)과 확률(Probability)

집합은 독일의 칸토어에 의하여 도입된 것인데, 이 개념은 수학의 기초를 이루는 대단히 중요한 것이다. 칸토어는 직관 또는 사고의 대상으로서 서로 명확하게 구별되는 것들을 하나하나 모은 것을 집합이라고 하였는데 지금의 집합의 뜻과 유사한 것이다.

칸토어 이전에는 무한을 구별하지 않고 한 가지로만 생각하였으나, 그는 유한집합의 원소의 개수의 의미를 무한집합에 도입하여 무한집합의 크기를 구별할 수 있음을 밝혔다.

집합론을 처음 발표하였을 때, 많은 수학자가 이 이론에 부정적이었다. 그래서 칸토어는 '수학의 본질은 그 자유성에 있다.' 라는 유명한 말을 남기기도 하였다.

제1절 집 합

1.1. 집합(set)과 원소(element)

어떤 조건에 의하여 그 대상을 분명히 알 수 있는 것들의 모임을 집합이라 하고, 집합을 이루고 있는 대상 하나 하나를 그 집합의 원소라고 한다. 예를 들면, '자연수 전체의 모임', '우리나라에 사는 이씨 성을 가진 사람들의 모임'등은 모두 집합니다.

이와 같이 집합을 구성하는 대상에는 수, 점, 무자, 함수 등 여러 가지가 있을 수 있으며, 논리적으로 생각할 수 있는 대상이면, 어떤 것이라도 집합을 구성하는 대상으로 생각할 수 있다. 그러나 집합이란 용어는 엄밀해야 하므로, 집합은 대상의 모임 중에서도 어떤 대상이 그 모임에 속하는지 아닌지가 분명하게 정해져 있어야 한다. 예를 들면, '충분히 키가 큰 학생들의 모임', '아름다운 꽃들의 모임' 등은 그 모임의 범위가 분명하지 않으므로 집합이라 할 수 없다. 집합은 보통 $A, B, C, \cdots, X, Y$등 대문지로 표시한다.

A가 집합일 때, A 안에 들어 있는 하나하나의 대상을 A의 원소(element)라고 하며, a가

집합 A의 원소일 때, 즉 a가 집합 A에 속할 때 $a \in A$ 또는 $A \ni a$와 같이 나타낸다.

또한, a가 집합 A의 원소가 아닐 때 $a \notin A$와 같이 나타낸다.

예를 들면, $A=\{1,2,3\}$ 일 때, $1 \in A$, $2 \in A$, $3 \in A$ 이지만, $4 \notin A$, $5 \notin A$이다.

집합을 나타내는 방법에는 원소나열법과 조건제시법이 있으며, 집합 사이의 관계를 생각할 때에는 벤 다이어그램을 이용하면 편리하다.

원소나열법(tabular form)이란 어떤 집합에 속하는 모든 원소를 { } 안에 나열해서 집합을 나타내는 방법으로 원소를 나열하는 순서는 상관없으나, 같은 원소를 중복해 써서는 안 된다. 주어진 집합의 원소 수가 너무 많으면, 원소 사이의 규칙을 알아볼 수 있을 만큼의 원소만 나열하고 나머지는 줄임표 '…'를 사용하여 생략해서 나타낸다.

조건제시법(set-builder form)이란 그 집합에 속하는 원소인지 아닌지를 판정할 수 있는 조건들을 문장 또는 수식으로 제시하는 것으로, 예를 들면 '0보다 크고 5보다 작은 자연수의 집합'을 조건제시법으로 나타내려면, 그 집합의 원소를 x라 할 때

$\{x \mid x$는 0보다 크고 5보다 작은 자연수$\}$ 로 나타낸다.

예제 1) 다음 집합 중 원소 나열법은 조건제시법으로, 조건제시법인 것은 원소 나열법으로 고쳐라.

(1) $A = \{2, 4, 6, 8, 10\}$

(2) $B = \{x \mid x$는 9 이하의 자연수$\}$

(3) $C = \{x \mid x^2 - x - 6 = 0\}$

유한집합(finite set)이란 원소의 개수가 유한개인 집합을 말하며, 무한집합(infinite set)이란 원소의 개수가 무수히 많은 집합으로 자연수 전체의 집합 $\{1, 2, 3, \cdots, n, \cdots,\}$, 유리수 전체의 집합, 실수 전체의 집합, 직선 위의 점 전체의 집합, 평면 위의 점 전체의 집합, 한 구면 위의 점 전체의 집합 등은 모두 무한집합이다.

예제 2) 다음 집합을 유한집합과 무한 집합으로 구분하라.

(1) $A=\{1, 2, \cdots, 500\}$　　(2) $B=\{1, 3, 5, \cdots\}$

1.2. 집합의 포함관계

두 집합 A, B에 대하여 집합 A의 모든 원소가 집합 B에 속할 때, A를 B의 부분집합(subset)이라 하고, 기호로 $A \subset B$ 또는 $B \supset A$와 같이 나타낸다. 또한 임의의 집합은 자기 자신의 부분집합이다. 그리고 공집합은 모든 집합의 부분집합으로 생각한다. 즉 임의의 집합 A에 대하여 $A \subset A$, $\varnothing \subset B$이다.

진부분집합(proper subset)이란 집합 A의 부분집합으로서, A와 일치하지 않는 집합을 말한다. 즉, $B \subset A$이고, $A \neq B$일 때 B를 A의 진부분집합이라고 한다. 이를테면, 서울 거주자의 집합은 한국 거주자의 집합의 진부분집합이며, 자연수 전체의 집합은 실수 전체의 집합의 진부분집합이다.

또, 두 집합 A, B에 대하여 $A \subset B$이고 $B \subset A$일 때, 집합 A와 B는 같다고 하며, 기호로 $A=B$와 같이 나타낸다.

예제 3) 집합 $A = \{x \mid x$는 10의 약수$\}$의 부분집합을 모두 구하시오.

예제 4) 집합 $A = \{x \mid x$는 12의 약수$\}$의 진부분집합을 모두 구하시오.

예제 5) 두 집합 $A = \{x \mid x$는 30의 약수$\}$, $B = \{x \mid x$는 20의 약수$\}$의 포함관계를 구하시오.

예제 6) 다음 두 집합 A, B에 대하여 m이 자연수일 때, 집합 A가 집합 B의 진부분집합임을 설명하시오.

$A = \{x \mid x = 4m\}$, $B = \{x = 2m\}$

1.3. 집합의 연산

1) 합집합(sum of sets)과 교집합(intersection)

두 집합 A, B에 대하여 A 또는 B에 속하는 원소 전체로 이루어진 집합을 와 B의 합집합이라고 한다. 즉 $A \cup B = \{x \mid x \in A$ 또는 $x \in B\}$ 이며 벤 다이어그램으로 나타내면 다음과 같다.

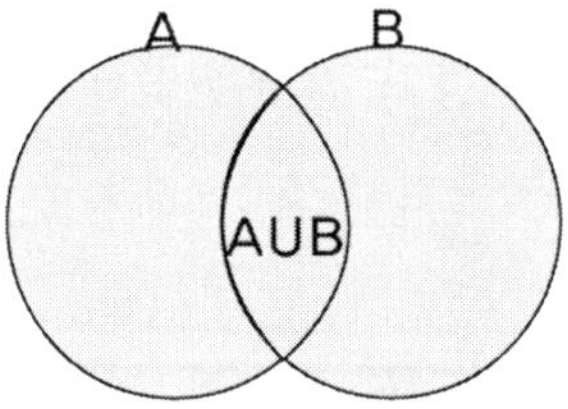

예제 7) 두 집합 $A = \{x \mid x$는 12의 약수$\}$, $B = \{x \mid x$는 17의 약수$\}$일 때, $A \cup B$를 구하시오.

또한 두 집합 A, B에 대하여 A에도 속하고 B에도 속하는 원소 전체로 이루어진 집합을 A와 B의 교집합이라고 한다. 즉 $A \cap B = \{x \mid x \in A$ 그리고 $x \in B\}$ 이며 벤 다이어그램으로 나타내면 다음과 같다.

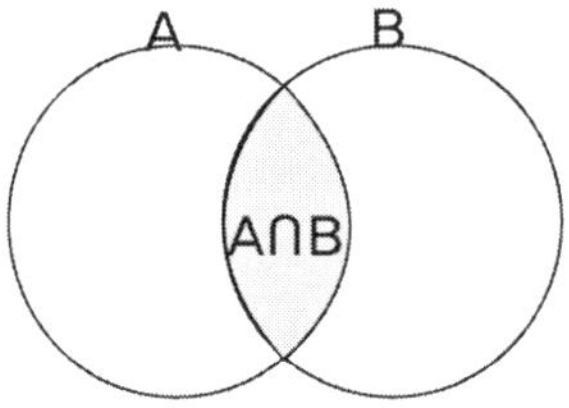

예제 8) 두 집합 $A = \{x \mid x$는 12의 약수$\}$, $B = \{x \mid x$는 17의 약수$\}$일 때, $A \cap B$를 구하시오.

따라서 우리는 벤 다이어그램을 통하여 합집합과 교집합을 나타낼 수 있으며, 다음과 같은 성질을 알 수 있다.

$A \subset A \cup B$, $B \subset A \cup B$, $(A \cup B) \subset A$, $(A \cap B) \subset B$

예제 9) 벤 다이어그램을 통하여 위의 사실들에 대하여 증명하시오.

또한, 두 집합 A, B에 공통인 원소가 하나도 없을 때, 즉 $A \cap B = \varnothing$일 때, 집합 A와 B는 서로 소 또는 배반집합이라고 한다. 예를 들어 $A = \{2,4,6,8,10\}$, $B = \{1,3,5\}$ 일 때 $A \cap B = \varnothing$이므로 집합 A와 B는 서로 소이다.

2) 차집합(difference of sets)과 여집합(complementary set)

두 집합 A, B에 대하여 A에 속하고 B에는 속하지 않는 원소 전체로 이루어진 집합을 A에 대한 B의 차집합이라 하고, $A - B$로 표시하며, $A - B = \{x \mid x \in A$ 그리고 $x \notin B\}$로 나타낸다.

예를 들면, 두 집합 $A=\{1,2,3,4,5\}$, $B=\{4,5,6\}$을 생각할 때, A에 속하고 B에는 속하지 않는 원소 전체로 이루어진 집합 $\{1,2,3\}$을 A에 대한 B의 차집합이라 하고, $A - B = \{1,2,3\}$이라 쓴다.

여집합이란 보집합이라고도 하며, 전체집합 U의 한 부분집합 A가 주어진 경우 전체집합 U에는 속하지만 집합 A에는 속하지 않는 원소의 집합을 집합 A의 전체집합 U에 관한 여집합 $U - A$를 기호로 A^c와 같이 표시한다.

또한 차집합과 여집합 사이에는 $A - B = A \cap B^c$인 성질이 있다.

예제 10) 전체집합 $U=\{1,2,3,4,5,6,7\}$의 부분집합 $A=\{1,3,4,5,7\}$, $B=\{1,2,3,6\}$에 대하여 다음을 구하시오.

(1) $A - B$ (2) $B - A$

(3) A^c (4) $A \cap B^c$

예제 11) 전체집합 $U=\{1,2,\cdots,9\}$의 부분집합을 $A=\{1,2,3,4,5\}$, $B=\{4,5,6,7\}$, $C=\{4,5,6,7,8,9\}$, $D=\{1,3,5,7,9\}$, $E=\{2,4,6,8\}$, $F=\{1,5,9\}$에 대하여 다음을 구하시오.

(1) $A \cap (B \cup E)$ (2) $(A-E)^c$

(3) $(A \cap D)-B$ (4) $(B \cap F) \cup (C \cap E)$

예제 12) 전체집합 $U=\{1,2,\cdots,20\}$의 부분집합 $A=\{2,4,6,10,12,14,16,18,20\}$, $B=\{1,3,5,7,9,11,13,15,17,19\}$에 대하여 다음을 구하시오.

(1) $A\cup\varnothing$ (2) $A\cap\varnothing$

(3) $A\cup B$ (4) $A\cup U$

(5) $A\cup A^c$ (6) $A\cap A^c$

(7) $A\cap B$ (8) $(A^c)^c$

(9) $(A\cap B)^c$ (10) $(A\cup B)^c$

집합의 연산에 대한 다음 성질이 성립함을 알 수 있다.

세 집합 *A*, *B*, *C* 가 전체집합 *U*의 부분집합일 때, 다음이 성립한다.

(1) $A\cup(B\cup C) = (A\cup B)\cup C$

(2) $A\cap(B\cap C) = (A\cap B)\cap C$

(3) $A\cap(B\cup C) = (A\cap B)\cup(A\cap C)$

(4) $A\cup(B\cap C) = (A\cup B)\cap(A\cup C)$.

또한 드 모르강 법칙(*De Morgan*)은 다음과 같다.
두 집합 *A*, *B*에 대하여,

(1) $(A\cap B)^c = A^c\cup B^c$, (2) $(A\cup B)^c = A^c\cap B^c$이 된다는 것이다.

예제 13) 위의 법칙을 증명하시오.

예제 14) 전체집합 *U*의 부분집합 *A*, *B*, *C*에 대하여, 다음 집합을 각각 A^c, B^c, C^c를 사용하여 나타내시오.

(1) $(A\cup B\cup C)^c$ (2) $(A\cap B\cap C)^c$

예제 15) 전체집합 *U*의 부분집합 *A*와 *A*의 여집합 A^c에 대하여 다음을 간단히 하시오.

(1) $A\cup A^c$ (2) $A\cup\varnothing$ (3) $A\cap A^c$ (4) $(A^c)^c$

3) 멱집합(power set)과 곱집합(Cartesian product)

멱집합이란 집합 A의 부분집합들을 원소로 갖는 집합을 말하며 2^A 또는 p(A)로 나타낸다. 즉 $2^A = p(A) = \{X \mid X \subset A\}$를 말한다.

예를 들면, 집합 $A=\{1,2\}$라 하면 A의 멱집합 2^A는 집합 A의 부분집합들의 집합이기에 먼저 $A=\{1,2\}$의 부분집합들을 나열하면, $\varnothing$, $\{1\}$, $\{2\}$, $\{1,2\}=A$이며, 멱집합 $2^A = \{\varnothing, \{1\}, \{2\}, A\}$ 가 된다는 것을 알 수 있다.

예제 16) $A=\{1, 2, 3\}$ 일 때, 멱집합 2^A을 구하시오.

예제 17) 집합 $A=\{1,2\{1\}, \{2\}\}$에 대하여 다음 중 옳지 않은 것은?

① $\{1, 2\} \in A$ ② $\{1, 2\} \subset A$ ③ $1 \in A$

④ $\{\{1\}, 2\} \subset A$ ⑤ $\{\{1\},\{2\}\} \subset A$

예제 18) 다음 중 옳은 것은?

① $\{1\} \in \{0, 1\}$ ② $\{0\} \not\subset \{0\}$ ③ $\varnothing \in \{0\}$

④ $0 \in \{1, 2, 3\}$ ⑤ $\varnothing \subset \{0\}$

예제 19) 집합 $A=\{a,b,c,d,e\}$에 대하여 $S= \{X \mid X \subset A\}$일 때, 다음 중 옳지 않은 것은?

① $\phi \in S$ ② $\{a, b\} \in S$ ③ $\{c, d\} \subset S$

④ $n(S)=32$ ⑤ $A \in S$

또한 곱집합이란

두 집합 A, B의 곱집합은 임의의 두 집합 A, B에 대하여, $a \in A$ 인 원소 a를 첫째 원소로 하고, $a \in B$인 원소 b를 둘째 원소로 하는 모든 순서쌍 (a,b)의 집합을 두 집합 A, B의 곱집합이라 하고, $A \times B$로 나타낸다. 즉

$A \times B= \{(a,b) \mid a \in A,\ a \in B\}$인 집합을 의미한다.

예제 20) 두 집합 $A=\{1,2,3\}$, $B=\{a,b\}$일 때, 곱집합 $A \times B$을 구하시오.

예제 21) 두 집합 $A=\{1, 2, 3\}$, $B=\{1, 2, 3\}$일 때, 곱집합 $A \times B$을 구하고, 좌표평면 위에 점을 찍어 나타내시오.

1.4. 원소의 개수

임의의 유한집합 A의 원소의 개수를 $n(A)$로 나타낸다.

예를 들어 $A = \{1,2\}$인 경우, 집합 A의 원소의 개수는 $n(A) = 2$ 이며, 집합 A의 부분집합의 원소의 개수 즉 멱집합의 원소의 개수는 $n(2^A)= 2^2 = 4$가 된다는 것이다.

그러므로 $A = \{a_1, a_2, a_3, \cdots\cdots, a_n\}$ 일 때, A의 부분집합의 개수는 2^n(개) 이며, 진부분집합의 원소의 개수는 $2^n - 1$(개)가 된다는 것이다.

예제 22) 다음 집합의 부분집합과 진부분집합의 개수는 모두 몇 개인가?

(1) $\{1, 2, 3\}$　　(2) $\{a, b, c, d\}$

또한, 집합 A와 B가 유한집합이면, $A \cup B$와 $A \cap \mathrm{B}$도 유한집합이고, 일반적으로 $n(A \cup B) = n(A) + n(B) - n(A \cap \mathrm{B})$가 된다.

만약 집합 A와 B가 서로 소 이면, $A \cap \mathrm{B} = \varnothing$이 되어 $n(A \cap \mathrm{B}) = 0$ 이므로 $n(A \cup B) = n(A) + n(B)$이 된다.

예제 23) 두 개의 유한집합 A와 B가 다음과 같을 때, $n(A \cup B)$을 구하시오.

(1) $A=\{1,2,3,4,5\}$, $B=\{4,5,6,7\}$

(2) $A=\{1,2,3\}$, $B=\{4,5,6,7\}$

예제 24) 60명의 학생에게 a,b의 두 문제를 풀게 했더니, a를 푼 학생은 35명, b를 푼 학생은 28명이며, a,b를 다 못 푼 학생은 5명이었을 때, 아래의 물음에 답하시오.

(1) a,b를 다 푼 학생은 몇 명인지 구하시오.

(2) a만 푼 학생은 몇 명인지 구하시오.

집합의 개수가 많아지더라도 원소의 개수를 구하는 방법은 유사하게 생각할 수 있다.

집합 A와 B, C가 유한집합이면, $\mathrm{A} \cup \mathrm{B} \cup \mathrm{C}$가 유한집합이고, 일반적으로 $n(\mathrm{A} \cup \mathrm{B} \cup \mathrm{C}) = n(A) + n(B) + n(C) - n(\mathrm{A} \cap \mathrm{B}) - n(\mathrm{B} \cap \mathrm{C}) - n(\mathrm{C} \cap \mathrm{A}) + n(\mathrm{A} \cap \mathrm{B} \cap \mathrm{C})$가 된다.

만약 집합 A와 B, 그리고 C가 각각 서로 소 이면, $\mathrm{A} \cap \mathrm{B} = \varnothing$, $\mathrm{B} \cap \mathrm{C} = \varnothing$, $\mathrm{C} \cap \mathrm{A} = \varnothing$

그리고 $\mathrm{A} \cap \mathrm{B} \cap \mathrm{C} = \varnothing$이 되어 $n(\mathrm{A} \cup \mathrm{B} \cup \mathrm{C}) = n(A) + n(B) + n(C)$이 된다.

예제 25) 100명의 학생에게 A,B,C 세 종류의 전공서적에 대하여 어떤 서적을 읽었는지를 조사하였더니 다음과 같을 때, 아래 물음에 답하시오.

A를 읽은 학생 : 28명, B를 읽은 학생 : 30명, C를 읽은 학생 : 42명

A와 B를 읽은 학생 : 8명, B와 C를 읽은 학생 : 5명, A와 C를 읽은 학생 : 10명

A,B,C를 읽은 학생 : 3명

(1) A만 읽은 학생은 몇 명인지 구하시오.

(2) B,C 두 가지만 읽은 학생은 몇 명인지 구하시오.

(3) A,B,C 세 종류 중 어느 것도 읽지 않은 학생은 몇 명인지 구하시오.

1.5. 집합의 분할(partition)

공집합이 아닌 임의의 집합 A에 대하여 집합 A가 공집합이 아닌 2개 이상의 부분집합 $A_1, A_2, A_3, \cdots\cdots, A_n$으로 나누어지며, 나누어진 부분집합들이 다음 두 가지 조건을 만족할 때, 집합 A가 n개의 부분집합 $A_1, A_2, A_3, \cdots\cdots, A_n$으로 분할되었다고 한다.

(1) $A_1 \cup A_2 \cup A_3 \cup \cdots\cdots \cup A_n = A$

(2) $A_i \cap A_j = \varnothing$, 단 $i \neq j$ 이고 $i, j = 1,2,3,\cdots\cdots,n$

예제 26) 집합 $A=\{1, 2\}$ 일 때, A의 분할을 구하시오.

예제 27) 집합 $A=\{1, 2, 3\}$ 일 때, A의 분할을 구하시오.

예제 28) 집합 $A=\{1, 2, 3, 4\}$ 일 때, A의 분할을 구하시오.

제2절 확 률

우리는 일상생활에서 "확률"이란 말을 아주 쉽게 접하면서 살고 있다. '한국축구팀이 브라질을 이길 확률은?', '다음 대선 후보에서 어떤 후보가 당선될 확률은?', '로또 복권을 산다면 당첨될 확률은?'등과 같이 어떠한 일이 일어날 가능성 혹은 확률에 대해서 궁금해하고 이를 근거로 판단을 내리기도 한다. 그렇다면 통계에서 왜 확률이 필요한가? 바로 확률과정을 이론화하는 것이 통계이론이기 때문이다.

2.1. 확률의 역사적 배경

100만 년전 인류가 탄생한 이래로 자연의 우연과 필연사이를 인간이 계속적으로 접하며 살아 왔으나 궁극적인 우연과 불확실에 대한 학문적인 접근은 이루어지지 않았었다. 최근 500여 년전인 16세기에 이르러서야 구체적으로 확률계산에 대한 생각을 하게 되었다. 이 우연의 게임은 1494년의 파촐리(Pacioli, 1450-1520)가 지은 "summa de arithmetica" 라는 책에서 게임이 중단되었을 경우의 상금의 분배문제를 언급하고 있다.

또한, 우연의 사실을 법칙으로 수학화하려고 노력한 여러 사람들 중에 파스칼(Pascal, 1623-1662)은 친구의 부탁으로 주사위 문제와 분배의 문제를 1654년에 고려하고 숙고하였으며, 이 문제를 페르마(Fermat, 1601-1655)에게 전하고 이들 두 사람은 이 문제를 명쾌하게 해결하였다. 이 사건이 확률이 수학적 이론으로서 세워지는 것을 제기하게 된 결정적 계기로 보고 있다. 이들 두 사람의 연구는 당시에 확률에 대한 지대한 관심을 촉발했고, 이로 인해 확률론의 초기의 문제는 주로 우연의 게임의 결과에 모아졌으며, 확률에 대한 불충분한 정의로부터 야기되는 여러 가지 문제점이 있었으나 1700년을 지나면서 발전하기 시작했다. 1655년에 호이겐스(Huygens, 1629-1695)는 파스칼의 아이디어를 이용하여 확률에 관한 독자적인 논문을 처음 작성하게 된다. 그 후 베르누이(Bernoulii,1667-1748)에 의해 확률론만을 다룬 저서가 만들어지고 드므와브르(DeMoivre, 1667-1754)와 오일러(Euler, 707-1783), 라플라스(Laplace, 1749-1827), 가우스(Gauss, 1777-1855)등의 노력으로 확률론은 급속히 발전해 나아갔다.

그러나 아직까지도 확률의 정의가 역시 불충분한 관계로 20세기에 들어와 수학자들의 연합된 노력의 결과로 1930년대에 출판된 콜모고로프(Kolmogorov)의 확률론의 기초라는 책에서 엄밀한 공리론적 토대 위의 공리적 확률을 정의하기에 이른다.

2.2. 확률의 정의

"확률이란 무엇인가" 라고 질문을 받는다면 우리는 무엇이라고 말하겠는가? 이러한 쉽지 않은 질문의 대답으로서 다음과 같은 각각의 확률의 의미를 알아보자.

1) 고전적 확률(수학적 확률)

같은 조건하에서 여러 번 반복할 수 있는 어떤 시행에서 일어날 가능성이 있는 모든 결과를 원소로 하는 집합 S를 그 시행의 표본공간(sample space)이라고 한다. 이 때 어떤 사건이 일어날 가능성이 같은 정도로 기대되어(equally likely)질 때 이를 수치적 척도로서 고정하여 가정하는 것으로 라플라스(Laplace)는 다음과 같이 확률을 정의하였다.

N개의 근원사건으로 구성된 표본공간에서 각각의 근원사건이 일어날 가능성이 같은 정도일 때, m개의 근원사건으로 구성된 사건 A가 일어날 확률 $P(A)=\frac{m}{N}$이다.

그러나 이 정의는 근원사건이 유한개인 경우만 적용가능하며 실제로 일어나는 문제에 이 개념을 도입하기가 어렵다.

2) 통계적 확률(경험적 확률)

오랜 시간을 두고 여러 번 통계적 시행을 반복하면 한 사건 A의 상대도수는 어떤 값에 가까워 질 것이다. 즉, 오랜 관찰 끝에는 일정한 패턴을 찾아 낼 수 있는 것처럼 상대도수의 극한으로 확률을 정의할 수 있다. 그러나 이 극한도 증명할 방법은 없다는 단점을 가지고 있다.

3) 공리적 확률

이 때문에 러시아 수학자 Kolmogorov는, 수학자들이 기하학에서 점과 선에 대한 개념을 탄생시키는 것과 같은 흡사한 과정으로 추상적 접근을 하게 되는데 이것이 다음과 같은 공리적 확률이다. 이는 오늘날의 확률공리로서 도입되어 확률이론을 정립하게 되었다. 이는 오랫동안 쌓아온 확률현상에 대한 경험적 인식을 이론적으로 뒷받침할 필요가 있었기 때문이다.

표본공간 S에서의 임의의 사건 A에 대하여

(1) $0 \leqq P(A) \leqq 1$

(2) $P(S) = 1$

(3) 서로 배반인 사건 A, B에 대하여 $P(A \cup B) = P(A) + P(B)$을 만족할 때, 이 $P(A)$를 사

건 A의 확률이라고 한다.

예를 들어 A팀과 B팀이 경기를 할 경우, A팀이 이길 확률이 60%(0.60)라고 한다면, P(A) = 0.60이 된다, 즉 100번의 경기를 한다면 A팀이 60번은 이길 것으로 예상된다는 것이다. 반면에 나머지 40번 가량은 질 것으로 기대된다. 이길 확률이 60%라 함은 질 확률이 40%라는 것을 의미한다. 즉 어떤 사건이 일어날 확률이 60%라고 하면, 그 사건이 일어나지 않을 확률은 100%에서 60%를 뺀 40%가 된다는 것을 의미한다.

2.3. 확률의 기본 계산

2.3.1. 경우의 수

경우의 수를 따지는 것이 일상생활에서 매우 중요하다는 것은 옛날부터 잘 알려진 사실인데, 이른바 수학으로서의 순열·조합을 처음으로 발견한 것은 12세기의 인도의 수학자 A.바스카라라고 한다. 이론적으로 연구되기 시작한 것은 17세기에 들어와서인데, B.파스칼, G.W.라이프니츠, J.베르누이 등에 의하여 이루어졌으며 18세기가 되어서야 비로소 그 체계가 수립되었다.

(1) 시행과 사건(event)

한 개의 주사위를 던져서 나타내는 면을 관찰하기 위해서 실험하는 일을 시행이라 하고, 그 결과로 나타나는 일, 즉 주사위를 던져서 나오는 눈의 수를 관찰하는 일을 그 시행의 사건이라 한다. 예를 들어 한 개의 주사위를 던진다는 것은 시행이고, 그 시행에서 짝수의 눈이 나오는 일, 또는 6의 약수의 눈이 나오는 일, 즉, {2, 4, 6}, {1, 2, 3, 6}은 모두 사건들이다.

(2) 계승(factorial)

1부터 어떤 양의 정수 n까지의 정수를 모두 곱한 것을 말하며 n!로 나타낸다. 0!=1로 약속하고, n이 대단히 큰 경우 스털링의 공식을 써서 근삿값을 구할 수 있다.

예를 들어 $2! = 1 \cdot 2 = 2$, $5! = 1 \cdot 2 \cdot 3 \cdot 4 \cdot 5 = 120$,

(3) 합의 법칙

합의 법칙, 곱의 법칙이 나오니까, 대단한 법칙처럼 생각하는데, 별거 아니고 그 내용은 간단하다. 우리가 구하고자하는 경우의 수가 몇 가지인가? 하는 물음에 답을 할 때, 합의 법칙이라는 것은 구하고자 하는 가짓수를 더한다는 법칙이고, 곱의 법칙이라는 것은 구하고자 하는 가짓수를 곱한다는 법칙이다.

예를 들면, 어떤 학생이 주머니에 현금 15,000원이 있어서, 서점에 가서 책을 한 권 사려고 하는데 수학참고서가 a, b, c, d 출판사의 4종류가 있고, 영어참고서는 e, f, g 출판사의 3종류가 있는데 학생의 주머니에 15,000원 밖에 없기 때문에 수학참고서나 영어참고서 중에서 어느 한 권 밖에 살 수 없으므로 그 한 권을 사는 방법은 수학참고서 4종류 중 어느 한 권을 산다든가 아니면 영어참고서 3종류 중 어느 한 권을 사야 한다.

따라서 선택할 수 있는 가짓수는 4 + 3 = 7(가지) 가 된다.

여기서 수학참고서 종류의 집합을 A, 영어참고서 종류의 집합을 B라 하면 A = {a, b, c, d}, B = {e, f, g} 이므로, A∪B = {a, b, c, d, e, f, g} 이다.

그리고 a, b, c, d, e, f, g는 서로 각각 다르므로 A∩B = ∅이다.

그러므로 $n(A \cup B) = n(A) + n(B) = 4 + 3 = 7$.

따라서 사건 A가 일어나는 경우의 집합을 A, 사건 B가 일어나는 경우의 집합을 B로 나타내면, 두 사건 A가 일어나는 경우 두 사건 A, B가 일어나는 경우의 수를 각각 $n(A)$, $n(B)$이다. 그러면, 사건 A 또는 사건 B가 일어나는 경우의 집합은 A∪B이므로 이 경우의 수는 다음과 같다. $n(A \cup B) = n(A) + n(B) - n(A \cap B)$이다.

그런데 여기에서 두 사건 A, B가 공통이 없을 때, A∩B = ∅이 된다.

즉, $n(A \cap B) = 0$ 이므로 $n(A \cup B) = n(A) + n(B)$ 이다.

(4) 곱의 법칙

이를테면 그림과 같이 P지역에서 Q지역으로 가는 길이 a_1, a_2, a_3의 3가지가 있고, Q 지역에서 R지역으로 가는 길이 b_1, b_2의 2가지가 있다고 할 때,

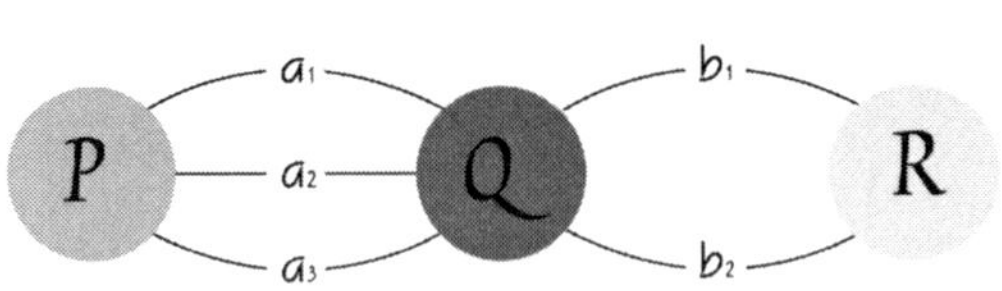

이때 P지역을 출발하여 Q지역을 거쳐 R지역까지 가는 방법의 수를 생각해 보자.

P 지역에서 Q 지역으로 가는 사건을 A라 하면, $A = \{a_1, a_2, a_3\}$ 이고, Q 지역에서 R지역으로 가는 사건을 B라 하면, $B = \{b_1, b_2\}$ 이다.

이제 사건 A가 일어난 다음, 사건 B가 일어나는 사건 즉, P지역을 출발하여 Q지역을 거쳐 R지역까지 가는 모든 경우의 수를 생각하면 $A \times B = \{(a_1, b_1), (a_1, b_2), (a_2, b_1), (a_2, b_2),$

$(a_3, b_1), (a_3, b_2)\}$가되어 구하는 방법의 수는 A의 원소 a_1, a_2, a_3 각각에 대하여 B의 원소 b_1, b_2를 택하는 것과 같으므로 $n(A \times B) = n(A) \times n(B) = 3 \times 2 = 6$ 이다.

일반적으로 두 유한집합 A, B에 대해서, A, B의 원소 개수를 각각 $n(A) = p$, $n(B) = q$일 때, 집합 A의 각 원소에 대하여 집합 B의 각 원소를 하나씩 대응시켜 만든 순서쌍의 집합을 A와 B의 곱집합이라고 하고 그 표기는 $A \times B$ 로 나타내며, 의 원소의 개수는 다음과 같다.

$n(A \times B) = n(A) \times n(B) = p \times q$ 이다.

어떤 사건 A가 m가지 방법으로 일어나고, 그 사건 A의 각각에 대하여 다른 사건 B가 n가지의 방법으로 일어날 때, A와 B가 동시에 일어나는 경우의 수는 $m \times n$(가지) 이다.

2.3.2. 순열(Permutation)

서로 다른 n개 중에서 r개($n \geq r$)를 택하여 그들을 일렬로 세울 때, 늘어세운 것 하나하나를 n개 중에서 r개를 택한 순열이라 한다. 이 순열의 총수는 ${}_nP_r$로서 표시한다. 이 기호는 Permutation의 머리글자에서 따온 것이다.

예를 들어 A, B, C, D 4개의 문자로 이루어진 단어를 만든다고 할 때, 몇 개를 만들 수 있는지 모른다고 가정하고 일단은 A, B, C 3개로 만들 수 있는 단어를 몇 개 만들어 보자.

ABC, ACB, BAC, ⋯ 등을 만들 수 있으며, 여기에 D를 새로 추가할 때 생겨나는 단어를 생각해 보자.

$ABCD$, $ACBD$, $BACD$, ⋯ 등도 생각할 수 있다.

여기서, 3개짜리 단어에 대해 D가 추가되면, 각각 4개씩의 단어가 더 만들어지는 것을 알 수 있다. 즉 (문자 3개로 만든 단어 개수) × 4 = (문자 4개로 만든 단어 개수)

제시된 문자를 모두 사용한다고 할 때, 단어가 한개 일 때부터 고려해보자.

A 한 단어가 만들 수 있는 단어는? 1개

여기에 새로 B가 추가되면 만들어지는 개수는? $1 \times 2 = 2$개(AB, BA)

다시 여기에 C가 추가되면 만들어지는 개수는? $1 \times 2 \times 3 = 6$개

다시 여기에 D가 추가되면 만들어지는 개수는? $1 \times 2 \times 3 \times 4 = 24$개 처럼 전개될 것이다.

인수들이 순차적으로 곱해지는 형태이므로 계승이라고 하고, 영어로는 인수(Factor)들의 곱이므로 Factorial(팩토리얼)이라고 하고, 기호는 ! 를 사용한다.

$1 = 1!$

$1 \times 2 = 2!$

$1 \times 2 \times 3 = 3!$
$1 \times 2 \times 3 \times 4 = 4!$

만약, 5개의 문자 A, B, C, D, E가 있다고 한다면, 5개로 이루어진 단어의 총 개수는?
$5 \times 4 \times 3 \times 2 \times 1 = 5!$ 이라는 것을 위의 과정을 통해 알 수 있을 것이다.
5개의 문자 중에 2개를 선택하여, 2개의 문자로 이루어진 단어를 만든다고 하자.
이것을 기호로 ${}_5P_2$로 쓰고, 순열(Permutation)이라고 부른다.

다시 말하면, ${}_5P_2 = \dfrac{5 \times 4 \times 3 \times 2 \times 1}{3 \times 2 \times 1} = \dfrac{5!}{3!} = 20$ 이 된다는 사실을 알 수 있으므로, 5개의 문자 중에 2개를 선택하여, 2개의 문자로 이루어진 단어의 수가 20이 된다는 것을 의미한다.

일반적으로 처음에 주어진 정의에 의하여 서로 다른 n개 중에서 r개($n \geq r$)를 택하여 그들을 일렬로 세울 때, 늘어세운 것 하나하나를 n개 중에서 r개를 택한 순열이라 하며, 이 순열의 총수는 ${}_nP_r$로서 표시한다고 하였으므로 ${}_nP_r$은 다음과 같이 계산한다.

즉 ${}_nP_r = n \times (n - 1) \times (n - 2) \times \cdots \times \{n - (r - 1)\}$

$$= \frac{n \times (n-1) \times \cdots \times (n-r+1) \times (n-r) \times (n-r-1) \times \cdots \times 1}{(n-r) \times (n-r-1) \times \cdots \times 1}$$

$= \dfrac{n!}{(n-r)!}$ 단, ($n \geq r$) 임을 알 수 있다.

만약 $r = n$ 이면, ${}_nP_n = \dfrac{n!}{(n-n)!} = \dfrac{n!}{0!} = n!$ 이기에 $0! = 1$ 로 정의되어야만 계산이 되기에 $0! = 1 = 1!$로 정의하는 것이다.

또한, $r = 0$ 이면, ${}_nP_0 = \dfrac{n!}{(n-0)!} = \dfrac{n!}{n!} = 1$ 이 된다는 것을 알 수 있다.

예제 29) 다음을 계산하시오.

1) ${}_5P_4$ 2) ${}_7P_2$ 3) ${}_6P_3$

2.3.3. 조합(Combination)

이를테면 서로 다른 세 개의 문자 a,b,c에서 두 개를 뽑아 순서 있게 배열해보면 ab, ac, bc, ba, ca, cb의 모두 여섯 가지 이다. 이것을 순서를 생각하지 않고, 뽑기만 한다면 $ab(ba)$, $bc(cb)$, $ca(ac)$의 3가지 밖에 없다. 이와 같이 서로 다른 3개에서 배열하지 않고, 즉 순서를 생각하지 않고, 2개를 뽑기만 하는 것을 3개에서 2개를 뽑은 조합이라 하고, 그 조합의 수를 기호로써 ${}_3C_2$로 나타낸다. 읽을 때에는 삼C이 또는 삼(3) 컴비네이션 이(2)라 읽는다. 자 그러면 여기서 왜 순서가 필요 없이 뽑기만 하는 걸까요?

예를 들어보면, 교실에 30명의 학생이 있는데 담임선생님께서 다섯 명 뽑아 구역별로 청소를 시키려고 한다. 첫 번째 뽑힌 학생은 화단, 두 번째 뽑힌 학생은 운동장, 세 번째 뽑힌 학생은 화장실, 네 번째 학생은 교무실, 다섯번째 학생은 도서관 청소를 시키려고 한다.

이런 경우에는 첫 번째 뽑힌 학생과 세 번째 뽑힌 학생은 분명히 청소하는 구역이 다르기 때문에 화장실 청소를 하기 싫어 서로 세 번째 뽑히기를 싫어할 것이다. 즉, 뽑아서도 순서가 있다. 그런데 오늘은 담임선생님께서 청소구역이 한 군데인 운동장만청소를 한다고 하면서 30명 학생 중에서 5명을 뽑아 운동장을 청소시키려고 한다. 이때, 첫 번째 뽑힌 학생이나, 두 번째 뽑힌 학생이나, 다섯번째 뽑힌 학생이나 뽑힌 순서에 관계없이 모두 똑같은 곳 즉, 운동장 청소를 하게 된다.

따라서 이와 같이 30명에서 5명을 뽑기만 하지 뽑아 놓은 학생들은 순서에 필요 없이 모두 운동장의 청소를 하게 된다. 이와 같이 30명 중에서 5명을 뽑기만 하는 경우를 30명 중에서 5명을 뽑은 조합이라 하고 ${}_{30}C_5$라 한다.

서로 다른 n개에서 순서를 생각하지 않고 r개를 뽑기만 하는 것을 n개에서 r개를 택하는 조합(Combination)이라 하고, 이 조합을 수를 기호로 ${}_nC_r$ $(n \geq r)$로 나타낸다.

이를테면 집합 $A=\{1,2,3\}$에서 2개의 원소를 갖는 부분집합은 $\{1,2\}$, $\{1,3\}$, $\{2,3\}$의 3가지 경우이며, 즉 ${}_3C_2 = 3$ 가지이다.

그러므로 일반적으로 서로 다른 n개 중에서 r개를 택한 조합의 수는

$${}_nC_r = \frac{{}_nP_r}{r!} = \frac{n!}{r!(n-r)!} \quad \text{단, } n \geq r$$

예제 30) 다음을 계산하시오.

1) ${}_5C_4$ 2) ${}_7C_2$ 3) ${}_6C_3$

제3절 확률의 계산

확률의 기본적인 특성을 이용하여 확률을 계산할 수 있다. 확률은 사칙연산이 가능하며, 각 사건이 배타(배반)적인 경우와 배타적이지 않은 경우에 따라 각각 달리한다. 두 개 이상의 사건의 발생 확률에 대한 개념은 벤 다이어그램(venn diagram)을 이용하면 표현하기 쉽다.

아래에서는 두 개의 벤 다이어그램이 있다. 왼쪽 그림은 A사건과 B사건이 겹치는 부분이 있다. 이는 두 사건이 동시에 일어날 수 있는 것을 의미한다. 반면에 오른쪽 그림은 두 사건 A와 B가 겹치지 않는다. 이럴 경우 두 사건은 상호배반 혹은 배타적(mutualy exclusive) 관계에 있다고 말한다. 두 사건이 배타적인 관계에 있으면 두 사건은 동시에 발생할 수 없으며, 하나의 사건이 일어나면 다른 사건은 일어나지 않는다.

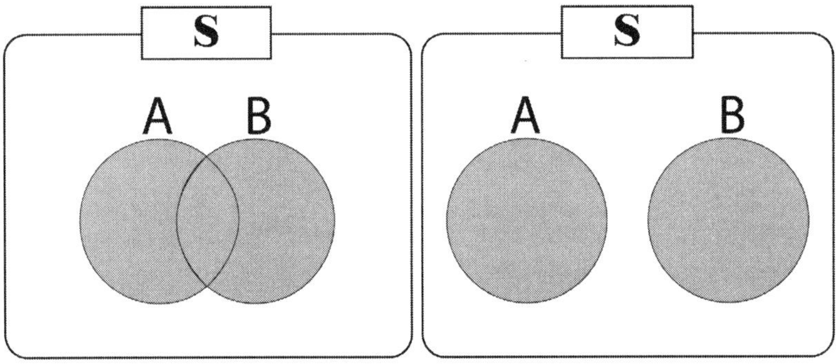

예를 들어 어떤 병원에서 간암환자 100명을 뽑아 조사를 하고 흡연자를 A집단, 음주자를 B집단으로 구성했다고 하자. 이 경우 흡연자는 60명 음주자는 80명 이었고, 흡연과 음주를 동시에 하는 환자는 40명 이었다고 하면 흡연 이라는 사건(A)과 음주라는 사건(B)은 동시에 일어날 수 있는 경우가 존재한다. 이 경우 위 그림의 왼쪽과 같이 겹치는 부분이 나타난다.

반면, 오른쪽 그림의 경우 남녀 각각 30명씩, 60명으로 구성된 어떤 반에서 영어성적 점수를 남녀별로 구성하는 경우이다. A가 남학생, B가 여학생이라고 한다면, A와 B는 서로 겹칠 수가 없다. 왜냐하면 남성이면서 여성 혹은 여성이면서 남성인 사람은 존재하지 않기 때문이다.

이를 벤 다이어그램으로 표현하면 아래와 같다.

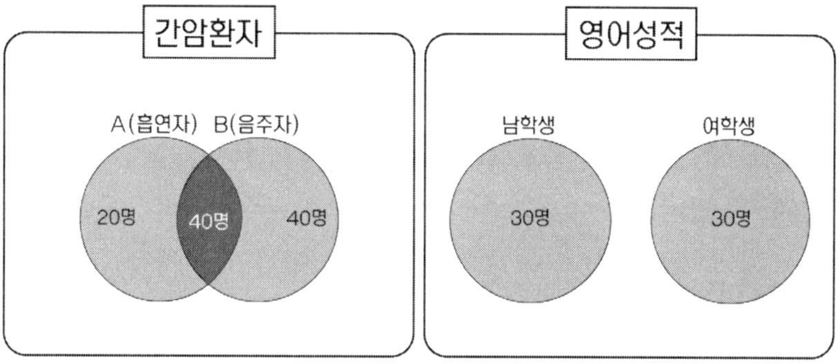

3.1. 확률의 덧셈법칙

확률의 덧셈법칙은 두 사건 중 적어도 하나의 사건이 일어날 확률을 의미한다. 여기서 적어도 한 사건이 일어난다는 것은 첫 번째 사건이 일어나거나, 두 번째 사건이 일어나거나, 아니면 두 사건이 모두 일어나는 경우를 포괄한다. 확률의 덧셈은 어떤 두 사건이 발생할 확률을 더할 경우, 사건이 배반인가 혹은 배반이지 않은가에 따라 달라진다. 만 약 두 사건이 상호배반이면 두 사건이 동시에 일어나는 경우는 고려하지 않아도 되기 때문에 각각의 사건이 일어날 확률을 더하면 된다. 이를 좁은 의미의 덧셈법칙이라고 한다.

1) 두 사건이 배반인 경우

두 사건이 배반이라 함은 사건이 독립적으로 발생한다는 것을 의미하며, 사건 A와 사건 B가 동시에 발생할 수 없을 때를 말한다.

예제 31) 1에서 20 까지 적힌 카드가 있습니다. 7의 배수가 나오거나 4의 배수가 나올 확률을 구하시오.

풀이) 먼저 7의 배수가 적혀 이는 숫자는 7,14이므로 나올 확률 $P(A) = \frac{2}{20}$, 4의 배수는 여전히 $P(B) = \frac{5}{20}$이이다. 그런데 $P(A \cap B)$란 7의 배수이기도 하면서 4의 배수이기도 하겠지만 1에서 20까지 숫자 중에는 없기에 $P(A \cap B) = 0$이 됩니다. 즉 $P(A \cup B) = P(A)+P(B) = \frac{7}{20}$이 된다.

이렇게 $P(A\cap B)=0$ 인 사건을 배반사건이라고 하며 그냥 확률만 더해주는 경우만 고려해주면 된다는 겁니다.

즉, 사건 A와 사건 B가 배반사건인 경우 다음과 같이 계산된다.

$$P(A\cup B) = P(A)+P(B),\ P(A\cap B)=0$$

따라서 사건 A와 사건 B가 동시에 발생할 확률을 고려하지 않는다는 의미이며, 이 덧셈법칙을 좁은 의미의 덧셈법칙이라고 한다.

2) 두 사건이 배반이 아닌 경우

먼저, 사건 A와 사건 B가 동시에 발생할 수 있으면 이들 사건은 배반이 아니므로 다음과 같이 계산된다.

$$P(A\cup B) = P(A)+P(B) - P(A\cap B)$$

예제 32) 1에서 20 까지 적혀져 있는 숫자카드가 있는데 4의 배수가 나오거나 5의 배수가 나올 확률을 구하시오.

풀이) 4의 배수가 적혀 있는 숫자는 4,8,12,16,20 이니까 그 확률을 $P(A)$라 하면 $P(A) = \frac{5}{20}$, 5의 배수가 적혀 있는 숫자는 5.10,15,20 이니까 그 확률을 $P(B)$라 하면 $P(B) = \frac{4}{20}$. 따라서 $P(A\cup B) = P(A) + P(B) = \frac{5}{20} + \frac{4}{20} = \frac{9}{20}$ 하면 맞을까요? 맞지 않습니다. 왜냐하면, 4의 배수에도 20이 있고, 5의 배수에도 20 있어 두 번 세어주었기에 한번을 빼 주셔야 합니다. 즉 4의 배수이기도하고, 5의 배수이기도 한 (즉, 20의 배수인) 게 나올 확률을 $P(A\cap B)$라 하면 $P(A\cap B) = \frac{1}{20}$이 되어 $P(A\cup B) = P(A)+P(B) - P(A\cap B) = \frac{5}{20} + \frac{4}{20} - \frac{1}{20} = \frac{8}{20} = \frac{2}{5}$이 구하는 확률이 됩니다.

위의 예에서와 같이 두 사건이 상호배반이 아니면 그 중 적어도 하나의 사건이 일어날 확률을 구할 때, 각각의 확률을 그냥 더하면 안 된다. 그러면 중복 계산되는 부분 때문에 그 합은 너무 커지게 된다. 그러므로 각각의 확률을 더한 뒤 중복 계산되는 부분을 빼주어야 한다. 이를 일반화된 덧셈법칙(general addition rule)이라고 한다.

3.2. 결합확률(join probability)

사건 A와 사건 B가 있을 때 사건 A와 B가 동시에 발생할 확률을 결합 확률이라고 하며, $P(A \cap B)$라고 표시한다. 결합 확률을 구할 때 주의해야 할 점은 한 사건의 발생이 다른 사건의 발생에 전혀 영향을 미치지 않을 때인 상호독립적인 경우일 때 사용한다는 것이다.

사건 A와 B가 동시에 발생할 확률인 결합 확률($P(A \cap B)$)은 다음과 같이 계산된다.

$P(A \cap B)=P(A)\times P(B)$

예제 33) 동전을 두 번 던질 때, 처음에 앞면이 나오고 다음에 뒷면이 나올 확률을 구하라는 문제는 두 번의 시행이 서로 독립적이어야 한다는 것이다. 즉 첫 번째 결과가 앞면이 나오든 뒷면이 나오든 두 번째 결과에 영향을 미치지 않아야 한다는 것이다. 먼저 하나의 동전을 던져 앞면이 나올 확률은 $\frac{1}{2}$이고, 두 번째 동전에서 뒷면이 나올 확률도 역시 $\frac{1}{2}$이다. 그러므로 처음에 앞면이 나오고 다음에 뒷면이 나올 확률은 $\frac{1}{2}\times\frac{1}{2} = \frac{1}{4}$이 된다.

3.3. 조건부확률(conditional probability)

조건부확률이란 한 사건이 일어날 것을 전제로 다른 사건이 일어날 확률을 의미한다. 조건부확률의 개념을 살펴보기 위해 벤 다이어그램으로 알아보자

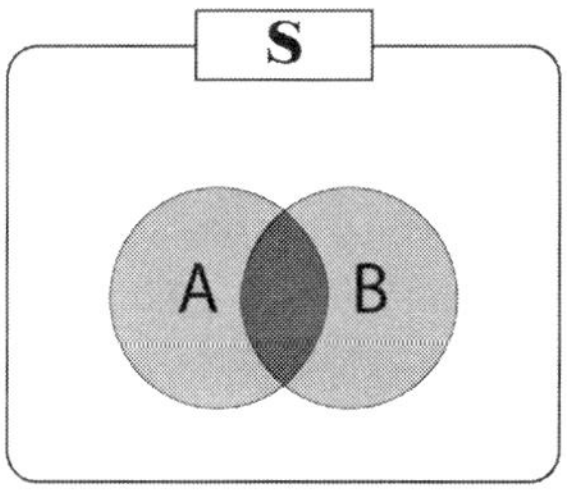

위의 그림에서 S의 넓이를 '1'로 했을 때, A의 발생확률은 A의 상대 면적을 의미한다. 그렇다면 B를 '1'로 했을 때 $A \cap B$의 상대 면적은 어떻게 계산될까? 바로 $\frac{P(A \cap B)}{P(B)}$가 될 것이다. 쉽게 말해, B가 일어났다는 가정 하에 A가 일어날 확률로 이해할 수 있다. 이 확률은 B가 주어진 상황에서 일어날 확률이라는 의미에서 $P(A \mid B)$라고 표기하며, 상대 면적이라는 의미에서 다음과 같이 표현한다.

▷ $P(A \mid B) = \frac{P(A \cap B)}{P(B)}$

즉, B가 주어진 상황에서 A의 조건부확률이라고 한다.

단, 두 사건이 상호독립인 경우에는 조건부확률은 다음과 같이 계산된다.

▷ $P(A \cap B) = P(B) \cdot P(A)$

예제 34) 여자 회원이 뽑히는 사건을 F, 남자 회원이 뽑히는 사건을 M, 설악산을 추천한 사람이 뽑히는 사건을 S, 지리산을 추천한 회원이 뽑히는 사건을 J라고 하면 뽑히는 회원이 여자일 때, 설악산을 추천한 회원이 뽑히는 조건부확률을 구하라는 문제는 여자회원이므로 여자 회원이 뽑히는 사건 F가 일어났다는 가정 하에서 설악산을 추천한 회원을 뽑는 경우이기에 사건 S와 관련하여 구하고자 하는 문제는 $P(S \mid F)$이므로 조건부확률의 정의에 의해 $P(S \mid F) = \frac{P(S \cap F)}{P(F)}$를 구하는 문제가 된다.

예제 35) 남녀 전체 60명중 남자가 35명, 남자 중 안경 낀 사람 10명 일 때, 전사건을 S, 남자를 뽑는 사건을 A, 안경 낀 사람 뽑는 사건을 B라 할 때,

(1) 60명 중 임의로 1명을 뽑을 때 남자일 확률과 안경 낀 남자일 확률을 구하시오.

주어진 조건에 의하여 $n(S) = 60$, $n(A) = 35$, $n(A \cap B) = 10$ 이기에

첫째, 남자일 확률은 $\mathrm{P(A)} = \frac{n(A)}{n(S)} = \frac{35}{60}$이고,

둘째, 안경 낀 남자의 확률은 $P(A \cap B) = \dfrac{n(A \cap B)}{n(S)} = \dfrac{10}{60}$ 이다.

그러므로 사건 S S를 전사건으로 생각하고, 사건 $A \cap B$가 일어날 확률을 계산한 것이다.

(2) 남자 35명 중 임으로 1명을 뽑을 때 안경 낀 사람일 확률을 구하시오.

사건 A가 일어났다고 가정할 때 즉 사건 A를 전사건으로 생각하여 $A \cap B$가 일어날 확률을 구하는 문제이므로 $\dfrac{n(A \cap B)}{n(A)} = \dfrac{10}{35}$과 같이 구할 수 있다.

또한, 이 문제는 남자라는 조건(사건 A)에서 안경 낀 사람의 확률(사건 B)을 묻는 문제로 조건부 확률로 계산하여 $P(B \mid A) = \dfrac{P(A \cap B)}{P(A)} = \dfrac{\frac{10}{60}}{\frac{35}{60}} = \dfrac{10}{35}$와 같이 계산하여도 마찬가지의 결과가 도출된다는 것을 알 수 있다.

제4절 베이즈 정리(Bayes' Theorem)

하나의 동전을 던지면 앞면이 나오거나 뒷면이 나온다. 두 사건은 합치면 모든 가능한 경우 전체를 포괄하고, 겹치면 중복이 없어지게 된다. 즉, 두 사건은 전체를 둘로 나누는 역할을 하는데 이러한 역할을 통계 용어로 두 사건은 전체의 분할이라고 정의한다. 또한 주사위를 한번 던질 때, 홀수가 나오는 사건과 짝수가 나오는 사건은 전체를 분할한다고 하지만 홀수가 나오는 사건과 6의 눈이 나오는 사건은 전체를 분할하지 못한다. 왜냐하면 두 사건은 합치더라도 2 또는 4의 눈이 나오지 않기에 전체를 포괄하지 못하기 때문이다. 즉 합쳐서 전체를 포괄하되 겹쳐서 전혀 중복이 안 되는 사건의 집합을 분할이라고 한다. 이러한 분할의 두 성질은 전체를 몇 개의 소집단으로 분류할 때 꼭 필요한 성질이다. 이는 분류할 때, 어느 하나라도 빠뜨리지 않고 또 어느 하나라도 이중으로 분류하지 않기 위함이다.

예를 들어 남자와 여자로 사람을 분류하는 일, 일정한 학점을 기준으로 하여 학사경고 대상자와 아닌 학생을 분류하는 일 등이 모두 분할의 예가 되는 것이다. 반드시 두 개로 나누라고 하는 것이 아닌 목적에 따라 얼마든지 세분화 할 수 있다.

지금까지 컴퓨터의 모습은 인간이 프로그램을 한 그대로 동작하는 것이다. 하지만 1990년대 말 컴퓨터에 에이젼트라는 개념이 들어가기 시작하면서부터 기존의 틀을 벗어나기 시작했다. 에이젼트란 컴퓨터가 스스로 학습을 통하여 새로운 지식 데이터베이스를 구축하는 프로세스를 의미한다. 예를 들어 개인용 컴퓨터에 메일을 관리하는 에이젼트를 구축해두면 이 에이젼트는 사용자의 동작을 관찰하면서 어떤 메일은 열지도 않고 버리는지, 혹은 어떤 메일은 답장을 하는지에 대한 정보를 데이터베이스로 구축할 수 있게 된다. 이로 인해 사용자에 대한 데이터베이스가 모이면 메일 관리 에이젼트는 사용자가 손쉽게 사용할 수 있도록 받은 메일을 스스로 분류하는 것이다. 이런 식으로 컴퓨터도 경험에 의한 학습을 하여 사람이 직접 데이터를 입력하거나 프로그래밍하지 않더라도 새로운 동작이 가능하다.

여기에 사용되는 가장 중요한 개념이 18세기에 토마스 베이즈(Thomas Bayes)가 생각해낸 베이즈 정리이다. 베이즈 정리란 조건부 확률개념을 기초로 하는데 A가 먼저 발생하고 그 후에 B가 발생하는 두 개의 사건 A, B가 서로 종속적일 경우 A의 사건에 의해 B의 사건의 확률이 달라진다는 것이다. 예를 들면 오늘 비가 오는지, 오지 않는지에 따라 내일의 비가 올 확률이 달라질 수 있는 경우이다. 베이즈가 생각해낸 이 확률 이론(Probability Theory)은 아직까지도 컴퓨터 사이언스 분야 및 수학·통계학자들에 의해 폭넓게 사용되고 있으며 그 개념도 계속해서 확장돼 가고 있다.

따라서 베이시안 기계 학습(Bayesian Machine Learning)이란 것은 이와 같이 조건부 확률 개념을 기반으로 하는 컴퓨터의 독자적 학습 능력을 의미한다. 이를 사용하면 보다 똑똑한 컴퓨터를 만들 수 있게 되는 것이다. 처음 '야후'와 같은 검색 포탈이 사이트 검색 서비스를 시작했을 때, 이를 사용해 본 사용자는 본인이 찾고자 하는 정보를 매우 찾기 어려웠다는 기억을 가지고 있을 것이다. 그 당시 검색 사이트는 사람이 프로그래밍한 그대로, 입력된 검색단어와 일치하는 모든 사이트를 무작위로 열거하는 수준이었다. 따라서 수 만개나 되는 사이트에서 자신이 원하는 정보를 얻는다는 것은 매우 힘들었다. 하지만 에이젼트를 사용하여 검색 사이트에 베이시안 기계 학습 능력을 부여한 이후 그 웹 서버는 수많은 사이트 중에서 사용자들이 어떤 사이트를 주로 클릭하는 가를 학습하게 되고, 그 결과 이후의 사용자가 원하는 정보를 우선적으로 배치할 수 있게 된다.

베이시안 기계 학습은 현재 IT분야에서 시작되고 있는 응용 기술로써 많은 발전이 기대되고 있다. 위에서 설명한 메일관리나 웹검색 서비스와 같은 응용 소프트웨어에서부터 데이터마이닝 기술이 가미된 데이터베이스와 네트워크, 그래픽스, 인공지능 분야 등 기존의 발전해온 모든 IT기술에 학습이란 능력을 접목하고 있는 추세이다. 이는 네트워크가 발전하면서 에이젼트를 사용한 컴퓨터 학습 능력이 독자적인 형태보다 컴퓨터 간의 지식전달이 점점 큰 비중을 차지해 나가고 있기 때문이다. 전 세계의 수많은 컴퓨터가 네트워크화 되어있고 빠른 속도로 발전하고 있음을 고려한다면 미래의 베이시안 기계 학습 능력은 무한한 가능성을 가지고 있는 기술이라고 할 수 있다.

이제 이러한 분할의 개념에 기초하여 베이즈정리에 대하여 공부해보자. 베이즈정리는 통계학에서 가장 중요하고 널리 쓰이는 정리 가운데 하나이다. 베이즈 정리(Bayes theorem)란 어떤 사상의 관측 전의 원인에 대한 가능성과 관측 후의 원인의 가능성 사이의 관계를 설명하는 것으로 사실상 이제껏 배운 분할, 조건부확률, 그리고 확률의 덧셈법칙과 곱셈법칙을 이용하면 베이즈정리를 도출할 수 있다.

먼저 사건 A가 주어져 있다고 하자. 우리는 사건 A의 관점에서 전체를 A와 A가 아닌 것(A^C)으로 분할 할 수 있다. A와 A^C는 합치면 전체가 되고 겹치면 중복이 없다. 아래 그림에서 보듯이 A와 A^C는 전체적인 사각형을 왼쪽의 원과 오른쪽의 나머지 부분으로 분할한다.

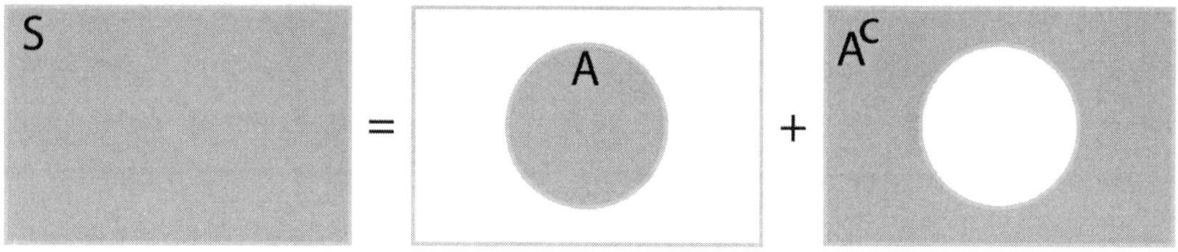

또한 두 사건 A와 B가 주어져 있다고 하자. 사건 B는 A이면서 B이거나 $(A\cap B)$ 또는 A가 아니면서 $B(A^c\cap B)$로 그 자체가 분할되기에 아래 그림에서 보듯이 사건 B를 왼쪽의 볼록렌즈와 오른쪽의 초승달 모양으로 분할되는 것을 알 수 있다.

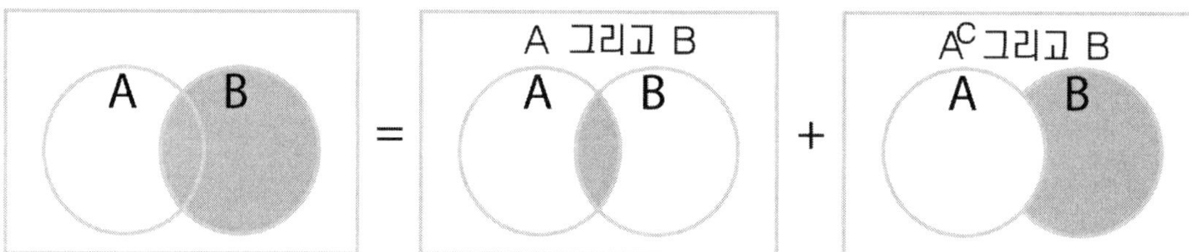

그러므로 사건 B가 주어진 상태에서 A가 일어날 조건부확률($P(A\mid B)$)은, B의 원에서 차지하는 볼록렌즈의 상대적 크기로 형상화 할 수 있다.

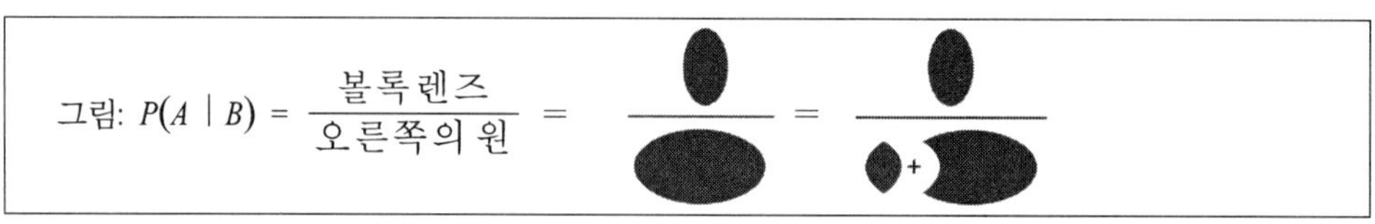

이를 수식으로 표현하면,

$$P(A\mid B) = \frac{P(A\cap B)}{P(B)} = \frac{P(A\cap B)}{P(A\cap B)+P(A^c\cap B)}$$

그러므로 조건부확률($P(A\mid B)$)는 사건 B가 주어진 조건 하에서 사건 A가 일어날 확률이다. 이는 B를 A의 관점에서 둘로 분할한 뒤 A를 만족시키는 볼록렌즈 부분의 B전체에 대한 상대적인 크기로 측정된다. 한편 사건 B의 확률은 좁은 의미의 덧셈법칙에 의해 왼쪽의 볼록렌즈 부분과 오른쪽의 초승달 부분을 합쳐 얻게 된다.

여기에 앞에서 배운 조건부 확률에 의한 식을 도입하여

▷ $P(A \mid B) = \dfrac{P(A \cap B)}{P(B)}$, $P(A \cap B) = P(B) \cdot P(A \mid B)$

▷ $P(B \mid A) = \dfrac{P(A \cap B)}{P(A)}$, $P(A \cap B) = P(B) \cdot P(B \mid A)$

다시 한번 정리하면,

$$P(A \mid B) = \frac{P(A \cap B)}{P(B)} = \frac{P(A \cap B)}{P(A \cap B) + P(A^c \cap B)} = \frac{P(A)P(B \mid A)}{P(A)P(B \mid A) + P(A^c)P(B \mid A^c)}$$

이며, 이것은 사건 B가 사건 A와 A^C으로 분할되었을 때의 베이즈정리가 되는 것이다.

그렇다면 베이즈정리를 일반화하여 사건 B가 m개의 사건 $A_1, A_2, A_3, \cdots\cdots, A_m$으로 그림과 같이 분할되었다고 가정할 때, 사건 B가 일어났다는 가정 하에 사건 A_1이 일어날 조건부확률은 $P(A_1 \mid B) = \dfrac{P(A_1 \cap B)}{P(B)}$이며, $P(A_1 \cap B) = P(B) \cdot P(B \mid A_1)$이 된다는 사실은 이미 알 수 있다.

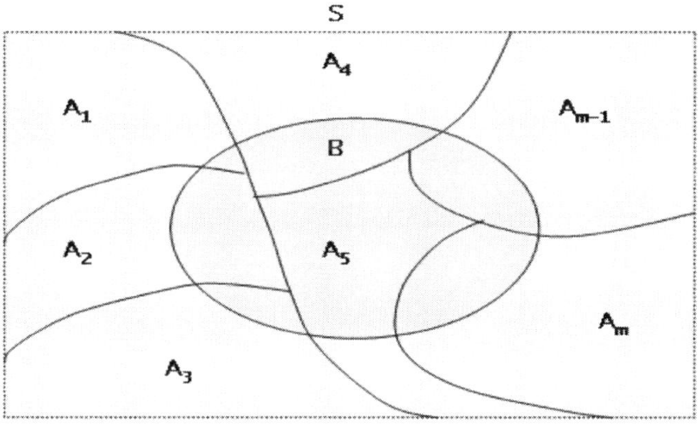

또한, 분모에 해당하는 부분은 위의 예에서와 같이 덧셈법칙에 의하여

$$\begin{aligned} P(B) &= P(A_1 \cap B) + P(A_2 \cap B) + P(A_3 \cap B) + \cdots\cdots + P(A_m \cap B) \\ &= P(A_1)P(B \mid A_1) + P(A_2)P(B \mid A_2) + \cdots\cdots + P(A_m)P(B \mid A_m) \end{aligned}$$

된다.

정리(베이즈정리)

$A_1, A_2, A_3, \cdots\cdots, A_m$이 전체 S의 분할을 형성하고 있으며, $P(B)>0$일 때,

$$P(A_1 \mid B) = \frac{P(A_1 \cap B)}{P(B)} = \frac{P(A_1)P(B \mid A_1)}{P(A_1)P(B \mid A_1) + \cdots\cdots + P(A_m)P(B \mid A_m)}$$

예제 36) 한국의 *X*자동차 공장에서 *S*모델의 승용차를 만드는데 3개의 생산라인이 가동되고 있다. 제1번 라인에서는 전체 생산량의 35%, 제2번 라인에서는 20%, 제3번 라인에서는 45%를 각각 생산하고 있다. 한편 불량률을 생산라인별로 보면 제1번 라인은 1%, 제2번 라인은 1.3%, 제3번 라인은 2%의 불량률을 보이고 있다. 하루 동안 생산된 전체 *S*모델 승용차로부터 임의로 한대를 선택해서 불량여부를 시험하였더니 이 차는 불량품으로 확인되었다. 이 차가 제1번 생산라인, 제2번 생산라인, 제3번 생산라인에서부터 각각 생산되었을 확률을 구하시오.

풀이) 추출된 자동차가 불량품인 사상을 B라고 두고, 이 차가 제1번 생산라인에서 생산되었을 사상을 A_1, 제2번 생산라인에서 생산되었을 사상을 A_2, 제3번 생산라인에서 생산되었을 사상을 A_3라고 두자. 먼저 문제에서 주어진 대로 $P(A_1) = 0.35$, $P(A_2) = 0.20$, $P(A_3) = 0.45$, $P(B \mid A_1) = 0.01$, $P(B \mid A_2) = 0.013$, $P(B \mid A_3) = 0.02$ 이므로

베이즈 정리를 적용해서

불량품이 제1번 생산라인으로부터 생산되었을 확률 $P(A_1 \mid B)$는 다음과 같이 계산될 수 있다.

$$P(A_1 \mid B) = \frac{P(A_1)P(B \mid A_1)}{P(A_1)P(B \mid A_1) + P(A_2)P(B \mid A_2) + P(A_3)P(B \mid A_3)}$$
$$= \frac{(0.35)(0.01)}{(0.35)(0.01) + (0.20)(0.013) + (0.45)(0.02)} = 0.23$$

마찬가지 방법으로 제2번, 제3번 생산라인으로부터 생산되었을 확률은

각각 $P(A_2 \mid B) = 0.17$, $P(A_2 \mid B) = 0.60$ 이다.

예제 37) 0.1%의 사람들이 보균자인 어떤 병균이 있다고 하자. 한 과학자가 이 병균의 보균자를 탐지할 수 있는 검사를 개발하였다. 그런데 이 검사 방법이 완벽하지는 않다. 이 검사에서 양성이 나오면 보균자로, 음성이 나오면 비 보균자로 진단하게 된다. 이 검사는 보균자일 경우에 검사결과가 100% 양성으로 나오지만, 비 보균자인 경우에도 양성으로 나올 확률이 5%가 된다. 만약 어떤 사람의 검사결과가 양성으로 나왔을 때, 이 사람이 이 병의 보균자일 확률은 얼마일까?

풀이) 보균자인 사상을 A라 하면, 비 보균자인 사상은 A^C가 되며, 검사결과가 양성인 사상을 B라고 하면, 검사결과가 음성인 사상은 B^C가 된다. 그러므로 문제로부터 각 사상별 확률을 계산하면, $P(A) = 0.001$, $P(B \mid A) =1$, $P(B \mid A^c) = 0.05$가 된다.

따라서 베이즈의 정리를 활용한다면,

$$P(A \mid B) = \frac{P(A)P(B \mid A)}{P(A)P(B \mid A) + P(A^c)P(B \mid A^c)} = \frac{0.001 \times 1}{0.001 \times 1 + (1-0.001) \times 0.05} \fallingdotseq 0.02$$

연습문제

2.1. 50명의 학생에게 a,b 두 문제를 풀게 하였다. a와 b를 푼 학생은 각각 22명, 35명이고, a,b를 모두 못 푼 학생은 5명이라고 할 때, a,b를 모두 푼 학생의 수를 구하시오.

2.2. 전체집합 U의 부분집합 A,B,C에 대하여, $n(U) = 50$, $n(A) = 23$, $n(B) = 24$, $n(C) = 15$, $n(A\cap B) = 10$, $n(B\cap C) = 8$, $n(C\cap A) = 5$, $n(A\cup B\cup C) = 43$일 때, $n(A^c\cup B^c\cup C^c)$의 값을 구하시오.

2.3. 어느 학급의 학생 35명을 조사한 결과 27명의 학생이 영어숙제를 제출하였고, 31명의 학생이 수학 숙제를 제출하였다. 영어 숙제와 수학 숙제를 모두 제출한 학생 수의 최소값을 구하시오.

2.4. 크리스마스 이벤트에 대한 선호도 조사에 상운이네 반 32명이 참여했다. 여행, 영화, 잠 이렇게 3개의 항목에서 여행을 선택한 학생은 12명, 영화를 선택한 학생은 11명, 여행과 영화를 선택한 학생은 5명, 영화와 잠을 선택한 학생은 3명, 여행과 잠을 선택한 학생은 3명, 여행과 영화와 잠을 선택한 학생은 2명이고 아무 것도 선택하지 않은 학생은 4명이라 할 때, 잠을 선택한 학생수를 구하시오.

2.5. 상자 안에 노란구슬 5개와 파란구슬 3개가 있다고 하자. 이 때, 상자 안에서 각각 1개의 구슬씩 2번 뽑을 때, 첫 번째 노란구슬이 나오고, 두 번째 파란구슬이 나올 확률을 구하시오.

2.6. 주사위를 세 번 던질 때, 첫 번째 2가 나오고 마지막에도 2가 나올 확률을 구하시오.

2.7. A팀과 B팀이 축구 경기를 하여 A팀이 승리할 확률이 $\frac{7}{10}$일 때, A팀과 B팀이 두 번 경기를 하여 A팀이 두 번 모두 승리할 확률을 구하여라.

2.8. 오른쪽 그림과 같은 주머니 속에 크기와 모양이 같은 흰 공 2개, 검은 공 1개가 들어 있다. 다음을 구하여라.

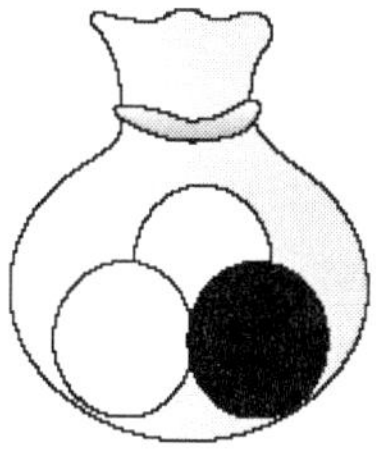

(1) 주머니 속에서 한 개의 공을 꺼낼 때, 흰 공이 나올 확률

(2) 주머니 속에서 차례로 두 개의 공을 꺼낼 때, 처음에는 검은 공이, 두 번째는 흰 공이 나올 확률(단, 꺼낸 공은 다시 넣는다고 한다)

(3) 주머니 속에서 차례로 두 개의 공을 꺼낼 때, 두 개 모두 흰 공이 나올 확률(단, 꺼낸 공은 다시 넣는다고 한다)

2.9. 하나의 주사위를 던져서 4의 배수가 나오는 사건을 A라고 하고, 6의 약수가 나오는 사건을 B라고 할 때 4의 배수와 6의 약수가 나올 확률을 구하시오.

2.10. 한 대학의 학과 구성원을 조사하였더니 서울 17명, 경기 25명, 강원 11명, 기타 지역 7명으로 조사되었다. 이 때, 서울 및 강원 지역 학생이 학과의 대표로 선발될 확률을 구하시오.

2.11. 제주도는 연중 비가 오는 날이 40% 비가 오지 않는 날이 60%이다. 제주도에서는 최근 새로운 기상장비를 도입하여 기상예보를 하고 있는데, 실제로 비가 온 경우를 비가 오지 않을 것이라도 예보한 경우가 10%, 실제로 비가 오지 않은 경우를 비가 올 것이라고 예 보한 경우가 30%였다. 이 기상장비를 사용하여 비가 올 것이라고 예보하였을 때 실제로 비가 올 확률을 구하여라.

2.12. 어느 마을에서 전체 주민의 10%가 어떤 질병에 감염되었다고 한다. 그 질병의 감염 여부를 알아내는 새로운 검사방법이 개발되어 실험을 한 결과 그 질병에 걸린 사람의 90%가 양성반응을 보였고, 질병에 걸리지 않은 사람의 20%가 양성반응을 보였다고 하자. 랜덤으로 뽑은 한 사람이 그 검사에서 양성반응을 보일 때, 그가 그 질병에 감염되어 있을 확률을 구하여라.

2.13. 두 개의 상자 A1, A2에 긴 볼트와 짧은 볼트가 들어 있다. 상자 A1 에는 60개의 긴 볼트와 40개의 짧은 볼트가 들어 있고, 상자 A2 에는 20개의 긴 볼트와 30개의 짧은 볼트가 들어 있다고 가정하자.

(1) 하나의 상자를 랜덤으로 뽑고, 그리고 나서 그 상자로부터 한 개의 볼트를 뽑는다고 할 때, 이 볼트가 긴 볼트일 확률을 구하여라.

(2) (1)에서 뽑힌 긴 볼트가 상자 A1 에서 뽑힐 확률을 구하여라.

2.14. 한국 남성의 10%는 폐암에 걸린다고 한다. 그런데, 폐암에 걸린 남성들 중 80%가 흡연자인 반면, 폐암에 걸리지 않은 남성들 중에는 40%만이 흡연자라 한다. A라는 어떤 흡연 남성이 폐암에 걸릴 확률은 대략 얼마일까?

2.15. 대형 할인점 A, B, C는 각각 50명, 75명, 100명의 사람을 고용하고 있고, 이들 중 각각 50%, 60%, 70%가 여성이라고 한다. 성별에 관계없이 직장을 그만 둘 확률이 같다고 하자. 한 여성이 직장을 그만 두었을 때, 이 사람이 대형 할인점 C의 직원일 확률을 구하여라.

2.16. 야구시합에서 A팀과 B팀이 있다. 그 동안의 전적 상으로 A팀이 이길 확률 60%이며. 야구 전문가는 B팀이 이긴다고 전망했고. 그의 전망이 맞을 확률이 80%라고 가정하였을 때, B팀이 이길 확률을 구하시오.

2.17. 어떤 부위에 암이 발생할 확률은 2% 이고, 암이 발생한 경우 그 부위에 출혈이 있는 조건부 확률은 90%이다. 암이 없는데도 출혈이 있는 조건부 확률은 4%이다 이런 경우 어떤 부위에 출혈이 있을 때 암이 조건부 확률일 확률을 구하시오.

2.18. TV를 생산하는 두 납품업체 1, 2로부터 중요 부품을 납품 받는다. 납품업체 1은 전체의 70%를, 납품업체 2는 전체의 30%를 납품한다. 납품업체 1의 제품 중 불량품의 비율은 4%이며, 납품업체 2의 제품 중 불량률은 6%이었다. 납품 받은 부품에서 불량품이 발견되었을 때 그 불량품이 납품업체 1로부터 또는 납품업체 2로부터 공급받았을 확률을 각각 구하여라.

제3장 자료의 수집과 정리

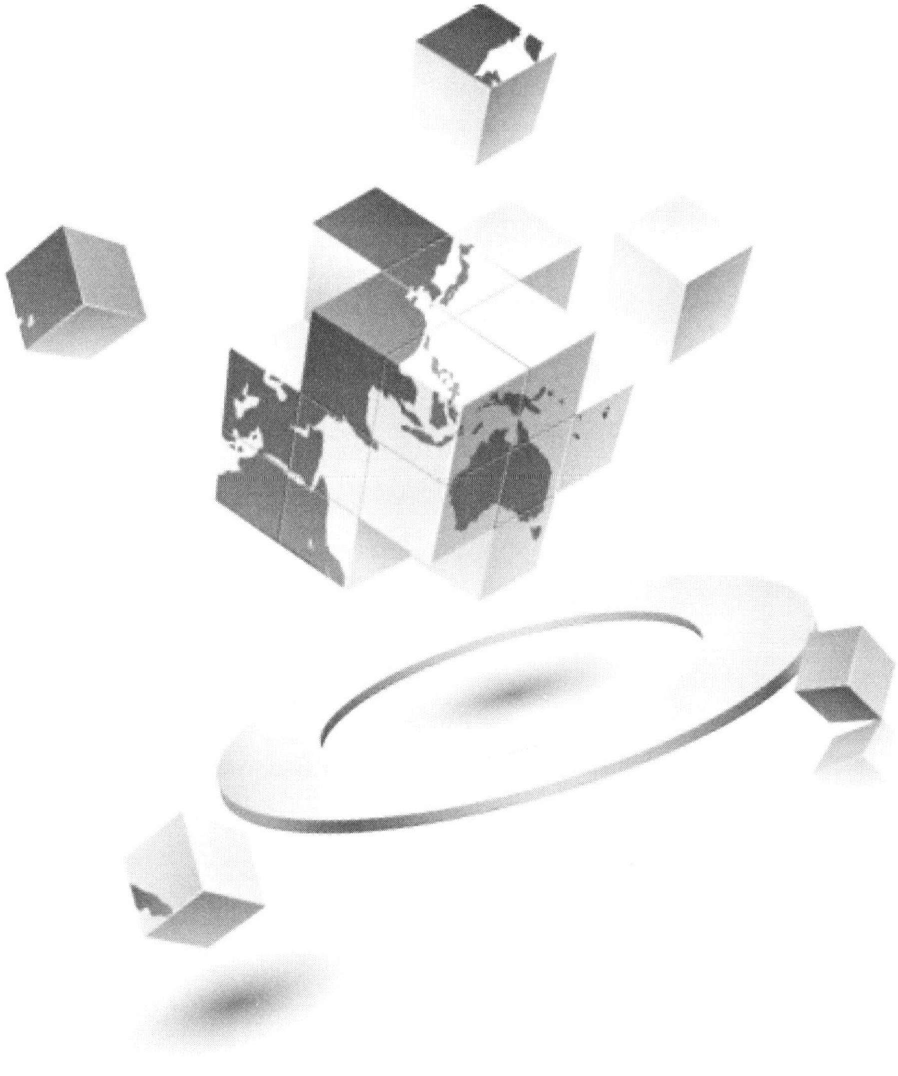

제3장 자료의 수집과 정리

연구의 주제가 정해지고 연구 대상이 결정되면 연구의 그 다음단계는 자료를 수집하고 정리하는 것이다. 연구에 필요한 자료를 수집할 때에는 모든 연구 과정을 뒷받침하는 가장 기본적인 요소로서 만약 자료 수집 과정에서 주관성이 개입되어 객관성을 상실한다면 연구 결과에 대한 신뢰를 할 수 없기에 가장 객관적인 자료를 수집하여야 한다. 자료의 수집방법은 연구자가 필요로 하는 연구방법 및 성격에 따라 1차 자료와 2차 자료로 구분된다. 1차 자료는 연구자가 현재 수행 중인 연구와 관련하여 직접 수집한 자료를 말하며, 2차 자료는 정부자료 또는 조사 기관의 간행물 등 통계 처리된 자료로서 1차 자료를 제외한 모든 자료를 말한다.

제1절 자료조사방법

조사목적을 달성하기 위한 연구대상 전체인 모집단(population) 으로부터 모집단을 대표하도록 선택된 일부를 표본(sample)이라고 하며, 이러한 표본을 모집단으로부터 선택하는 과정을 표집(sampling) 또는 표본추출이라고 한다. 자료조사방법은 크게 전수조사와 표본조사로 분류된다.

1.1. 전수조사(complete survey)

전수조사란 연구 대상이 되는 모집단을 하나하나 전부 조사하는 자료조사방법으로 전체조사 또는 완전계수법 등으로도 불리며, 전수조사의 대표적인 것으로는 국민전체를 모집단으로 하여 전 국민을 조사하는 인구주택 총 조사, 국세조사 등이 있으며, 학교에서 전 재학생을 대상으로 실시하는 신체검사 등이 있다.

전수조사는 다음과 같은 장단점을 가지고 있다.

첫째, 조사대상 전체를 빠짐없이 조사하기에 조사 집단이 작을 때는 유리하다.

둘째, 비용이 많이 든다.

셋째, 표본오차는 없으나 조사연구자나 조사대상자의 회답의 허위나 오류 등으로 오차 가 발생한다.

넷째, 조사기간이 길다.

다섯째, 표본조사에 비하여 전문적인 지식이 요구되지는 않는다.

전수조사의 대표적인 예로 통계청에서 실시하는 인구주택 총 조사를 들 수 있는데 인구주택 총 조사는 5년마다 한번씩 실시되며, 면접조사기간은 9개월에 불과하지만 사전준비에 2년, 결과의 집계분석에 2년이 소요되는 국내 최대규모의 통계조사이다. 시도별로 실시된 조사결과는 통계청으로 넘어와 컴퓨터에 입력, 집계 · 분석 작업에 들어가며, 결과는 4차례에 걸쳐 통계청이 발표한다. 인구 총 조사는 과학적 조사방법에 의해 지역별 인구와 가구 수는 물론 개인별 특성까지 조사해서 광범위한 내용을 정확히 수집하는데 목적이 있다. 또 주택 총 조사는 주택의 현황, 즉 주택총수 · 종류 · 기타 특성을 정확히 파악해서 각종 정책의 수립 · 집행에 필요한 기초자료 제공에 활용된다. 인구의 경우 대한민국의 행정권이 미치는 전 지역에 상주하고 있는 모든 사람을 조사대상으로 하고 있으나 해외취업자. 유학자 및 한국에 거주하는 외국인 중 외교관, 외국군인 및 그 가족은 제외된다. 주택은 거주할 수 있는 모든 건물(천막집 · 움집포함)을 조사대상으로 한다. 그러나 이 조사에서도 군대의 병영, 교도소, 경찰서 등 시설내의 막사와 대사관, 외국군대의 병영 내의 주택은 제외된다.

인구 · 주택 총 조사 조사항목은 응답률 제고 및 조사부담 경감을 위해 우리나라의 인구, 가구, 주택에 관한 기본 특성만을 파악합니다. 보다 세부적이고, 심층적인 특성은 인구 · 주택 총 조사 자료를 모집단으로 하는 표본조사를 통하여 파악하게 된다.

조사항목은 중앙정부가 국가 및 지역 정책에 필요한 정보 수집을 목적으로 전체 국민을 대상으로 조사하는 전국 항목(47개 문항)과 해당 광역자치단체가 지역정책에 필요한 정보 수집을 목적으로 지역주민을 대상으로 조사하는 시도 항목(16개 시도별로 3개 항목씩 조사)으로 구분된다.

인구 · 주택 총 조사의 전국 항목(47개 문항)은 크게 인구 관련 문항 28개, 가구 관련 문항 13개, 주택 관련 문항 6개로 구분된다.

1.2. 표본조사(sampling survey)

표본조사란 연구 대상이 되는 모집단의 일부를 표본으로 추출하여 조사한 결과로서 전체의 성질을 추측하는 자료조사방법으로 선거예측이나 쌀 수확량의 예측 등에서 표본조사가 널리 사용된다.

일예로, 미국 오레곤 대학 운동과학부의 브래드 카디날 교수 등이 참가한 연구팀은 전국의 18세 ~ 85세 남 · 여를 대상으로 2천 600여 명을 표본 조사했으며, 정부 지침을 준수해 적당 ~격렬 수준의 운동을 일주일에 150분 이상 수행하면 수면의 질이 65% 향상되는 것으로 나타났으며, 이보다 운동이 부족한 사람들에 비해 낮에 졸리는 일이 더 적다는 사실도 확인됐다. 카디날 교수는 "우리는 심장혈관 건강을 위한 운동 지침을 기준으로 삼았다"면서 "이 지침은 건강의 여타 영역에도 효과가 있는 것으로 드러났다"고 말했다. 그는 "규칙적으로 운동을 하는 것이 잠을 잘 자기 위해 약을 먹는 것보다 낫다는 과학적 증거가 늘고 있다"고 말했다. 운동 지침을 지키는 사람들은 낮에 너무 졸리는 것을 느끼는 비율이 그렇지 않은 사람에 비해 65% 낮았다. 또한 자다가 다리에 쥐가 난다거나(68% 감소), 지쳤을 때 집중하기가 어렵다든가(45% 감소) 하는 일도 훨씬 적었다. 카디날 교수는"운동은 몸매와 심장에 좋을 뿐 아니라 잠을 잘 자게 해준다"고 말했다. 그는 "몸이 피곤할 때는 운동을 생략하고 잠을 자기 쉽다"고 지적하고 "피로하더라도 운동을 하는 편이 장기적 건강에는 더욱 이로울 수 있다"고 말했다.

또한, 여성 가족부에서는 2011년 4월 ~ 6월 까지 전국 16개 시군구 지역의 전체 초등학교 학생 2만 여명과 학부모, 교사 등을 대상으로 설문한 결과, 방과 후 집에서 하루 1시간 이상 보호자의 돌봄 없이 혼자 지내야 하는 아이들(자기보호 아동)이 29.6%에 달하며, 이런 표본 조사를 바탕으로 전국 규모의 '자기보호 아동'을 추정하면 전국 초등학생 328만 명 중 97만 명이 방과 후 집에서 1시간 이상 혼자 방치되고 있는 셈이다. 특히 이들 가운데 하루에 3 ~5시간 동안 보호자 없이 지내는 경우가 24.2%, 5시간 이상 방치되는 경우도 23.5%에 달했다. 이런 아동들은 경제적 환경이 저소득층인 경우(39.7%)가 가장 많았다. 경제적 형편이 '중간'이라고 답한 아동은 30.9%, '잘 산다'고 답한 아동은 27.1%였다. '자기 보호 아동'의 가족 구성은 맞벌이 가정인 경우(37.8%)가 가장 많았고 한 부모 가정(34.3%)과 부모님이 모두 안 계시는 경우(30.3%)가 비슷한 수준으로 뒤를 이었다. 방과 후 아이들만 집에 혼자 있게 하는 이유를 부모들에게 설문했더니 '하원시간 때문에 달리 맡길 수가 없다'는 응답이 36.1%로 수위를 차지했고 '맡길 곳이 없기 때문'이라는 응답이 27.0%였다.

표본조사는 다음과 같은 장단점을 가지고 있다.

첫째, 전수조사에 비하여 표본조사가 갖는 장점

① **경제성**

전수조사보다 표본조사를 할 경우 실제조사에서 비용과 노력이 적게 소요되며 조사결과의 집계와 자료처리 등의 비용과 노력이 적게 소요된다.

② **신속성**

전수조사에 비해 자료수집과 처리 면에서 훨씬 빠르다.

③ **심도 있는 조사가 가능함**

경제적, 시간적 제약으로 전수조사에서는 불가능한 복잡한 조사가 가능하다.

④ **조사의 정확성**

실제 조사과정에서 조사원에 대한 철저한 관리하여 비표본오차를 줄일 수 있으 며, 전수조사에 비해 자료 규모가 작아 자료의 입력 및 처리과정 등에서 오류를 줄일 수 있다.

⑤ **숙명적 필요성**

제품의 파괴검사와 혈액검사 등과 같이 전수조사가 불가능한 경우에 적당하다.

둘째, 표본조사가 갖는 단점(한계점)

① **모집단을 제대로 대표하지 못하는 표본을 사용할 경우 잘못된 통계를 만들게 된다.**

1936년 미국 대통령 선거는 상류층이 지지하는 랜돈 후보와 서민층이 지지하는 루즈벨트 후보간의 대결에서 선거를 실시하기에 앞서 전화번호부와 자동차 등록대장을 사용하여 표본 추출된 200만 명에 대하여 우편조사로 여론조사를 실시하였으며 여론조사의 결과는 랜돈 후보의 압도적 승리가 예상되었다. 그러나 여론조사는 표본추출을 위하여 전화번호부와 자동차 등록대장을 사용하였기 때문에 표본이 모집단 내의 서민층을 반영하지 못하여 나타난 결과로 대통령 선거의 최종 결과는 루즈벨트 후보의 압도적 승리로 막을 내리게 되어 표본이 모집단을 적절히 반영하지 못하면 현실을 왜곡한 통계결과를 얻게 된다는 교훈을 얻게 되었다.

② **희소한 부차모집단(소지역별 자료)의 특성까지 알기는 힘들다.**

희소한 부차모집단인 경우에는 표본조사에 의해서 추출된 표본이 대단히 적기 때문에 적은 표본이 부차모집단을 대표하지는 못하기 때문이다.

<출처, 통계학술연구회, cafe. daum.net/statistics. sniper>

제2절 자료수집방법

2.1. 질문지법

질문지법은 다수로부터 유사한 정보를 얻고자 할 때 조사 내용을 질문지로 작성하여 조사 대상자에게 직접 기입하게 하는 방법으로 질문 내용은 간결하고 명확하여야 하며, 이중질문 및 유도질문을 금지하여 중립성을 유지하여야 하며, 응답자의 수준에 맞는 적절한 용어를 사용하여야 한다.

질문지법의 장점은 시간과 비용을 절약할 수 있으며, 통계분석과 비교분석이 용이한 양적연구에 적합하며, 단점은 사전조사를 통하여 질문 내용에 대한 오해의 가능성을 최소화하여야 하며, 문맹자에게는 조사하기 어렵고 무성의한 대답과 낮은 회수율로 인하여 통계의 오류를 범할 가능성이 있다.

질문지법에 적합한 연구 주제는 보건복지부에서 5년 마다 시행하는 인구 · 주택 총 조사와 일반적인 여론조사 등 이 있으며, 여론조사 중 인터넷을 통한 여론조사의 장점은 대규모 집단으로부터 즉각적인 답변을 얻을 수 있고 자발적인 참여가 가능하며 실시간 통계분석이 용이하지만 표본의 대표성에 문제가 있어 일반화하기 어렵고 이중으로 답변하는 등 조작의 가능성이 있으며 무성의한 응답 등 단점이 있다.

일예로, 인천노인전문기관에서 제시한 자료에 따르면 인천에 거주하고 있는 만 20세 이상의 성인남녀 1,376명을 대상으로 2009년 8월 1일 - 8월 31일(31일간)메트로엔젤(인천지하철역에서 노인학대 홍보활동 노인일자리 참여자)을 통해 지하철을 이용하는 성인을 대상으로 무작위로 추출 일대일 질문지법을 활용하여 조사한 결과 발표에 따르면 우리사회가 바라보는 노인에 대한 인식은 긍정적 인식 31.5%, 부정적 인식 26.0%로 나타났다. 기관에서 실시한 노인에 대한 이미지평가는 응답자가 평소 생각하는 노인에 대한 이미지에 관한 서술식 문항에서 전체 응답자 중 317명(26.3%)가 "고집스럽다"라는 응답이 가장 높고. 다음으로 254명(21.1%)이 "지혜롭다, 현명하다", "인자하다, 친절하다"라는 응답이 246명(20.4%), "의존적, 도움이 필요한 존재" 194명(16.1%), "외로움, 소외당하는 존재"라는 응답이 60명(5.0%)순으로 나타나 "지혜롭다, 현명하다", "인자하다, 친절하다" 등의 긍정적인 측면의 응답이 높게 나타나긴 하였으나, 반면"고집스럽다", "의존적, 도움이 필요한 존재", "외로움, 소외당하는 존재" 라는 부정적 이미지로 노인을 인식하고 있는 경향이 보다 높게 나타났다고 기관은 밝혔다. 이조사의 표준오차는 95% 신뢰구간에서 표본오차 ±2.71% 이다

2.2. 면접법

면접법은 질적 연구의 일환으로 소수의 응답자로부터 깊이 있는 정보를 알고 조사 대상자와 대화를 통해 질문하고 답변을 구하는 방법으로 문맹자에게도 실시할 수 있으며 낮은 회수율과 무성의한 응답에 대한 해결을 할 수 있다는 장점이 있으나 표본 선정이 어렵고 조사자의 주관이 개입되기 쉬우며 시간과 비용이 많이 발생할 수 있는 단점이 있다. 면접법을 시행하는데 있어서 유의 사항은 응답자와의 자연스러운 분위기 조성하여야 하며 철저하게 비밀이 보장되어야 한다.

면접법에 적합한 연구 주제는 일탈 행위자의 심리상태를 연구한다던지 결혼 이민자들의 삶의 애환을 연구한다는 등이 있다.

일예로, 우울증에 대한 인지-대인관계적 관점에 기초해 우울증환자의 애착유형과 부부관계 및 역기능적 태도를 정상인과 비교하였으며, 우울증 환자의 애착유형에 따라 부부관계와 역기능적 태도가 달라지는지 살펴보았다. 이를 위해 정신과 의사의 진단과 구조화된 면접법을 통해 우울증 환자를 선별하였으며, 우울증 환자들의 우울한 기분이 주관적 보고에 미치는 편파를 줄이기 위해 면접법을 사용하여 연구를 수행하였다. 연구 대상은 우울증으로 통원 치료를 받고 있는 환자 31명과 정상인 32명으로 모두 여자였다. 우울증 집단과 정상 집단을 비교한 결과 우울증 환자들에게서 불안정 애착을 보이는 사람이 더 많았으며, 애착의 하위 평정들 중에서 밀착 욕구와 대인관계 분노가 더 높은 것으로 밝혀졌다. 또한 우울증 집단은 정상 집단보다 자기보고 결혼만족도 검사에서 결혼생활 불만족이 더 큰 것으로 나타났다. 한편 면접을 통해 평정한 부부관계의 특성을 보면 우울증 환자들이 배우자에게 속마음을 덜 털어놓고, 배우자와 긍정적인 상호작용이 더 낮은 반면, 배우자와 부정적인 상호작용이 더 높으며, 배우자가 제공하는 안전감을 더 낮은 것으로 나타났다.

또 다른 예는 청소년들이 학생으로서의 자아정체성을 형성해 가는 데, 또래관계를 비롯한 의미 있는 타자들, 즉 부모 및 교사 그리고 우리 사회의 가치체계들이 어떠한 역할을 하고 있는지를 살펴보기 위하여 남녀 중·고등학생 20명을 심층 인터뷰했으며, 전사된 자료를 바탕으로 하여 근거이론을 중심으로 자료를 해석했다. 자료 분석 결과, 청소년기가 부모로부터 독립하여 또래관계의 중요성을 증대시키는 시기로 알려져 있는 것과는 달리, 한국 청소년들의 사회화 과정에는 부모의 영향력이 계속해서 강하게 존속하고 있다는 사실이 밝혀졌다. 이는 한국사회에서 청소년기의 중요과업으로 여겨지는 대학입시와 그 결과가 개인의 인생경로에 미치는 영향이 매우 커서, 한국 청소년들의 사회화 과정이 서구의 독립적 자아 형성과 달리 부모에 대한 의존성을 전제로 하고 있기 때문이다. 한국의 청소년 사회화 과정에서는 또래관계를 중심으로 하는 문화가 청소년들의 자생적인 문화의 장을 형성하지 못하고 있으므로, 그 결과 부모와 교사, 그리고 사회의 중심적 가치관이 큰 저항이나 거부감 없이 청소년들에게 받아들여지고 있는 사실을 발견할 수 있었다. 이로 인해 청소년들은 우리 사회의 학력 경쟁 하에서 주입되는 '성공적인 대학 입시를 준비하는 학생'으로서의 자아정체성을 수용하고 있는 것이다.

2.3. 참여관찰법

참여관찰법은 의사소통이 어려운 집단을 대상으로 심층적인 자료를 수집하기 위한 질적 연구 방법으로 조사 대상 집단에 직접 참여하여 그들과 함께 생활하면서 관찰 및 기록하는 방법이다. 참여관찰법의 장점은 어린이나 의사소통 어려운 종족을 연구하거나 피 조사자의 반응과 관계없이 연구가 가능하여 연구 자료에 대한 실제성을 보장받을 수 있으나, 시간과 비용이 많이 들며 예상치 못한 변수 통제의 어려움과 원하는 현상이 나타날 때까지 기다려야 하는 등 단점이 노출되었다.

참여관찰법의 적합한 연구 주제는 원시 부족의 혼인 풍습 연구, 신생아의 의사소통 방식 연구 등 이 있다.

일예로, 스위스 연방기술연구소는 손상된 척수 조직에 화학약품을 주입하고, 척수 조직의 기저에 전기 자극을 가한 뒤, 앞에 놓인 초콜릿 한 조각을 향해 걸을 수 있도록 2 ~3주간 의지력 훈련을 시키는 3단계 치료법으로 척수 두 곳이 끊긴 쥐를 다시 걷게 하는 데 성공했다고 밝혔다. 척수 조직이 끊어졌다는 것은 뇌에서 전달하는 운동 메시지가 다리로 전달될 수 없다는 것을 의미한다. 실험의 첫 단계에서 손상된 척수 조직에 주입한 화학물질은 모노아민 촉진제로 불리는 것으로, 뇌에서 분비되는 도파민, 아드레날린 등을 대신해 척수 신경을 자극하는 역할을 한다. 두 번째 단계인 전기 자극은 척주관 부근에 심은 전극을 통해 이뤄지며, '척추 뇌'(spinal brain)를 다시 일깨우게 된다. 세 번째 단계에서는 실험쥐가 자기 앞에 놓인 초콜릿을 먹기 위해 걸어야 한다는 마음을 먹도록 훈련시킨다. 이 과정에서 연구팀은 쥐가 몸의 균형을 유지하도록 뒷다리에 로봇 보조 장치를 달았다. 연구팀은 실험이 진행되면서 쥐의 손상된 척수 주변에 새로운 신경들이 형성되고, 뇌에도 변화가 생기는 것을 관찰할 수 있었다. 하지만 연구팀에 따르면 척수 손상을 입은 쥐가 이번 치료법을 통해 첫발을 내디딘 뒤 초콜릿을 먹기 위해 달리고 계단을 오르며 장애물을 통과하는 능력까지 되찾게 됐다. 연구에 참여한 그레구아르 쿠르틴 박사는 "이 정도의 성과를 내리라곤 기대하지 못했다."면서 "실험쥐가 스스로의 의지로 발을 떼기 시작했다."고 말했다.

2.4. 문헌연구법

문헌연구법은 모든 연구의 기초가 되는 작업으로 연구하고자 하는 기록의 연구 결과나 역사적 문헌 또는 통계자료를 통해 수집된 논문, 신문, 통계 등을 이용하는 연구법으로 양적 및 질적 연구에 모두 사용한다.

문헌연구법의 장점은 종단연구와 횡단연구와 같이 시공을 초월한 연구가 가능하며 기존에 연구되었던 동향을 파악하는데 유리할 뿐만 아니라 시간과 비용을 절약할 수 있으나, 문헌의 신뢰성과 정확성 그리고 문헌을 해석하는데 주관이 개입될 가능성이 있다는 단점이 있다.

문헌연구법의 적합한 연구 주제는 경제 성장률과 이혼율의 상관관계 연구, 고려시대의 의복 문화 연구 등 이 있다.

일예로 2011년 모 제약회사에서 발표한 의학적인 논문 중에 재미있는 논문이 하나 있는데, 소위 짝 가로채기 (mate poaching)에 대한 연구결과가 있어 소개를 하고자 한다. 전 세계 53개국을 대상으로 총 16,954명을 조사한 결과에 따르면, 그 나라의 국내총생산(*G.D.P*)와 짝 가로채기(mate poaching)의 성공률은 정비례관계에 있다고 한다.

2.5. 실험법

실험법은 실험집단에 일정한 조작을 가하고 이로 인한 행동의 변화를 통제집단과 비교함으로써 자료를 수집하는 방법으로 사회문화 현상에 대한 인과관계의 고찰과 독립변인과 종속변인과의 상관관계를 연구하는 양적 연구 방법이다.

실험법의 장점은 과학적 연구 가능하여 정밀성이 보장되며 인과관계 고찰을 통한 비교 및 분석이 용이하고 조작 및 통제 정도가 쉬운 반면 법적·윤리적 문제가 발생할 수 있는 단점이 있다.

실험법의 적합한 연구주제는 체벌이 학교성적에 미치는 영향에 대한 연구, 출·퇴근 수단의 전환이 건강에 미치는 영향에 대한 연구 등이 있다.

일예로 비만과 고혈압을 일으키는 인자들에 대한 재미있는 두 가지 결과를 소개하면 다음과 같다.

첫째, 쿤자남 등의 연구조사에 따르면 평균체중을 웃도는 사람이 고혈압일 경우는 6.1%, 평균체중이 낮은 사람이 고혈압일 경우는 2.1%로 나타났으며 비만인 사람의 경우는 콜레

스테롤 수치가 높고 중성지방이 늘어서 동맥경화나 당뇨병이 생기고 혈압상승의 원인을 제공하기에 비만 관련 질환과 고혈압은 상호 악순환의 관계에 있다고 발표하였다.

둘째, 육식을 하면 혈압이 올라간다고 생각하는 사람이 많은데 이는 단백질을 구성하는 아미노산이 체내에서 아민으로 변하며, 이 아민 중에는 혈압을 상승시키는 물질이 있기 때문이라는 이론에 근거를 두기도 한다. 그러나 40세~60세의 에스키모인들에게 육식만을 섭취하도록 하고 다른 일체의 식품을 제한하는 실험을 한 결과 안정된 혈압을 유지한다는 실험결과가 발표되었으며, 다른 연구에서는 채식주의자들의 고혈압을 조사한 결과 4% 였음에 대하여 식품에 제한을 받지 않는 사람들의 고혈압 발생율은 3% 라는 결과를 얻었다. 이러한 결과는 육식은 혈압을 올리고 상대적으로 채식은 혈압을 낮게 한다고 단순하게 판단할 것이 아니라는 것을 알 수 있다.

제3절 자료의 정리

3.1. 자료의 종류

1) 질적 자료(qualitative data) 또는 범주형 자료(categorical data)

질적 자료는 원칙적으로 숫자로 표시될 수 없는 자료이며, 측정 대상의 특성을 분류하거나 확인할 목적으로 숫자를 부여하는 경우는 있지만 그 숫자들이 양적인 크기를 나타내는 것은 아니다. 이러한 질적 자료의 예로는 상표의 구분, 성별의 구분, 직업의 구분 등을 들 수 있다.

2) 양적자료(quantitative data)

양적자료는 자료의 크기나 양을 숫자로 표현할 수 있으며, 셀 수 있는 정수값으로 표현되는 이산형 자료(discrete data)와 연속적인 양으로 표현되는 연속형 자료(continuous data)가 있다. 이산형 자료의 예로는 불량품의 개수, 결점의 수, 가구수 등이 있으며, 연속형 자료의 예로는 성적, 길이, 무게, 온도, 등이 있다.

3.2. 자료척도에 의한 종류

연구의 원재료는 자료(data)이다. 자료를 얻기 위해, 연구자들은 사람, 사건 또는 사무의 특성을 측정해야만 한다. 변수(variable)는 연구 대상인 사람, 사건 또는 사물 사이에 다르게 측정되는 하나의 특징이다. 광범위한 의미에서 측정(measurement)은 일련의 규칙에 따라 사물 또는 사건에 대해 수를 지정해 주는 것이다.

Stevens는 변수에 대한 측정 척도를 명목(nominal), 서열(ordinal), 등간(interval), 비율(ratio) 척도의 4가지 유형으로 구분하였다. 측정 척도를 이해하는 것이 자료를 정리하고 제시하는 방법을 결정하는데 도움을 주기 때문에, 자료를 분석할 때는 제일 먼저 각 변수의 측정 척도 유형을 이해하는 것이 중요하다.

1) 명목 척도(nominal scales)

명목 척도는 분류와 특성에 기초를 두고 수치화한 데이터로서 단순히 이름으로 분류가 가능한 척도를 말하며, 연구자가 사람, 사물 또는 사건을 범주(categories)로 분류할 수 있도록 해준다. 명목 척도로 측정한 값을 컴퓨터에 입력할 때는 변수 값으로 지정되지만 이들 변수의 값의 선택은 임의적이다.

명목척도로 측정한 변수의 중심경향치를 나타내는 데는 최빈값을 사용하는 것이 적절하며, 분석방법으로는 chi-square 독립성검정, chi-square 적합도검정, 비모수통계기법으로는 sign test, runs test, phi-coefficient 등이 있으며, 모수통계기법으로는 비율분석 등이 있습니다.

예를 들면, 다음과 같은 설문지를 들 수 있다.

예제 1) 당신의 성별은?

① 여자 ② 남자

예제 2) 당신이 좋아하는 색깔은?

① 빨강색 ② 노랑색 ③ 파랑색 ④ 녹색

예제 3) 당신이 좋아하는 과목은?

① 수학 ② 국어 ③ 사회관련 교과 ④ 과학관련 교과

예제 4) 당신의 거주 형태는 ?

① 아파트 ② 빌라(연립주택) ③ 단독주택 ④ 기타

2) 서열 척도(ordinal scales) 또는 순서척도

서열 척도는 측정하고자 하는 대상 간에 서열관계(높고, 낮음 또는 많고 적음)를 나타내는 척도로서 어떤 성질의 정도에 따라 대상이나 범주를 정리하며, 숫자들의 간격이 동일하지 않아도 되며, 주로 응답자의 태도나 의견을 표현할 때 주로 이용합니다. 선생님이 학생의 신장에 따라 학생들은 순서대로 나열할 경우 학생들의 신장은 서열척도가 될 수 있으며, 백화점들을 그 선호도(preference)에 따라 나열하고 난 후에 그 선호의 순서는 서열척도가 된다. 따라서 서열척도는 변수에 대해 순위정보를 가지고 있을 뿐 선호도의 정도는 알 수가 없다는 점이다. 이 척도는 순서간의 서열을 나타내 주기는 하나 1등과 2등, 3등과 4등간의 간격이 어느 정도인지에 대한 정보까지는 알 수가 없다.

서열척도로 측정한 자료의 중심경향치는 중앙값이 가장 적절하며 최빈값도 가능하며, 분석방법으로는 스피어만의 상관관계분석, 만휘트니 U test, 크루즈칼-왈리스

검정 등이 있다.

예를 들면, 다음과 같은 설문지를 들 수 있다.

예제 6) 대학에 다녔다면 당신의 학번은 무엇입니까?

① 2009학번 이전 ② 2010학번 ③ 2011학번 ④ 2012학번

예제 7) 직장에 다니고 있다면 당신의 직책은?

① 대리 ② 과장 ③ 부장 ④ 차장

예제 8) 당신의 계급은 무엇입니까?

① 하사 ② 중사 ③ 상사 ④ 소위 이상

3) 등간 척도(interval scales) 또는 구간척도

등간 척도는 순서화한 범주의 값 사이의 거리가 인정된 측정 도구의 물리적인 단위이므로 일정하다. 섭씨온도계에서 같은 구간 안에 수은이 올라가는 것을 "도(degree)"라고 부른다. 그러나 0은 임의의 값이다. 이 척도에서 0은 온도가 없다는 것을 의미하는 것이 아

니고 단지 물이 어는 온도를 임의로 0으로 결정한 것이다. 단위가 같은 간격이기 때문에 등간 척도에서는 더하고 빼는 것이 가능하다. "100도는 50도 보다 50도 더 뜨겁다."라고 말할 수 있지만 "100도가 50도의 2배만큼 뜨겁다"고는 말할 수 없다.

등간 변수들은 연속형 변수(continuous variable: 이론적으로 값들 사이에 단절이 없는 변수)도 될 수 있고 이산형 변수(discrete variable: 값들 사이에 단절이 있는 변수)가 될 수 도 있다. 화씨 척도는 단지시력 문제나 측정 도구의 질 문제로 더 자세하게 눈금을 읽지 못하는 것이기 때문에 연속형 변수로 고려된다. 반면에 여성의 출산 경력은 태어난 아이의 수가 나눌 수 없는 단위(아이)이기 때문에 이산형 등간 변수로 고려된다.

등간척도의 중심경향치로는 평균이 가장 적절하며, 중앙값과 최빈값도 가능하다. 분석기법으로는 평균검정, 분산분석, 회귀분석, 상관관계분석 등에 이용할 수 있으며, 요인분석, 판별분석, 군집분석, 다차원 척도법을 이용할 수 있다.

예를 들면, 다음과 같은 설문 내용을 들 수 있다.

예제 9) 고등학교 한 반의 IQ 평균은 대략 어느 정도라고 생각하십니까?

① 81 ~90 ② 91 ~100 ③ 101 ~110 ④ 111 이상

예제 10) 2012학년도 2학기 본인이 예상하고 있는 통계학의 예상 학점은?

① D 학점 대 ② C 학점 대 ③ B 학점 대 ④ A 학점 대

예제 11) 당신의 삶의 만족도를 스스로 평가한다면?(50점 만점)

① 10점 ② 20점 ③ 30점 ④ 40점 ⑤ 50점

4) 비율 척도(ratio scale)

비율 척도는 측정 수준 가운데 가장 높은 수준으로, 측정치의 순위와 측정치 사이의 간격이 의미가 있으며, 임의로 정해놓은 0이 아닌 자연적으로 결정된 0을 가진다. 따라서 체중이 0이라는 것은 무게가 없음을 뜻한다. 연령과 혈압이 비율 척도의 다른 예이다. 0이 임의적이 아니기 때문에 비율 척도에서 나온 값을 곱하거나 나누는 것이 가능하다. 그래서 체중이 100kg인 사람은 체중이 50kg인 사람보다 2배만큼 무겁다고 말하는 것이 가능하다.

예를 들어 어떤 사람 A의 신장이 80미터이고 B의 신장이 160미터일 때 두 사람의 신장 차이는 80미터 차이가 있으며 A의 두 배라 할 수 있다.

즉 비율척도는 등간척도가 가지는 특성 외에 절대원점이라는 개념을 갖고 있으나 일반적으로 적용되는 통계기법은 통계분석기법들 중 상관, 회귀, T-검정, Z-검 등 등간척도와 같다.

예를 들면, 다음과 같은 설문 내용을 들 수 있다.

예제 12) 당신은 통계학시험을 앞두고 공부한 시간은 얼마나 됩니까?

① 전혀 하지 않았음(0시간) ② 1시간 ③ 2시간
④ 3시간 ⑤ 4시간 이상

예제 13) 당신이 일주일에 매우 유쾌했던 일의 수는?

① 하루 ② 2일 ③ 3일 ④ 4일 이상

예제 14) 당신의 가족은 몇 명입니까?

① 1명 ② 2명 ③ 3명 ④ 4명 ⑤ 5명 이상

예제 15) 당신이 가입한 스터디그룹의 만족도는?

① 대단히 만족 ② 만족 ③ 보통
④ 불만족 ⑤ 대단히 불만족

〈표 2-1. 척도별 자료의 분석방법〉

척도	비교방법 (숫자부여방법)	평균의 측정	적용가능 분석방법	예
비율척도	절대적 크기비교	기하, 조화평균	모수통계	나이, 키, 투표율 무게, 방송청취율 등
등간척도	간격비교	산술평균	모수통계	온도, 광고인지도 주가지수
명목척도	확인, 분류	최빈값	비모수통계 빈도 및 교차분석	성별, 학년, 학과 종교유무 등
서열척도	순위비교	중앙값	비모수통계	만족도, 선호도, 학교석차 등

제4절 자료제시

자료는 표나 차트로 제시할 수 있다. 표는 정보를 간결하고 구조화하여 좁은 공간에 많은 것을 보여준다는 장점이 있다. 그러나 표의 한 가지 중요한 단점은 독자들은 단지 수만을 볼 수 있고, 다른 표와 비교 없이는 쉽게 이해할 수 없다는 것이다. 대조적으로 차트는 독자들에게 직접적으로 자료를 제시한다. 차트는 정확성은 부족하지만, 자료의 차이점과 양상을 그림으로 제시하는데 매우 효과적이다. 차트는 흔히 자료를 기술, 탐색, 요약할 수 있는 가장 효과적인 방법이다.

자료를 제시하는 방법에는 위에서 보여준 도수분포표 외에도 막대그래프, 히스토그램, 도수분포다각형, 꺽은 선 그래프, 줄기-잎 그림, 원그래프, 띠그래프 등을 포함한 여러 종류가 있다.

다음의 표는 보건복지부 관련 기념일을 파악하여 각 종 기념행사 및 정책수립과 연계할 수 있는 자료로 활용되며, 보건복지부의 주요통계 공표일정은 다음 표와 같다.

〈표 2-2. 보건복지부 관련 주요 기념일〉

월	일	명칭	월	일	명칭
2	4	세계 암의 날	9	7	사회복지의 날
3	8	세계여성의 날		10	세계자살예방의 날
	21	암 예방의 날 (복지부 지정)		21	치매극복의 날
	24	세계 결핵의 날		28	세계 심장의 날
4	7	세계 보건의 날	10	1	세계 노인의 날
	20	장애인의 날		2	노인의 날
	25	세계 말라리아의 날		10	임산부의 날
5	5	어린이 날		10	세계 정신건강의 날
	8	어버이 날		17	세계 빈곤퇴치의 날
	10	청소년의 날	11	3	학생의 날
	11	입양의 날		4	영양의 날
	15	세계 가정의 날		10~14	음주폐해 예방주간
	19	성년의 날		14	세계 당뇨의 날
	21	부부의 날		19	세계 아동학대 예방의 날
	31	금연의 날		25	세계 여성폭력 추방의 날
6	14	세계 헌혈의 날	12	1	세계 에이즈의 날
	26	세계 마약퇴치의 날		3	세계 장애인의 날
8	1~7	세계 모유수유 주간		5	세계 자원봉사자의 날
	12	세계 청소년의 날		18	세계 이민자의 날

〈표 2-3. 보건복지부 주요통계 발표 일정〉

공표 주기	공표자료명	담당부서	공표시기 (최근공표일)
1월	2010년 하반기 성인흡연실태조사		1월 3일
2월	OECD 보건의료질지표 생산 및 개발연구		2월 10일
3월	보건복지관련 산업일자리 통계		3월 24일
	사회복지자원봉사 현황		3월 30일
	지역사회건강조사 결과		3월 31일
4월	학대아동 보호현황		4월 중순
	노인복지시설현황		4월 중순
	보육시설 및 이용자 통계(보육통계)		4월 하순
5월	노인학대 현황		5월 중순
	사회복지자원봉사 현황		3월 중순
6월	법정전명병살생 현황(감염병감시연보)		6월 하순
	사회복지지출 추계(2008~2009년 기준통계)		6월 하순
	청소년건강행태 온라인조사 통계		6월 하순
	OECD Health Data 2011		6월 하순
7월	2011년 상반기 성인흡연 실태조사		7월 중순
	결핵환자신고 현황		7월 하순
8월	2009 국민의료비 추계 및 국민보건계정		8월 중순
9월	의료기기 및 화장품 제조유통 실태조사		9월 중순
	2009 의약품 소비량 및 판매약 통계 심층분석		9월 하순
	2010 의약품 소비량 및 판매약 통계조사		9월 하순
10월	영아사망 및 사산원인 분석		10월 하순
11월	2011 보건복지부 통계연보		11월 하순
12월	사회복지지출 추계(2010년 기준통계)		12월 하순
	2010 국민의료비 추계 및 국민보건계정		12월 하순
	퇴원 손상 심층 조사		12월 하순
	암 등록 통계		12월 하순
	2010 환자조사 결과		12월 하순
	2010 국민건강 통계		12월 하순
	아동 안전지표		12월 하순
	유망사회서비스 수요·공급 실태조사 결과		12월 하순
	한방의료이용 및 한양소비실태통계		12월 31일

4.1. 도수분포표

1) 도수분포 및 도수분포표

통계자료의 기술방법으로 변량을 적당한 폭으로 나눈 계급으로 계열화한 것을 이 변량에 대한 도수분포라고 한다. 도수분포는 통계집단의 분포를 나타내며 계급 크기 순으로 나열할 때, 중앙에 오는 값이 대푯값이다. 이를테면, 키 · 몸무게 · 임금 · 점수 등 통계에서 조사된 요소의 수량, 즉 수량화된 조사결과를 변량이라 하고, 그 변량을 적당한 폭으로 구분했을 때 그 개개의 구분을 계급이라고 한다. 각 계급에 속하는 요소의 수를 조사하여 이것을 계열화한 것을 변량의 도수분포, 이것을 표로 나타낸 것을 도수분포표라고 한다.

이때 각 계급 내에서 변량의 값을 나타내는 것을 도수라 하고, '한 계급의 도수÷전체도수'를 상대도수라고 한다. 또, 연속적으로 어떤 구간의 모든 값을 취하는 것을 연속변량, 측정값을 정수로 나타낸 것을 이산변량이라 한다.

도수분포는 통계집단의 구조를 있는 그대로 나타내는 것이므로, 그 특징을 단순한 수치로 나타내기 위해 특성값이 사용된다. 특성값에는 평균값, 산포도, 비대칭도, 첨도 등이 있다.

또, 계급을 크기 순으로 나열했을 때 중앙에 오는 값을 대표값 또는 계급 대표값이라고 한다. 그리고 도수분포를 도시한 것을 도수분포도라 하며, 히스토그램(histogram), 도수꺾은선, 도수분포곡선 등으로 나타낸다. 또 그 모양에 따라 대칭과 비대칭 분포로 나뉜다. 또한, 최빈값이 2개 이상 있는 경우를 복봉성 분포라 하고, 1개 있는 것을 단봉성 분포라 하며, 이밖에 J자형 분포 · U자형 분포 등으로 불리는 것이 있다.

다시 한번 정리하면, 도수분포표란 자료 전체를 몇 개의 계급으로 나누고 각 계급의 도수를 조사하여 나타낸 표를 말하며, 자주 쓰이는 용어를 정리하면 다음과 같다.

첫째, 변량 : 키, 몸무게 등과 같이 자료를 수량으로 나타낸 것

둘째, 계급 : 변량을 일정한 간격으로 나눈 구간

셋째, 계급의 크기(또는 폭) : 구간의 너비

넷째, 계급의 개수 : 변량을 나눈 구간의 수

다섯째, 계급값 : 계급을 대표하는 값으로 계급의 중앙에 있는 값

즉 계급값 = 계급의 양 끝 값의 합 ÷ 2

여섯째, 도수 : 각 계급에 속하는 자료의 수

예제 16) 아래의 자료는 고등학교 1학년 학생 12명의 키를 조사한 것이다. 오른쪽에 있는 도수분포표를 완성하고, 다음 물음에 답하시오.

147, 158, 156, 159, 153, 155
144, 151, 162, 168, 164, 161

키(*cm*)	학생 수
140 이상 ~ 150 미만	
151 이상 ~ 160 미만	
161 이상 ~ 170 미만	
계	

1) 계급의 크기를 구하시오.
2) 계급의 개수를 구하시오.
3) 도수가 가장 큰 계급의 계급값을 구하시오.

2) 도수분포표를 만드는 순서

위에서 주어진 도수분포표처럼 도수분포표를 만들기 위하여 다음과 같은 절차를 거쳐 만들 수 있다.

먼저 조선왕조 27대 왕들의 제위기간을 표시한 자료를 가지고 도수분포표를 만드는 과정에 대하여 설명하고자 한다.

〈표 2-4. 조선왕조 27대 왕들의 제위기간〉

왕	제위기간	왕	제위기간	왕	제위기간
태조	6년	연산군	12년	숙종	46년
정종	2년	중종	38년	경종	4년
태종	18년	인종	1년	영조	52년
세종	32년	명종	22년	정조	24년
문종	2년	선조	41년	순조	34년
단종	3년	광해군	25년	헌종	15년
세조	13년	인조	26년	철종	14년
예종	1년	효종	10년	고종	44년
성종	2년	현종	15년	순종	3년

첫째, 주어진 자료에서 가장 큰 변량과 가장 작은 변량을 찾는다.

즉 가장 큰 변량은 영조 52년, 가장 작은 변량은 예종과 인종 1년을 찾을 수 있다.

둘째, 가장 큰 변량과 가장 작은 변량의 차를 구하고, 자료의 수를 고려하여 변량을 일정한 간격으로 나눈 구간인 계급의 수와 크기를 정한다. 범주형 변수일 경우에는 각 범주별 관측도수를 세어서, 연속형 변수일 경우에는 변수 값의 범위를 몇 개 구간으로 나눠 각 구간에 속하는 자료수를 세어서 정리한다.

즉 주어진 자료에서 가장 큰 변량과 가정 작은 변량의 차(영조 52년 - 인종 1년 = 51년)를 구한 후, 주어진 자료가 27개 이므로 계급의 수를 6개로 하여 구간의 간격인 계급의 크기를 10년 단위로 정한다.

셋째, 각 계급에 속하는 변량의 수를 조사하여 계급의 도수를 구한다.

또한, 계급의 크기는 모두 같게 하고, 계급의 개수는 자료의 양에 따라 달라지지만 보통 5~15개가 적당하다.

위에서 언급한 세 가지 방법에 의한 도수분포표를 만들면 다음과 같다.

제위기간	왕의 수
1 년 ~ 10년	10 명
11년 ~ 20년	6 명
21년 ~ 30년	4 명
31년 ~ 40년	3 명
41년 ~ 50년	3 명
51년 ~ 60년	1 명
계	27 명

위의 도수분포표에서 계급값은 각 계급의 중앙에 있는 값을 의미하며, 계산방법은 다음과 같다. 계급값은 계급의 양 끝 값의 합을 2로 나눈 값을 말한다.

즉 $\frac{21+30}{2} = \frac{51}{2} = 25.5$가 된다.

제위기간	계급값(년)	왕의 수
1 년 ~ 10년	5.5	10 명
11년 ~ 20년	15.5	6 명
21년 ~ 30년	25.5	4 명
31년 ~ 40년	35.5	3 명
41년 ~ 50년	45.5	3 명
51년 ~ 60년	55.5	1 명
계		27 명

또는 계급의 크기를 5년 단위로 하여 도수분포표를 작성하면, 계급의 수가 11개로 늘어나며, 정리하면 다음과 같다.

제위기간	계급값(년)	왕의 수
1년 ~ 5년	3	8 명
6년 ~ 10년	8	2 명
11년 ~ 15년	13	5 명
16년 ~ 20년	18	1 명
21년 ~ 25년	23	3 명
26년 ~ 30년	28	1 명
31년 ~ 35년	33	2 명
36년 ~ 40년	38	1 명
41년 ~ 45년	43	2 명
46년 ~ 50년	48	1 명
51년 ~55년	53	1 명
계		27 명

또한, 도수분포표에서 전체도수에 대한 어떤 계급의 도수의 비율을 상대도수라고 하며, 도수분포표에서 계급이 가장 작은 쪽의 도수에서 차례대로 어떤 계급까지의 도수를 더한 합계를 그 계급까지의 누적도수라고 한다.

먼저 상대도수 및 상대도수 분포표를 구하는 방법에 대하여 알아보도록 하자.

예를 들어 100m 달리기를 한 학생들의 표가 다음과 같이 주어져 있을 때, 상대도수를 구하라는 문제가 있다면

계 급(초)	도수(명)
15 이상 ~ 16 미만	2
16 이상 ~ 17 미만	5
17 이상 ~ 18 미만	13
18 이상 ~ 19 미만	16
19 이상 ~ 20 미만	10
20 이상 ~ 21 미만	3
21 이상 ~ 22 미만	1
계	50

위의 도수분포표에서 전체도수에 대한 각 계급의 도수를 나누면 된다.

15초 이상 16초미만으로 달린 학생이 2명이므로 전체학생인 50명으로 나누면 즉, $\frac{2}{50}=\frac{4}{100}=0.04$가 된다는 것을 알 수 있다.

그러므로 위와 같은 방법을 이용하면 다음과 같은 상대도수분포표를 구할 수 있다.

계 급(초)	도수(명)	상대도수
15 이상 ~ 16 미만	2	0.04
16 이상 ~ 17 미만	5	0.1
17 이상 ~ 18 미만	13	0.26
18 이상 ~ 19 미만	16	0.32
19 이상 ~ 20 미만	10	0.2
20 이상 ~ 21 미만	3	0.06
21 이상 ~ 22 미만	1	0.02
계	50	1

또한, 누적도수 및 누적도수분포표를 구하는 방법에 대하여 알아보도록 하자.

예를 들어 100m 달리기를 한 학생들의 표가 다음과 같이 주어져 있다고 할 때 100m 달리기를 18초미만으로 달린 학생수를 모두 구하라는 문제가 있다면

계 급(초)	도수(명)
15 이상 ~ 16 미만	2
16 이상 ~ 17 미만	5
17 이상 ~ 18 미만	13
18 이상 ~ 19 미만	16
19 이상 ~ 20 미만	10
20 이상 ~ 21 미만	3
21 이상 ~ 22 미만	1
계	50

위의 도수분포표에서

15초 이상 16초 미만인 학생은 2명

16초 이상 17초 미만인 학생은 5명

17초 이상 18초 미만인 학생은 13명 이므로 100m 달리기를 18초미만으로 달린 학생은 모두 2 + 5 + 13 = 20명임을 알 수 있다.

즉 위와 같은 방법으로 도수분포표에서 계급이 가장 작은 쪽의 도수에서 차례대로 어떤 계급까지의 도수를 더한 합계를 그 계급까지의 누적도수라 하며, 다음과 같이 나타낼 수 있다.

계 급(초)	도수(명)	누적도수(명)
15 이상 ~ 16 미만	2	2
16 이상 ~ 17 미만	5	7
17 이상 ~ 18 미만	13	20
18 이상 ~ 19 미만	16	36
19 이상 ~ 20 미만	10	46
20 이상 ~ 21 미만	3	49
21 이상 ~ 22 미만	1	50
계	50	

그러므로 처음 계급의 누적도수는 그 계급의 도수와 같고, 마지막 계급의 누적도수는 도수의 총합과 같으며, 누적도수를 한자로 쓰면 '포갤 루(累)'자와 '쌓을 적(積)'자를 써서 나타낸다.

또한, 상대도수 그래프는 다음과 같이 나타낼 수 있다.

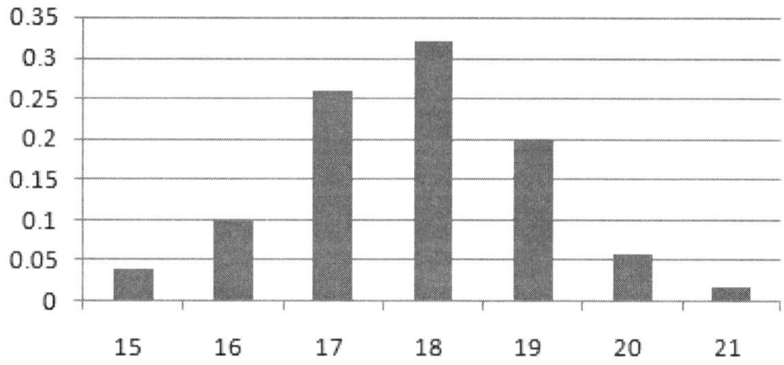

누적도수의 분포표를 다음과 같은 방법으로 누적도수그래프로 나타낸다.

(i) 계급을 가로축, 누적도수를 세로축에 나타낸다.

(ii) 각 계급의 큰 쪽의 끝값에 그 계급까지의 누적도수를 순서쌍으로 하는 점을 찍는다.

(iii) 각 점을 차례대로 선분으로 연결한다.

예를 들어, 50명의 학생들에 대한 수학성적의 도수분포표가 다음과 같다고 할 때,

누적도수의 분포다각형의 그래프의 시작은 가장 작은 계급의 작은 쪽의 끝 값에 0을 대응시킨 점으로 하여, 누적도수의 분포표를 이용하여 그래프로 나타낸 것이다.

수학성적(점)	도수(명)	누적도수(명)
50 이상 ~ 60 미만	7	7
60 이상 ~ 70 미만	9	16
70 이상 ~ 80 미만	20	36
80 이상 ~ 90 미만	12	48
90 이상 ~ 100	2	50
계	50	

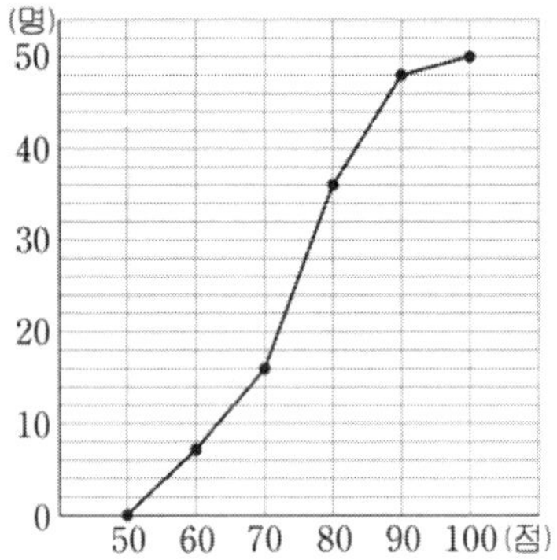

예제 17) 다음 표는 어느 중학교 독서반 학생들이 한 달 동안 읽은 책의 수를 조사 한 것이다.

책의 수(권)	학생 수
1 이상 ~ 2 미만	5
2 ~ 3	7
3 ~ 4	10
4 ~ 5	8
5 ~ 6	4
6 ~ 7	2
합 계	36

(1) 상대도수 분포표와 그래프를 구하시오.

(2) 누적도수 분포표와 그래프를 구하시오.

4.2. 막대그래프

여러 가지 통계나 사물의 양을 선 즉 막대 모양의 길이로써 나타내어 얼른 알아보기 쉽도록 그린 그림표로서 수량의 많고 적음이나 늘고 줄어드는 양이나 크고 작음을 비교하거나, 변화 상황의 일별·월별·연별 통계·비교 등에 많이 이용된다. 그래프 중에는 선이나 막대를 사용한 것 말고 그림이나 기호 등을 이용한 그림그래프·원을 이용한 원 그래프 등도 있는데, 가장 많이 쓰여 지고 있는 것이 선이나 막대를 사용한 그래프이며 누구든지 가장 이해하기 쉬운 것이 이 그래프이다. 막대를 수직으로 하여 나타낸 그래프를 수직막대 그래프, 수평으로 나타낸 그래프를 수평막대 그래프라고 한다. 또 크게는 통계의 수치를 도표로써 나타낸 통계그래프(도표)와 함수의 값을 좌표로 하여 표로 나타낸 함수 그래프 등도 있다.

같은 그래프라도 그 내용에 따라 그래프 종류의 편리함도 다르다. 예를 들면 세금· 국민총생산(GNP)·업체의 수익률 등 어떤 통계 값의 늘고 준 데 대한 비교에는 막대나 선으로 나타낸 그래프가 적당하고, 물건값의 오르내림 같은 한 가지 지표를 나타낸 경우이거나 가게의 일별·월별 매상의 늘고 줄어듦 등을 나타내는 데에는 꺾은 선 그래프가 알맞으며, 여론조사 때라든가 투표시의 후보자별 득표 비율 확인이 필요한 경우 같이 백분율을 이용하는 것이 편리한 때 등에는 원 그래프가 좋다.

예를 들어 초등학교 학생들에게 좋아하는 애완동물에 대한 조사를 하여 다음과 같은 도수분포표를 얻었습니다. 이러한 표로부터 종류별로 좋아하는 학생수를 쉽게 알 수 있었으며, 조사한 학생수의 합계를 쉽게 알 수 있습니다. 이 자료를 바탕으로 막대그래프를 구하시오.

종류	토끼	햄스터	개	고양이	계
학생 수(명)	7	5	10	3	25

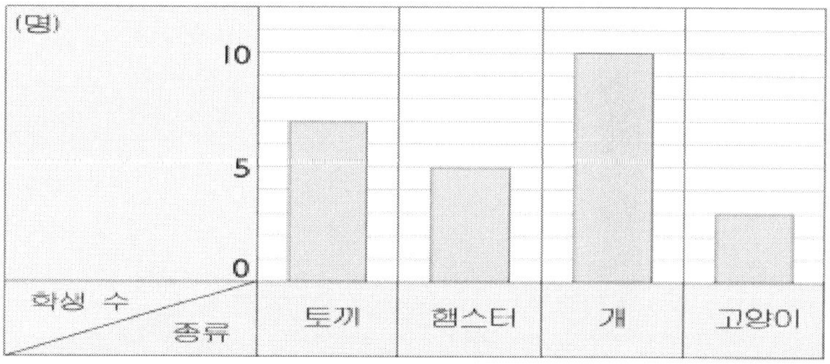

이러한 막대그래프를 통하여 막대의 길이로 비교하므로 많고 적음을 쉽게 알 수 있었으며, 많고 적은 순서를 한 눈에 쉽게 알아볼 수 있었으며, 가장 많은 학생들이 좋아하는 애완동물과 가장 적은 학생들이 좋아하는 애완동물, 그리고 많은 학생들이 애완동물을 좋아하는

차례 등을 확연하게 알 수 있도록 조사한 수를 막대로 나타낸 그래프를 막대그래프라고 합니다.

예제 18) 2010년 5월 통계청에서 청소년의 해외여행의 목적에 대한 조사 결과 아래의 표에서와 같이 2009년 15~24세 인구 10명 중 한 명은 해외여행을 경험하였으며, 청소년의 해외여행 비율은 지속적으로 증가 추세에 있으며, 해외여행의 목적은 '관광'이 68.0%로 가장 많았으나, '어학연수'의 경우 2007년 13.9%에서 2009년 26.0%로 거의 두 배 가까이 증가하였고, 남학생이(28.1%) 여학생(24.8%)보다 어학연수 비중이 다소 높게 조사되었다. 이를 막대그래프로 나타내시오.

	해외 여행자	관광	가사	업무	어학연수
2004	6.3	82.7	14.9	11.4	-
2007	9.9	79.6	7.3	5.8	13.9
2009	10.0	68.0	9.2	6.1	26.0
남 자	7.5	65.0	13.6	7.5	28.1
여 자	12.4	69.7	6.7	5.3	24.8

풀이)

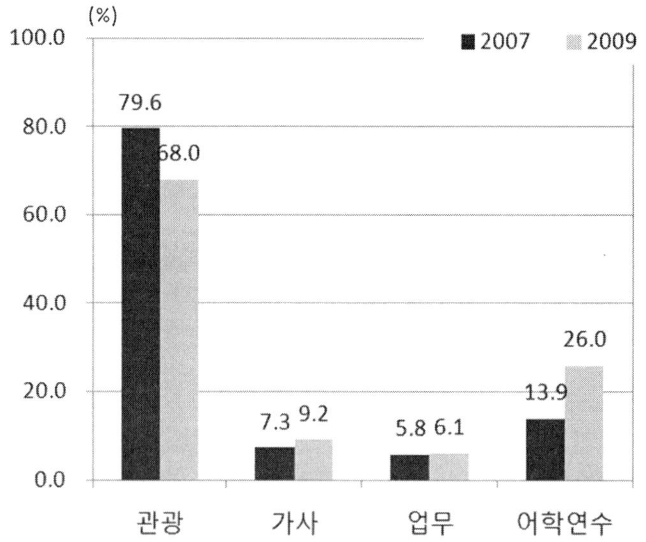

4.3. 히스토그램(Histogram)

도수분포를 나타내는 그래프로, 관측한 데이터의 분포의 특징이 한눈에 보이도록 기둥 모양으로 나타낸 것이다. 기둥그래프 · 기둥모양 그림 등이라고도 한다. 가로축에 각 계급의 계급간격을 나타내는 점을 표시하고, 이들 계급간격에 대한 구간 위에 이 계급의 도수에 비례하는 높이의 기둥을 세운다.

도수분포표로 자료를 정리하는 것보다 그림으로 표현하여 자료의 특징을 쉽게 알아 볼 수 있으며, 다음에 언급할 줄기-잎 그림 보다는 많은 양의 자료에 적합하며, 양적자료의 분포를 파악하기에 좋으며, 면적이 아주 중요한 의미가 있다.

히스토그램을 작성하는 순서는

첫째, 도수분포표를 작성한다.

둘째, 가로축은 도수분포표의 계급의 폭을 세로축은 대응하는 계급의 도수로 나타낸다.

셋째, 직사각형을 빈틈없이 붙여서 그린다.

예제 19) 다음은 어느 중학교 학생들의 키를 조사한 도수분포표이다. 이를 히스토그램으로 나타내시오.

키(cm)	학생 수
135 이상 ~ 140미만	4명
140 ~ 145	6명
145 ~ 150	9명
150 ~ 155	15명
155 ~ 160	8명
160 ~ 165	6명
165 ~ 170	2명
합 계	50명

풀이)

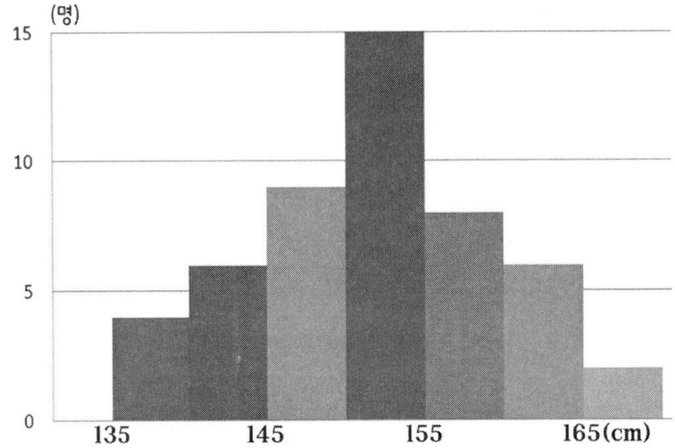

예제 20) 다음에 주어진 도수분포표는 1960년부터 1995년까지 36년 동안 북태평양에서 연간 발생한 전체 태풍의 수에 대한 표이다. 이 도수분포표를 근거로 하여 히스토그램으로 나타내시오.

태풍 수(개)	연도 수
18 이상 ~ 22 미만	4
22 이상 ~ 26 미만	8
26 이상 ~ 30 미만	11
30 이상 ~ 34 미만	8
34 이상 ~ 38 미만	4
38 이상 ~ 42 미만	1
합 계	36

4.4. 도수분포다각형

히스토그램에서 각 직사각형의 윗변의 중점을 차례로 선분으로 연결하고, 양끝에 도수가 "0"인 계급을 하나씩 추가하여 중점과 연결한 다각형 모양의 그래프를 말하며, 각 계급의 도수를 대응시킨 그래프이기 때문에 히스토그램을 그리지 않아도 된다.

도수분포다각형의 특징은 다음과 같다.

첫째, 도수의 분포상태를 연속적으로 관찰할 수 있다.

둘째, 두 개 이상의 자료를 동시에 나타낼 수 있어 비교하는데 편리하다.

셋째, 히스토그램과 같은 넓이를 갖는다.

예제 21) 다음에 주어진 히스토그램을 도수분포다각형으로 나타내시오.

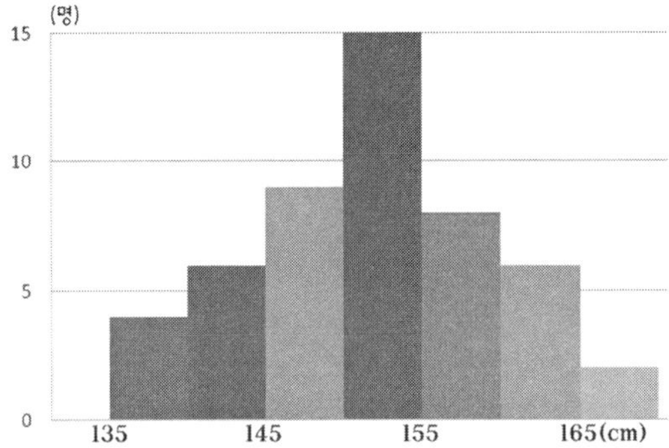

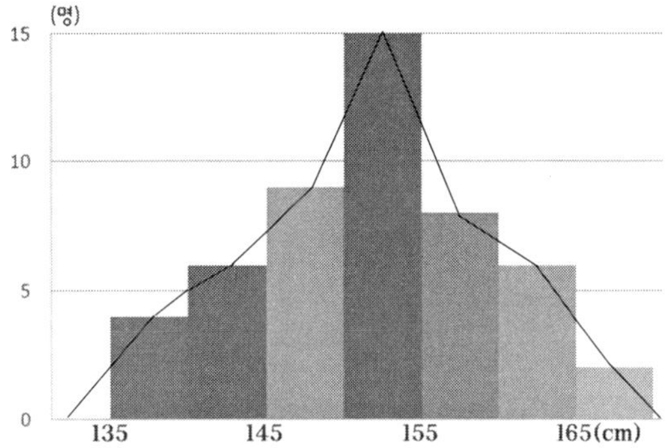

예제 22) 다음에 주어진 도수분포표는 1960년부터 1995년까지 36년 동안 북태평양에서 연간 발생한 전체 태풍의 수에 대한 표이다. 이 도수분포표를 근거로 하여 도수분포다각형으로 나타내시오.

태풍 수(개)	연도 수
18 이상 ~ 22 미만	4
22 이상 ~ 26 미만	8
26 이상 ~ 30 미만	11
30 이상 ~ 34 미만	8
34 이상 ~ 38 미만	4
38 이상 ~ 42 미만	1
합 계	36

4.5. 꺾은 선 그래프(graph of broken line)

가로 눈금과 세로 눈금이 만나는 곳에 점을 찍고, 그 점을 선분으로 이어 그린 그래프를 말하며, 한 변수 x의 함수 y의 값이 불연속적으로 나타날 때 함수 값을 이어서 꺾은 선으로 나타낸 그래프이다. 따라서 수량의 시간적 변화 상태를 나타낼 때 이용되며, 특히 기온의 시간에 따른 변화 등을 살펴보는 데 적합하다.

꺾은 선 그래프의 특징은 다음과 같다.
첫째, 변화하는 모양을 알아보기 쉽습니다.
둘째, 조사하지 않은 중간 단계의 것도 대강 짐작할 수 있습니다.

꺾은 선 그래프 그리는 순서는 다음과 같습니다.
첫째, 가로와 세로의 눈금에 나타낼 것을 정합니다.
둘째, 세로 눈금 한 칸의 크기를 정합니다.
셋째, 조사한 내용을 가로, 세로의 눈금에서 각각 찾아 만나는 자리에 점을 찍습니다.
넷째, 점을 선분으로 이으면 됩니다.

예를 들어, 국민건강보험공단 건강보험정책연구원에서 최근 5년 동안(2005 ~2009년) 발생한 건강보험 청구자료 중 하지정맥류 수술 환자 자료를 분석한 결과 전체 수술 환자수가 2005년 11,092명에서 2009년 22,039명으로 약 2배 증가한 것으로 나타났으며, 이 중 남성은 4,465명(2005년)에서 8,009명(2009년)으로 약 1.8배, 여성은 6,627명(2005년)에서 14,030명(2009명)으로 약 2.1배 증가하여 여성의 증가율이 남성보다 높은 것으로 나타났다. 위의 사실을 꺾은선 그래프로 나타내면 다음과 같다.

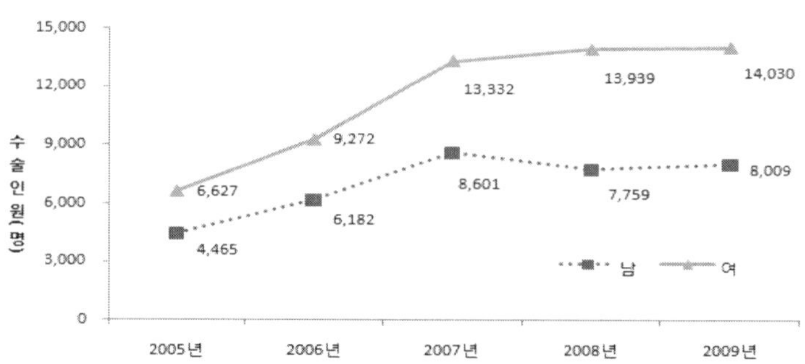

예제 23) 다음에 주어진 도수분포표는 1960년부터 1995년까지 36년 동안 북태평양에서 연간 발생한 전체 태풍의 수에 대한 표이다. 이 도수분포표를 근거로 하여 꺾은 선 그래프로 나타내시오.

태풍 수(개)	연도 수
18 이상 ~ 22 미만	4
22 이상 ~ 26 미만	8
26 이상 ~ 30 미만	11
30 이상 ~ 34 미만	8
34 이상 ~ 38 미만	4
38 이상 ~ 42 미만	1
합 계	36

4.6. 줄기-잎 그림(stem and leaf plot)

줄기-잎 그림은 1977년 미국의 투키(Tukey, J.)교수에 의해 개발된 "탐색적 자료분석(Exploratory Date Analysis)"의 한 방법으로 자료를 정리하는 새로운 방법으로서 통계적 자료를 표 형태와 그래프 형태의 혼합된 방법으로 나타내는 것을 말하는 것으로 원자료에 대한 정보를 잃지 않고 정리하는 방법이다.

줄기-잎 그림의 장점으로는

첫째, 자료의 수가 적을 때 자료의 분포를 빠른 시간 내에 쉽게 작성가능

둘째, 줄기-잎 그림은 히스토그램에 비해 정보손실 적음.

셋째, 중위수 및 사분위수를 줄기-잎 그림을 통해서 직접 구할 수 있지만 히스토그램은 어느 구간 안에 있는지 만을 대략적으로 알 수 있다.

줄기-잎 그림의 단점으로는 구간의 폭을 임의로 정할 수 없다는 점이다.

줄기-잎 그림의 작성순서는 다음과 같다.

먼저 다음과 같은 통계적 자료가 있다고 하자.

45, 89, 67, 46

첫째, 주어진 자료를 줄기와 잎으로 나눈다.

즉 45를 계산하면 45 = 4×10 + 5가 될 때, 아래 그림과 같이 4×10은 줄기가 되고, 나머지인 5가 잎이 된다. 마찬가지로 89, 67, 46을 줄기와 잎으로 나누면 다음과 같다.

	줄기	잎
	↓	↓
45 =	4 X 10	+ 5
89 =	8 X 10	+ 9
67 =	6 X 10	+ 7
46 =	4 X 10	+ 6

둘째, 줄기를 크기 순으로 정렬한다.

위의 예에서 각 주어진 자료를 줄기와 잎으로 나눈 후, 줄기를 크기 순으로 정렬한다. 즉

	줄기	잎
	↓	↓
45 =	4 X 10	+ 5
46 =	4 X 10	+ 6
67 =	6 X 10	+ 7
89 =	8 X 10	+ 9

셋째, 각 줄기별 잎에 해당하는 수치들을 다시 크기 순으로 정렬한다.

즉 다음과 같이 나타낸다.

줄기	잎	도수
↓	↓	
4	5, 6	2
6	7	1
8	9	1

이 때 표에서의 줄기는 자료들의 공통되는 부분을 모아놓게 되며, 잎은 줄기 부분의 나머지 부분을 모아둔다. 도수는 한 줄기에 속하는 자료의 개수를 의미한다.

예제 24) 다음과 같은 통계적 자료를 줄기-잎 그림으로 나타내시오.

123	123	121	126	127	128	128	134	136	136	137
137	139	140	141	141	145	148	149	150	159	159

4.7. 원 그래프(pie chart)

전체 통계량에 대한 부분의 비율을 하나의 원의 내부에 부채꼴로 구분한 그래프로, 원의 중심각에서 반지름으로 분할하여 만들어지는 부채꼴의 넓이로 크기를 나타내는 면적그래프의 일종으로, 각 부분의 비율은 파이 조각 모양으로 나타나기 때문에 파이도표라고도 하는데, 어떤 대상에 대하여 질적 혹은 양적으로 분류할 때 주로 사용하며, 백분율(%)로 나타내면 효과적이다.

원의 중심각에서 반지름으로 분할하여 만들어지는 부채꼴의 넓이로 크기를 나타낸다. 이것은 도형의 넓이로 통계숫자의 크기를 나타내는 면적그래프의 일종으로, 각 부분의 비율은 파이 조각 모양으로 나타나기 때문에 파이도표라고도 한다. 이 그래프는 전체 또는 부분과 부분의 비율을 이해하기 쉽기 때문에 어떤 대상에 대하여 질적 혹은 양적으로 분류할 때 주로 사용하며, 백분율(%)로 나타내면 효과적이다.

원그래프를 그릴 때에는 먼저 전체에 대한 각 부분의 비율을 계산한 다음 각 부분의 중심각을 계산한다. 일반적으로 중심을 지나는 바로 위로부터 시계방향으로 그리는데 1%가 중심각 3.6°의 부채꼴이 된다. 중심각의 합계가 정확히 360°가 되지 않을 때에는 큰 부분에서 가감한다. 마지막으로 각도기로 각 부분의 중심각을 구분하고 해당 부분의 이름과 백분율을 표시하면 된다. 한편 원그래프는 부분의 크기를 반지름으로 구분하지 않고 하나의 원 안에 크기가 각각 다른 여러 개의 원으로 나타낼 수도 있다. 이것은 비교 대상의 크기가 각각 다른 경우에 적용된다.

그러므로 원 그래프란 전체에 대한 각 부분의 비율을 부채꼴의 중심각의 크기로 나타낸 그래프를 말하며 가장 큰 장점은 전체에 대한 각 부분의 비율 비교가 쉬운 반면 단점으로는 정확하게 그리기가 어렵다는 것이다.

원 그래프 그리는 방법은 다음과 같다.

첫째, 도표를 구한다.

일예로, 중학교 40명 학생들에게 좋아하는 과목에 대하여 다음과 같은 도표를 얻었다고 하자.

과목	수학	체육	국어	과학	사회	기타	합계
학생 수(명)	12	10	6	4	2	6	40

둘째, 과목별로 학생들의 백분율을 구한다.

수학 $\frac{12}{40} \times 100 = 30\%$

체육 $\frac{10}{40} \times 100 = 25\%$

국어 $\frac{6}{40} \times 100 = 15\%$

과학 $\frac{4}{40} \times 100 = 10\%$

사회 $\frac{2}{40} \times 100 = 5\%$

기타 $\frac{6}{40} \times 100 = 15\%$

셋째, 과목별로 중심각의 크기를 구한다.

과목	수학	체육	국어	과학	사회	기타	합계
중심각의 크기(도)	108	90	54	36	18	54	360

예) 수학 교과의 중심각의 크기는 비례식으로 다음과 같이 계산한다.

$100 : 30 = 360 : x,\ x = 108$

넷째, 각도기를 사용하여 중심각의 크기에 맞게 원 그래프를 구한다.

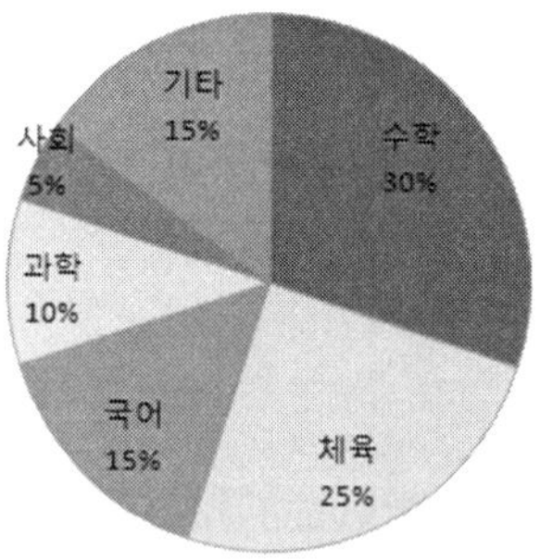

예제 25) 보건복지부가 한국보건사회연구원에 의뢰해 65세 이상 노인 1만 1500명을 대상으로 노인이라고 생각하는 연령기준에 대한 물음의 결과 다음과 같은 표를 원그래프로 나타내시오.

연령기준	60～64세	65～69세	70～74세	75～79세	80세 이상	합계
인원	345명	1,495명	6,900명	1,265명	1,495명	11,500명

4.8. 띠그래프

일정한 길이의 띠모양의 직사각형을 길이로 나누어서 그 구분된 직사각형으로 크기를 나타낸 그래프로 전체와 부분의 비율이나 부분끼리의 비율을 비교하기 위한 것으로 차지하는 길이가 길수록 많은 비율을 차지한다.

띠그래프는 다음과 같은 방법으로 나타낼 수 있다.

첫째, 도표를 보고 백분율을 구한다.

예를 들어, 우리나라 상람들의 혈액형은 어떤 비율을 이루고 있는지를 알아보기 위하여 서울에 있는 어떤 중학교 전교생 1,200명을 대상으로 학생들의 혈액형을 조사하여 다음과 같은 도표를 얻게 되었습니다.

혈액형	A형	B형	O형	AB형	합계
학생 수(명)	420	360	300	120	1,200

둘째, 백분율의 합계가 100%인지 확인한다.

주어진 도표를 가지고 전체에 대한 각 혈액형에 대한 백분율을 계산하였습니다.

A형 $\frac{420}{1,200} \times 100 = 35\%$

B형 $\frac{360}{1,200} \times 100 = 30\%$

O형 $\frac{300}{1,200} \times 100 = 25\%$

AB형 $\frac{120}{1,200} \times 100 = 10\%$

셋째, 각 항목이 차지하는 백분율만큼 띠를 나눈 후, 나눈 띠 위에 각 항목의 이름과 백분율을 쓴다.

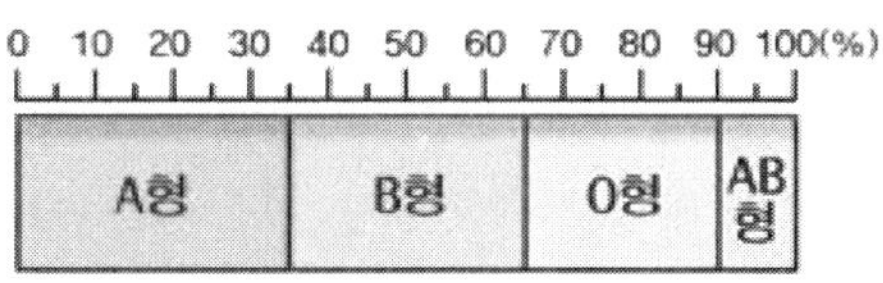

예제 26) 국민건강보험공단이 2006년부터 지난해까지 어깨통증 건강보험 진료비 지급자료를 분석해 내놓은 자료에 따르면 2006년 137 만 명에서 2011년 210만 명으로 연평균 8.9% 증가했으며, 2011년 연령대별 진료인원은 50대가 전체 진료환자의 31%로 가장 많았고, 다음이 60대가 23%, 70대 이상이 19%, 40대가 18%, 30대 미만이 9% 순으로 나타났다. 위의 결과를 띠그래프로 나타내시오.

연습문제

3.1 전수조사의 장점에 대하여 약술하시오.

3.2 표본조사의 장점과 단점에 대하여 약술하시오.

3.3 자료를 수집하는 각각의 방법에 대한 장점을 약술하시오.

3.4 자료를 수집하는 각각의 방법에 대한 단점을 약술하시오.

3.5 2010년 보건복지부에서는 2006년부터 2010년까지 5년간 해외거주자를 포함 하여 의료자원 중 면허 의사의 수의 통계를 다음과 같이 발표하였다. 연도별 남녀별 띠그래프로 나타내시오.

〈표, 최근 5년간 면허 의사의 수〉 (단위: 천명)

	전체	남성	여성
2006년	88명	70명	18명
2007년	91명	72명	19명
2008년	95명	74명	21명
2009년	98명	77명	21명
2010년	101명	78명	23명

3.6 다음 표는 하루에 발생하는 전체 쓰레기양에 대한 종류별 쓰레기양의 비율을 나타낸 표이다. 쓰레기 발생량을 원그래프로 나타내어 보자.

종류	음식물	종이류	금속류	병류	기타	합계
무게(톤)	90	40	20	20	30	200

3.7 다음은 이메일 사용자 30명에 대하여 어느 날 하루 동안의 인터넷 사용시간을 분 단위로 조사한 것이다.

28	16	13	8	44	38
12	22	24	5	56	35
47	37	33	42	31	26
7	18	26	11	26	45
35	27	44	39	23	52

1) 도수분포표를 작성하시오.

2) 히스토그램을 그리시오.

3) 도수분포다각형을 그리시오.

4) 줄기-잎 그림을 그리시오.

3.8 2010년 보건복지부에서는 최근 4년간 남성과 여성의 대학 진학율에 대하여 조사하였다. 주어진 도표를 이용하여 연도별 남녀별 막대그래프로 나타내시오.

	전체	여성	남성
2006년	82.1	81.1	82.9
2007년	82.8	82.2	83.3
2008년	83.8	83.5	84.0
2009년	81.9	82.4	81.6

3.9 2001~2009년 동안 연별 비브리오 패혈증 발생 현황이 다음과 같을 때, 막대그래프로 나타내시오.

연도	2001	2002	2003	2004	2005	2006	2007	2008	2009
발생 환자 수	41	60	80	57	57	88	59	49	24

3.10 조선왕조 27대 왕들의 제위기간을 표시한 자료를 가지고 줄기-잎 그림으로 나타내시오.

왕	제위기간	왕	제위기간	왕	제위기간
태조	6년	연산군	12년	숙종	46년
정종	2년	중종	38년	경종	4년
태종	18년	인종	1년	영조	52년
세종	32년	명종	22년	정조	24년
문종	2년	선조	41년	순조	34년
단종	3년	광해군	25년	현종	15년
세조	13년	인조	26년	철종	14년
예종	1년	효종	10년	고종	44년
성종	2년	현종	15년	순종	3년

제4장 분포의 특성

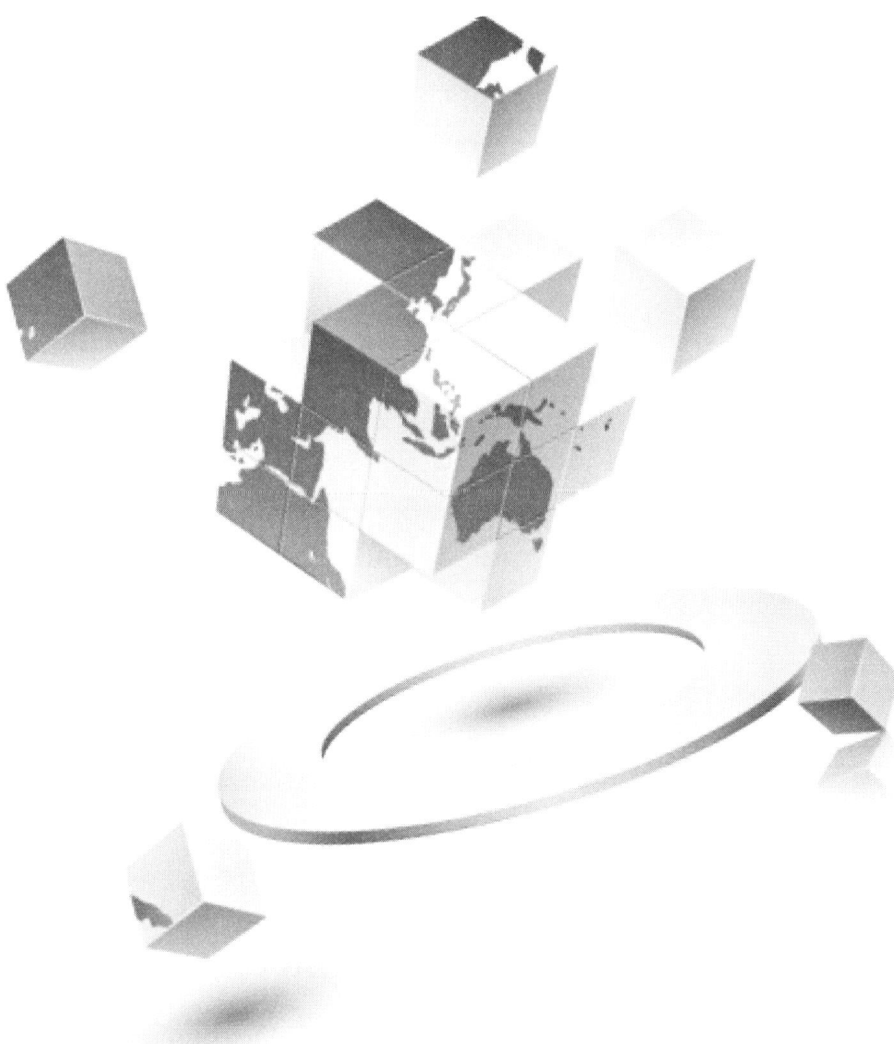

제 4장 분포의 특성

이 장에서는 자료의 분포가 가지고 있는 특성을 수치로 요약하는 주요 통계량에 대해서 살펴보도록 한다. 3장에서는 그래프를 통한 자료의 요약이 서로 다른 형태와 특징을 보이 듯이 수치에 대한 요약은 크게 집중화경향, 산포도, 그리고 비 대칭도로 나누어진다.

집중화경향은 대푯값이라고도 하며 자료가 어느 위치를 중심으로 분포되어 있는가를 나타내는 통계량으로서 평균, 중앙값, 최빈값 등을 들 수 있다. 산포도는 자료가 흩어져 있는 정도, 즉 자료의 분포 형태가 펑퍼짐한지 또는 조밀한지 등을 가늠하며, 범위, 표준오차, 분산 등 이 대표적인 산포도이며, 이외에 사분위수, 평균편차, 표준오차, 편이계수 등이 있다. 또한 비대칭도로는 왜도와 첨도가 있지만 이 장에서는 통상적으로 가장 많이 활용되고 있는 피어슨의 비 대칭도에 대하여만 알아보도록 하자.

제1절 집중화경향

한 집단의 어떤 특성을 측정하여 그 집단의 특징을 하나의 수치로서 대표하고자 할 때 집중 경향치(central tendency)가 사용된다. 집중경향치란 한 집단의 점수분표를 하나의 값으로 요약 또는 기술해 주는 대표치로서 대표적인 집중경향치로는 산술평균(arithmetic mean), 중앙값(median), 최빈값(mode) 등을 들 수 있다.

여러 유형의 집중경향치 중 어떤 것을 사용할 것을 사용할 것인가 하는 문제는 사용 목적, 점수분포의 특징, 측정의 수준 등에 의해 결정된다.

1.1. 평균(mean)

보통 평균이라고 함은 여러 수나 같은 종류의 양의 중간 값을 갖는 수로 산술 평균, 기하 평균, 조화 평균 등이 있으며, 통상적으로 평균이라 함은 산술평균을 말한다.

1) 산술평균(arithmetical mean)

(1) 이산형 자료가 주어진 경우

n개의 수(또는 자료)로 이루어진 집합$\{x_1, x_2, x_3 \cdots\cdots, x_n\}$이 있을 때, 산술평균은 원소 의 총합을 개수로 나눈 값으로 $\overline{X}$로 표기하며 다음과 같이 계산한다.

$$\overline{X} = \frac{x_1 + x_2 + x_3 + \cdots\cdots + x_n}{n} = \frac{1}{n}\sum_{i=1}^{n} x$$

예제 1) 한국병원경영연구원에서 발간한 "2010년 병원 경영 통계집"에서 최근 2년간 100병상 당 간호사 인력현황을 다음과 같이 발표하였다. 2009년과 2010년 각각 100병상 당 평균 간호 인력을 구하시오.

〈표 6-1, 최근 2년간 100병상 당 간호사 인력 현황〉

년도	서울	광역시	중소도시	농어촌지역
2009년	70.9명	53.3명	49.1명	24.9명
2010년	80.8명	60.9명	53.9명	26.7명

예제 2) 건강보험심사평가원은 건강보험제도 시행 35주년 기념 통계자료에서 건강보험 시행 후 진료비의 꾸준한 증가 속에서 의약분업시행 이후 요양기관종별 진료비 점유율은 다음과 같은 것으로 발표하였다. 요양기관종별 진료비 점유율 평균을 구하시오.

〈표 6-2, 요양기관종별 진료비 점유율 추이〉

년도	종합병원	병원	의원	약국	기타
1990년	40.6%	7.4%	44.1%	0.8%	7.2%
1995년	44.1%	7.5%	37.3%	2.7%	8.4%
2000년	36.4%	7.6%	35.5%	9.2%	11.3%
2001년	25.6%	6.0%	32.9%	25.8%	9.7%
2005년	28.3%	7.6%	26.8%	28.2%	9.1%
2011년	30.7%	14.1%	21.6%	26.2%	7.5%

주) 1990-1995년은 심사실적기준이며, 2000-2011년은 지급기준(2011년은 잠정치 임)
기타는 한방, 치과, 보건기관, 조산원 포함이며, 상급종합병원은 종합병원에 포함됨.

예제 3) 건강보험심사평가원이 발표한 2011년 진료비 통계지표를 분석한 표가 다음과 같을 때, 의원 수의 평균과 일일 외래 환자 수의 평균을 구하시오.

〈표 6-3, 2011년 진료비 통계 지표〉

과목	의원 수	진료매출(만원)	전년 동기 대비 증감	일 외래환자 수
정형외과	1,785개	5,824	8.0%	104명
안과	1,394개	5,221	6.2%	73명
내과	3,895개	3,579	6.2%	77명
외과	1,034개	3,447	7.3%	47명
이비인후과	2,039개	3,360	3.8%	97명
산부인과	1,508개	2,786	14.7%	42명
소아청소년과	2,189개	2,597	6.4%	89명
일반의	7,865개	2,093	1.3%	49명
비뇨기과	882개	2,067	3.7%	41명
피부과	1,046개	1,928	6.9%	50명

(2) 연속적 자료가 주어진 경우

도수분포표가 주어져 있을 때 산술평균 m을 구하려고 한다.

첫째, 각 계급의 중간점을 구한다.

둘째, 각 계급별 도수들의 합을 구한다.

각 계급의 도수들이 $f_1, f_2, f_3, \cdots\cdots, f_n$로 주어져 있을 때, 각 계급의 도수들의 합

즉 $f_1 + f_2 + f_3 + \cdots\cdots + f_n = \sum_{i=1}^{n} f$을 구한다.

셋째, 각 계급의 중앙값과 도수들의 곱의 합을 구한다.

각 계급의 중앙값들과 도수들과의 곱을 구한다.

$x_1f, x_2f, x_3f, \cdots\cdots, x_nf$을 구한 후 각 항들의 합을 구한다.

즉, $x_1f + x_2f + x_3f + \cdots\cdots + x_nf = \sum_{i=1}^{n} x_i f$

넷째, 위에서 구한 $\sum_{i=1}^{n} x_i f$을 도수들의 합 $\sum_{i=1}^{n} f$으로 나누면 우리가 구하고자 하는 평균을 구 할 수 있게 된다.

즉 우리가 구하고자 하는 평균값(mean value) $m = \dfrac{\sum_{i=1}^{n} x_i f_i}{\sum_{i=1}^{n} f_i}$이다.

도수분포표가 주어져 있을 때는 다음 표와 같이 계산하면 된다.

계급	계급의 중간점	도수	계급의 중간점 × 도수
	x_1	f_1	x_1f
	x_2	f_2	x_2f
	x_3	f_3	x_3f
	⋮	⋮	⋮
	x_n	f_n	x_nf
합계		$\sum_{i=1}^{n} f$	$\sum_{i=1}^{n} x_i f$

예제 4) 다음과 같은 도수분포표가 주어진 경우, 산술평균을 구하시오.

키(cm)	학생 수(명)
130이상 ~ 140미만	2
140 ~ 150	6
150 ~ 160	8
160 ~ 170	3
170 ~ 180	1

풀이) 먼저, 각 계급의 중간점을 구한다.

키(cm)	계급의 중간점	학생 수(명)
130이상 ~ 140미만	135	2
140 ~ 150	145	6
150 ~ 160	155	8
160 ~ 170	165	3
170 ~ 180	175	1

둘째, 각 계급별 도수들의 합을 구한다.

키(cm)	계급의 중간점	학생 수(명)
130이상 ~ 140미만	135	2
140 ~ 150	145	6
150 ~ 160	155	8
160 ~ 170	165	3
170 ~ 180	175	1
합계		20

셋째, 각 계급의 중앙값과 도수들의 곱의 합을 구한다.

키(cm)	계급의 중간점	학생 수(명)	중앙값×학생 수
130이상 ~ 140미만	135	2	135×2 = 270
140 ~ 150	145	6	145×6 = 870
150 ~ 160	155	8	155×8 = 1,240
160 ~ 170	165	3	165×3 = 495
170 ~ 180	175	1	175×1 = 175
합계		20	3,050

넷째, 구하고자 하는 평균은 다음과 같다.

$m = \frac{3,050}{20}$ = 152.5, 즉 학생들의 키의 평균은 152.5(cm)가 된다는 것을 알 수 있다.

예제 5) 보건복지부와 질병관리본부는 2010년 현재 흡연자의 하루평균 흡연량 추이를 다음과 같이 발표하였다. 다음과 같은 도수분포표가 주어진 경우, 산술평균을 구하시오.

연령(세)	흡연량
20세 이상 ~ 29세 미만	180 개비
30세 이상 ~ 39세 미만	351 개비
40세 이상 ~ 49세 미만	316 개비
50세 이상 ~ 59세 미만	220 개비
60세 이상 ~ 69세 미만	157 개비
70세 이상 ~ 79세 미만	111 개비

2) 기하평균(geometric mean)

산술평균은 수치의 변화가 비례적 혹은 기하급수적으로 변화하는 상황에서의 대표치로서의 역할을 하지 못하지만 기하평균은 이렇게 변화율이나 비율의 변화가 반영되는 물가상승률, 경제성장률, 인구증가율과 같은 시계열자료의 평균을 구할 때 유용하게 이용하는 대표값이다. 기하평균은 다음과 같이 계산한다.

변량 X의 측정값이 x_1, x_2, x_3 ……, x_n일 때, X의 기하평균을 G라고 하면,

$$G = n\sqrt{x_1 \times x_2 \times x_3 \times \cdots \times x}$$

예제 6) 2,3의 기하평균을 구하시오.

풀이) $G = \sqrt{2\times 3} = \sqrt{6}$

예제 7) 2,4,8의 기하평균을 구하시오.

풀이) $G = 3\sqrt{2\times 4\times 8} = 3\sqrt{64} = 3\sqrt{4^3} = 4$

3) 조화평균(harmonic mean)

조화 평균(調和平均)은 주어진 수들의 역수의 산술평균을 의미하며, 평균적인 변화율을 구할 때에 주로 사용된다. 실수 a_1, a_2, a_3, ……, a_n이 주어졌을 때, 조화 평균 H는

$$H = \frac{n}{\frac{1}{a_1} + \frac{1}{a_2} + \cdots\cdots + \frac{1}{a_n}} = \frac{n}{\sum_{i=1}^{n} \frac{1}{a_i}}$$ 로 주어진다.

예제 8) 학교를 자전거로 왕복하는데 갈 때는 4km/h 속도로 가고 올 때는 6km/h 속도로 왔다. 평균 속도는 얼마인가?

풀이) 조화평균을 이용하여 $H = \frac{2}{\frac{1}{4} + \frac{1}{6}} = \frac{48}{10} = 4.8$

예제 9) 어느 투수가 시합을 하는데 2007년에는 6승, 2008년에는 9승, 2009년에는 7승을 하였다면 최근 3년간 평균 승수는 얼마인가?

풀이) 조화평균을 이용하여 $H = \dfrac{3}{\dfrac{1}{6}+\dfrac{1}{9}+\dfrac{1}{7}} = \dfrac{1,134}{159} = 7.13$ 대략 7승이 예상됨.

예제 10) 100m를 3회에 걸쳐 뛰었더니 1회 15초, 2회 14초, 3회 17초가 나왔을 때, 조화평균을 구하시오.

풀이) 조화평균을 구하면, $H = \dfrac{3}{\dfrac{1}{15}+\dfrac{1}{14}+\dfrac{1}{17}} = \dfrac{10,710}{703} = 15.2$(초) 가 된다.

참고적으로 두 양수 x 와 y가 주어졌을 때, 두 수의 산술평균을 A, 기하평균을 G, 조화평균을 H라고 할 때, 다음 식으로 간단히 정리된다.

산술평균 $A = \dfrac{x+y}{2}$, 기하평균 $G = \sqrt{xy}$, 조화평균 $H = \dfrac{2xy}{x+y}$

그러므로 산술평균, 기하평균, 조화평균사이에 다음과 같은 관계식이 성립함을 알 수 있다.

$H = \dfrac{G^2}{A}$, $H \leqq G \leqq A$

1.2. 최빈값(mode)

최빈값(mode)은 가장 많이 관측되는 수, 즉 주어진 값 중에서 가장 자주 나오는 값을 말한다. 예를 들어, {1, 3, 6, 6, 6, 7, 7, 12, 12, 17}의 최빈값은 6이다.

최빈값은 산술 평균과 달리 유일한 값이 아닐 수도 있다. 주어진 자료에서 평균이나 중앙값 을 구하기 어려운 경우에 특히 유용하다.

예를 들어 {사과, 사과, 바나나, 오렌지, 오렌지, 오렌지, 오렌지, 오렌지, 오렌지, 오렌지, 오렌지, 오렌지, 오렌지, 오렌지, 오렌지, 오렌지, 오렌지, 오렌지, 배}의 최빈값은 '오렌지'이다.

예를 들어 10, 20, 30, 60, 30, 20, 60, 30, 40, 50의 최빈값은 30이 된다.

제5장 자료의 정리에서 정의한 바와 같이 질적 자료(qualitative data) 또는 범주형 자료(categorical data)는 원칙적으로 숫자로 표시될 수 없는 자료이며, 측정 대상의 특성을 분류하거나 확인할 목적으로 숫자를 부여하는 경우는 있지만 그 숫자들이 양적인 크기를 나

타내는 것은 아니다. 이러한 질적 자료의 예로는 상표의 구분, 성별의 구분, 직업의 구분 등을 들 수 있다. 또한, 양적자료(quantitative data)는 자료의 크기나 양을 숫자로 표현할 수 있으며, 셀 수 있는 정수값으로 표현되는 이산형 자료(discrete data)와 연속적인 양으로 표현되는 연속형 자료(continuous data)가 있다. 이산형 자료의 예로는 불량품의 개수, 결점의 수, 가구수 등이 있으며, 연속형 자료의 예로는 성적, 길이, 무게, 온도, 등이 있다.

질적 자료에서 최빈값을 구하는 방법은 다음 예제와 같다.

예제 11) 어느 양장점에서 새로운 겨울코트의 판매량을 크기에 따라 조사하였더니 다음 표 와 같을 때, 최빈값을 구하시오.

크기	수량
소	10벌
중	30벌
대	10벌
특대	5벌
계	55벌

풀이) 최빈값은 가장 많이 관측되는 수를 의미하므로 주어진 표에서 제일 많이 판매되고 있는 겨울코트의 크기는 중으로 30벌이 최빈값에 해당된다는 것을 알 수 있다.

예제 12) 2009년 통계 조사 결과 농가 수는 1949년 247만4천 가구에서 1970년을 정점으로 점차 감소하여 2007년에는 절반 수준인 123만1천 가구로 줄어들었음을 알 수 있고, 농가인구는 2007년 327만4천명(총인구대비 6.8%)으로 1949년 1,441만6 천명(총인구 대비 71.4%)의 22.7% 수준이며, 농가당 인구는 2.7명으로 1949년 5.8명보다 3.1명이 감소하였음을 알 수 있다. 다음에 주어진 표에서 농가 수와 농가 인구의 최빈값을 구하시오.

년도	농가 수(천 가구)	농가인구 (천 명)
1949	2,474	14,416
1960	2,329	14,232
1970	2,483	14,422
1980	2,155	10,827
1990	1,767	6,661
2000	1,383	4,031
2007	1,231	3,274

풀이) 주어진 표에서 최빈값은 1970년대에 농가 수와 농가 인구가 가장 많은 것으로 나타나며, 농가 수는 248만 3천 가구, 농가 인구는 천 442만 2천 가구로 타났다.

양적 자료 중 이산적 자료에서 최빈값을 구하는 방법은 다음 예제와 같다.

예제 13) 도시와 농촌에서 각각 100세대를 표본으로 뽑아서 자녀의 수가 몇 명인지를 알아보았더니 아래의 표와 같다고 할 때, 도시와 농촌의 자녀수에 대한 최빈값을 각각 구하시오.

도시의 자녀수		농촌의 자녀수	
자녀수	세대수	자녀수	세대수
0 명	5 세대	0 명	3 세대
1 명	21 세대	1 명	5 세대
2 명	40 세대	2 명	10 세대
3 명	17 세대	3 명	37 세대
4 명	12 세대	4 명	25 세대
5 명	5 세대	5 명	20 세대
합계	100 세대	합계	100 세대

풀이) 표에 주어진 바와 같이 도시의 자녀수에 대한 최빈값은 40세대 수가 가장 많으므로 2자녀가 최빈값이며, 농촌의 자녀수에 대한 최빈값은 37세대 수가 가장 많으므로 3자녀가 최빈값이 된다.

양적 자료 중 연속적 자료에서 최빈값을 구하는 방법은 다음 예제와 같다.

예제 14) 보건복지부와 질병관리본부는 2010년 현재 흡연자의 하루평균 흡연량 추이를 다음과 같이 발표하였다. 다음과 같은 도수분포표가 주어진 경우, 어느 연령대가 흡연량이 제일 높은지 구하시오.

연령(세)	흡연량
20세 이상 ~ 29세 미만	180 개비
30세 이상 ~ 39세 미만	351 개비
40세 이상 ~ 49세 미만	316 개비
50세 이상 ~ 59세 미만	220 개비
60세 이상 ~ 69세 미만	157 개비
70세 이상 ~ 79세 미만	111 개비

예제 15) 어느 초등학교 학생 25명의 몸무게를 조사하였더니 다음과 같은 표를 얻었다고 할 때, 도수분포표로 나타내어 가장 많은 학생이 분포하고 있는 몸무게의 분포를 구하시오.(단, 단위, Kg)

27.6	41.5	31.4	40.6	54.7
33.8	34.5	35.6	42.9	59.3
35.2	44.6	41.5	37.1	52.5
42.1	50.3	39.5	53.9	47.4
39.6	48.1	44.0	56.8	62.7

예제 16) 어느 회사에서 생산되는 타이어의 수명이 어느 정도 인가를 알아보기 위하여 타이어 100개의 수명을 조사한 결과 다음과 같은 표를 얻었다고 할 때, 최빈값을 구하시오.

수명시간	수 량
1,800 ~ 1,999	8 개
2,000 ~ 2,199	25 개
2,200 ~ 2,399	32 개
2,400 ~ 2,599	18 개
2.600 ~ 2,799	12 개
2,800 ~ 2,999	5 개
합 계	100 개

1.3. 중앙값(median)

중앙값(median)은 통계집단의 변량을 크기의 순서로 늘어놓았을 때, 중앙에 위치하는 값으로 메디안 이라고도 하는데, 한 집단의 점수분포에서 전체 사례를 상위 $\frac{1}{2}$과 하위 $\frac{1}{2}$로 나누는 점을 말한다. 즉, 이 중앙값을 중심으로 전체 사례의 반이 중앙값 상위에, 나머지 반이 중앙값 하위에 있게 된다. 또한, 총수 n이 홀수일 때는 $\frac{n+1}{2}$번째의 변량, n이 짝수일 때는 $\frac{n}{2}$번째와 $\frac{n+2}{2}$번째의 변량의 산술평균을 취한다.

예를 들어, 12, 13, 16, 19, 20과 같이 5개의 사례가 크기 순서로 나열되어 있는 경우 그 중앙에 위치한 16이 중앙값이 된다. 엄격히 말하면 중앙에 위치한 16을 가진 사례가 중앙값이 되는 것이 아니라 전체 사례 5를 상위 2.5와 하위 2.5로 나누는 16.0이 중앙값이 된다. 만약 12, 13, 16, 19, 20, 22과 같이 6개의 사례가 크기 순으로 나열되어 있는 경우에는 총 사례 수는 짝수가 되므로 $\frac{16+19}{2}$ = 17.5, 즉 17.5가 중앙값이 된다.

이산형 자료가 주어진 경우 중앙값을 구하는 예는 다음과 같다.

예제 17) 9명의 학생이 시험을 본 결과 7,3,6,8,2,7,9,5,4가 나왔을 때, 중앙값을 구하시오.

풀이) 자료가 모두 9개로 홀수의 자료가 있으므로, 순서있게 나열하여 중앙에 위치하는 수를 찾으면 된다. 즉 주어진 자료를 순서에 맞게 배열하면 다음과 같다.

2,3,4,5,6,7,7,8,9

따라서 중앙값은 9개의 자료 중 5번째 위치하고 있는 6이 된다는 것을 알 수 있다.

예제 18) 10명의 학생이 시험을 본 결과 2,3,4,5,6,7,7,9,9,5 가 나왔을 때, 중앙값을 구하시오.

풀이) 자료가 모두 10개 이므로 짝수의 자료가 있으므로, 자료들을 먼저 순서에 맞게 나열하여 다시 정리하면 다음과 같다.

2,3,4,5,5,6,7,7,9,9

따라서 중앙값은 중앙에 있는 두 개의 값의 평균을 구하면 된다.

그러므로 중앙값은 $\frac{5+6}{2}$ = 5.5, 즉 중앙값은 5.5가 된다는 것을 알 수 있다.

이산적 자료가 주어진 경우와는 다르게 연속적 자료가 주어진 경우에 중앙값을 구하기 위하여 다음과 계산 방법을 숙지하여야 한다. 연속적 자료가 주어진 경우의 예를 도수분포표가 주어진 경우에 예를 들어 설명하고자 한다.

도수분포표가 주어진 경우 중앙값(Md)의 계산 방법은 다음과 같다.

$$Md = L + i\,\frac{\frac{n+1}{2} - F}{f}$$

단, n : 총 관찰 수

f : 중앙값이 있는 구간의 빈도

L : 중앙값까지 있는 구간의 정확 하한계

F : L 까지의 누적 빈도

i : 구간의 크기

예제 19) 다음과 같은 도수분포표가 주어진 경우, 중앙값을 구하시오.

키(cm)	학생 수(명)
130이상 ~ 140미만	2
140 ~ 150	6
150 ~ 160	8
160 ~ 170	3
170 ~ 180	1
합계	20

풀이) 먼저, 총 관찰 수 n을 구한다. n은 도수분포표의 합계에 해당하는 20이 된다. 즉 n = 20 이다.

둘째, 중앙값이 있는 구간의 빈도 f 를 구한다.

총 관찰 수가 20이므로 짝수이고, 순서에 맞게 나열한다고 하여도 10번과 11번째에 해 당하므로, 자료들의 수가 10번째와 11번째에 위치하고 있는 구간의 빈도는 위에서부터 세 번째에 해당하는 8이 된다는 것을 알 수 있다. 즉 f = 8 이다.

셋째, 중앙값까지 있는 구간의 정확 하한계 L을 구한다.

L은 중앙값이 있는 구간의 하한계를 구하는 것이기에 150이 된다는 것을 알 수 있다. 즉 L은 150이다.

넷째, 중앙값까지 있는 구간까지의 누적빈도 F를 구한다.

키(cm)	학생 수(명)	누적빈도
130이상 ~ 140미만	2	2
140 ~ 150	6	8
150 ~ 160	8	16
160 ~ 170	3	19
170 ~ 180	1	20
합계	20	

즉 위의 표에서 누적도수 F = 16 이다.

다섯째, 구간의 크기 i를 구한다.

주어진 도수분포표에서 구간의 크기는 모두 10(cm) 단위로 주어져 있으므로, i = 10이다.

이렇듯 위에서 구한 결과들을 이용하여 중앙값을 계산할 수 있다.

$$Md = L + i\ \frac{\frac{n+1}{2} - F}{f} = 150\ +\ 10 \cdot \frac{\frac{20+1}{2} - 16}{8} = 150\ +10 \cdot \frac{10.5-16}{8} = 150\ -\ \frac{55}{8}$$

$$= 150\ -\ 6.87\ =\ 143.13$$

즉 중앙값은 143.13이 된다는 것을 알 수 있다.

예제 20) 조선시대 역대 왕들에 대한 도수분포표가 다음과 같을 때, 중앙값을 구하시오.

제위기간	왕의 수
1년 ~ 10년	10 명
11년 ~ 20년	6 명
21년 ~ 30년	4 명
31년 ~ 40년	3 명
41년 ~ 50년	3 명
51년 ~ 60년	1 명

예제 21) 보건복지부와 질병관리본부는 2010년 평생음주자의 성별 음주 시작연령에 대한 조사 결과를 다음과 같이 발표하였다. 다음과 같은 도수분포표가 주어진 경우, 중앙값을 전체, 남자, 여자로 나누어 각각 구하시오.

연령(세)	전체	남자	여자
20세 이상 ~ 29세 미만	745 명	302 명	443 명
30세 이상 ~ 39세 미만	1,211 명	519 명	692 명
40세 이상 ~ 49세 미만	1,071 명	514 명	557 명
50세 이상 ~ 59세 미만	988 명	461 명	527 명
60세 이상 ~ 69세 미만	786 명	435 명	351 명
70세 이상 ~ 79세 미만	576 명	332 명	244 명

1.4. 집중화경향의 위치와 특징

하나의 대표치로서 어떠한 경우에 어느 것을 사용하는 것이 가장 적절한가를 이해하기 위하여 평균치, 중앙치, 최빈치의 특징을 비교해보자.

1) 전집의 추정치로서 표집오차

한 전집의 추정치로서 표집을 통하여 그 값을 계산하는 경우에 표집에 따른 편화가 가장 큰 것은 최빈치>중앙치>산술평균의 순으로, 산술평균이 표집에 따른 변화가 가장 적은 안정성 있는 대표치가 된다. 세 대표치 중에서 산술평균이 표집에 따른 오차(표집오차)가 가장 작다.

2) 통계적 처리의 다양성과 계속성

산술평균은 후속적인 여러 가지 복잡한 통계적 처리의 기초가 되지만 중앙치나 최빈치는 자료의 특성을 요약하는 하나의 대표치로서 그 기능이 끝나게 되는 경우가 많다. 따라서 대표치로서의 기능 이상의 어떤 다른 정보를 자료에서 얻고자 하는 경우에는 평균의 계산이 필수적이다.

3) 계산의 간편성

하나의 대표치를 급히 계산하여야 하는 경우 최빈치는 분포상에서 즉각적으로 계산될 수 있는 장점이 있다. 특히 점수의 분포가 어느 정도 정상분포를 이룬다면, 최빈치, 중앙치, 산술평균은 거의 일치되므로 산술평균의 대략적인 추정치로서 최빈치를 사용할 수도 있다.

4) 자료의 특징

평균은 그 계산에 있어서 모든 점수를 고려하기 때문에 극단한 점수가 있는 경우에는 이것의 영향을 받으므로 대표치로 부적절하다. 반면에 중앙치는 극단한 점수의 영향을 받지 않으므로 좌우대칭이 아닌 극단한 편포의 경우에는 중앙치를 대표치로 사용하는 것이 보다 적절할 것이다. 그러나 가능하면 세 가지 대표치를 모두 보고하는 것이 자료의 특징을 판단하는데 도움이 될 것이다.

5) 측정이 수준과 측정의 목적

명명변인(즉, 질적변인)의 경우에는 최빈치밖에 계산할 수 없으며 중앙치는 서열변인에, 그리고 산술평균은 동간변인과 비율변인에 적합한 통계치가 된다.

대표치의 적용은 측정의 목적에 따라 다를 수 있다. 따라서 세 가지 대표치의 특징을 잘 알고 그 측정의 목적에 따라 적절히 사용하여야 할 것이다.

6) 분포상에서의 비교

점수의 분포가 정상분포일 경우에는 산술평균, 중앙치, 최빈치의 값이 모두 일치하게 된다. 한 분포가 정상분포에서 얼마나 이탈되었는가를 대략적으로 간단히 알아보기 위해서는 평균에서 중앙치를 뺀 값이 0에 가까우면 정상분포, '-'로 나오면 부적편포, '+'가 나오면 정적편포를 이루가 있다는 대략적인 증거라 삼는다.

7) 집중화경향의 위치

산술평균(m)과 중앙값(Me), 최빈값(Mo)와의 관계를 분포의 특성에 따라 분류하면 다음과 같다.

가) 대칭분포일 때, $m = Me = Mo$

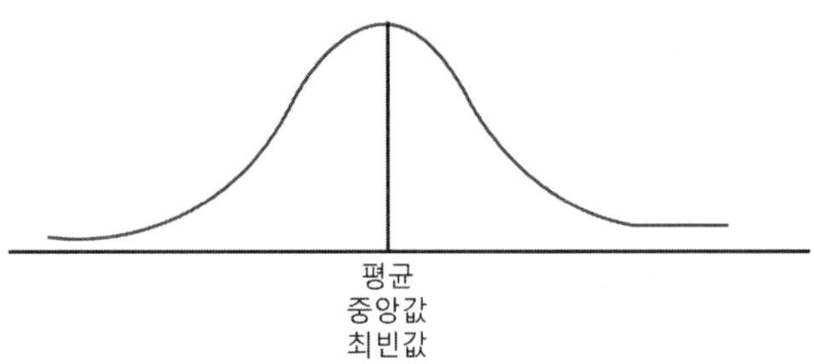

나) 왼쪽 꼬리 분포(또는 좌경대칭), $m < Me < Mo$

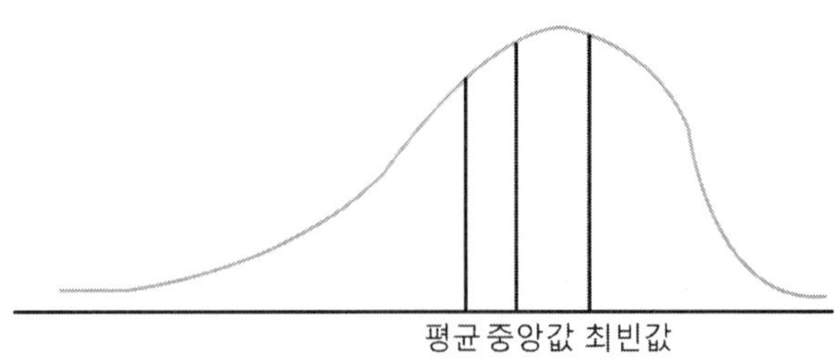

다) 오른쪽 꼬리 분포 (또는 우경대칭), $Mo < Me < m$

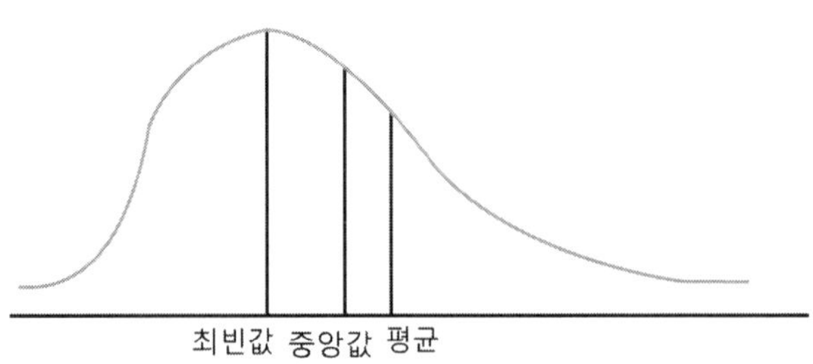

제2절 분산도

2.1. 분산도의 개념과 종류

어떤 두 집단에서 얻어진 자료를 비교하는 경우에 산술평균이나 중앙치 등 대표치로서 그 수준만을 비교하는 것만으로 충분하지 않다. 왜냐하면 두 집단의 자료가 대표치는 같으면서 그 분포의 양상이 다를 수 있기 때문이다. 따라서 두 집단의 점수분포를 비교할 때에서는 점수 수준뿐만이 아니라 점수의 흩어진 정도, 즉 분산의 정도(variability 또는 dispersion)도 같이 비교할 필요가 있다. 분산도는 점수들의 흩어진 정도를 요약한 지수로, 분산도 지수에는 범위(range), 사분위편차(interquartile range), 표준편차(standard deviation)가 있다. 분산도 지수는 한 집단의 전체 점수가 흩어져 있는 정도를 요약해 주는 지수로 한 집단의 점수단위나 분포양상에 관한 정보와는 무관하다.

2.2. 범위

범위(range)는 점수분포에 있어서 최고점수와 최하점수까지의 거리를 의미한다. 범위를 *R*이라고 간단히 표현하면 *R* = 최고점수-최저점수+1로 나타낸다. 여기서 +1은 최고점수 정확 상한계와 최저점수 정확 하한계까지의 거리가 범위를 포함한 것이다.

예를 들어, 2, 5, 6, 8 네 점수가 있는 경우 이것의 범위는 8-2+1=7이 된다.

*R*은 표집에 다른 변화가 크고 계산하기 쉽다는 점에서 대표치로서 최빈치와 같은 성격을 지니는 분산도 지수라 할 수 있다. *R*의 가장 큰 단점은 극단한 점수의 영향을 받으므로 안정적인 분산도 지수는 되지 못한다는 것이다.

2.3. 사분위편차

사분위편차(interquartile range)는 범위가 양극단의 점수에 의해 좌우된다는 단점을 가지므로, 점수분포상에서 양극단의 점수가 아닌 어떤 일정한 위치에 있는 점수 간의 거리를 비교하고자 하는 것이다. 즉, 백분위 50을 중심으로 상ㆍ하위 쪽으로 백분위 25가 되는 평균거리를 가지고 비교하는 것이다.

사분위편차란 사분위간 범위에 대한 평균이다. 자료를 오름차순으로 정렬 후 4등분하여 각각 1사분위수, 2사분위수, 3사분위수라고 한다. 범위처럼 극단적인 값이 있어도 영향을 받지 않는 장점이 있지만 모든 관측치의 값이 반영되지 않는 결점이 있다.

예제 22) 어떤 자료를 순서통계량을 나타내면 아래와 같다고 할 때, 사분위수를 구하시오.

45 47 58 59 67 68 72 75 75 75 76 77 80 82 82 83 87 93 93 96

풀이) 사분위수를 구하는 방법은

첫째, $d(M) = \frac{n+1}{2}$을 구한다.

위의 예제에서 자료가 총 20개 이므로 $d(M) = \frac{20+1}{2} = 10.5$가 된다.

둘째, $[d(M)]$을 구한다.

여기에서 $[d(M)]$이라는 말은 중앙값의 깊이를 말하는 겁니다. 깊이라는 것은 간단히 말하면 순서를 말하며 [ ]는 가우스기호 이기에 그 값보다 작은 최대의 정수 값을 구하면 된다.

위의 예제에서 $d(M) = 10.5$ 이므로 $[d(M)] = [10.5]$가 되며, 가우스 기호의 의미 는 10.5가 넘지 않는 최대의 정수를 뜻하기에 $[d(M)] = 10$ 이 된다.

셋째, $\frac{[d(M)]+1}{2}$가 사분위수를 구하는 공식이다.

위의 예제에서 $[d(M)] = 10$ 이므로, $\frac{[d(M)]+1}{2} = \frac{10+1}{2} = 5.5$

즉 순서통계량에서 5.5번째 순서는 없으므로 5번째 자료가 일 사분위수 뒤에서 5번째 자료가 삼사분위수가 됩니다. 그러므로 일 사분위수는 67삼 사분위수는 82가 됩니다.

예제 23) 어느 초등학교 학생 25명의 몸무게를 조사하였더니 다음과 같은 표를 얻었다고 할 때, 사분위수를 구하시오.(단, 단위 : Kg)

27.6	41.5	31.4	40.6	54.7
33.8	34.5	35.6	42.9	59.3
35.2	44.6	41.5	37.1	52.5
42.1	50.3	39.5	53.9	47.4
39.6	48.1	44.0	56.8	62.7

2.4. 평균편차

평균편차(average deviation)란 한 집단의 산술평균으로부터 각 점수까지의 거리의 평균을 말한다. 평균으로부터의 편차점수의 합은 0이 되므로 이를 피하기 위해 절대치 기호를 붙였다. 평균편차는 분산도 지수로 매력적으로 보이지만 절대치 기호 때문에 수리적인 조작에 한계가 있으므로 추리통계에서는 거의 사용되지 않는다.

예제 24) 5명으로 구성된 어느 대학 한 그룹 학생들의 학점이 아래와 같을 때, 평균편차를 구하 시오.

2.8, 3.6, 1.7, 3.5, 2.9

풀이) 먼저, 주어진 자료의 산술평균을 구하면 $m = 2.9$ 이다.

첫째, 편차(deviation)를 구한다.

편차란 각각의 주어진 자료에서 평균을 뺀 값으로 2.8-2.9, 3.6-2.9, 1.7-2.9, 3.5-2.9, 2.9-2.9 이 되며, 정리하면 -0.1, 0.7, -1.2, 0.6, 0 이 된다.

그러므로 편차의 합을 구하면 '0'이 된다.

둘째, 평균편차(average deviation)를 구한다.

위의 결과에서와 같이 편차의 합이 '0'이 되기에 이를 피하기 위해 편차에 절대치 기호를 붙여 구한다.

즉 위의 자료에서 구한 편차에 절대값을 붙이면, 0.1, 0.7, 1.2, 0.6, 0 이 되고
이러한 수들의 합을 구하면 2.6이 되는데 이를 평균편차라 한다.

예제 25) 2010년 교육과학기술부에서 조사한 우리나라 유・초・중등학교 교원의 평균연령이 다음과 같을 때, 유・초・중등학교 교원의 평균 편차를 구하시오.

구분	유치원	초등학교	중학교	고등학교
2010년	31.8 세	39.7 세	41.3 세	42.0 세

예제 26) 역대 UN 사무총장의 재임기간이 아래와 같을 때, 평균편차를 구하시오.

	소속	이름	재임기간
1대	노르웨이	트뤼그베리	8년(1946년)
2대	스웨덴	다그 함바르셀드	3년
3대	미얀마	우 탄트	10년
4대	오스트리아	쿠르트 발트하임	6년
5대	페루	페레스데 케야르	11년
6대	이집트	부트로스 갈리	5년
7대	가나	코피아난	9년
8대	대한민국	반 기 문	8년(현재)

2.5. 분산(variance)과 표준편차 (standard deviation)

1) 분산과 표준편차의 개념

분포의 분산도를 나타나는 개념 중 가장 많이 쓰이며, 모집단을 대상으로 했을 때와 표본에서 구했을 때 서로 다른 기호로 나타낸다.

분산과 표준편차는 모두 데이터의 변이(variation)에 관련된 개념입니다. 변이라 함은 데이터의 분포가 얼마나 퍼져 있는가를 의미합니다. 데이터가 어느 하나에 집중되어 있으면 변이가 작다, 고르게 분포되어 있으면 변이가 크다라고 이야기 합니다. 분산은 변이를 측정하는 그러니까 자료의 분포를 나타내는 한 지표입니다. 분산 말고도 변이를 나타내는 것은 다양성지수라든가 범위라든가 여러 가지가 있지만 분산이 가장 많이 쓰입니다.

자료의 수가 같다면, 분산이 크다는 것은 편차의 제곱이 크다는 것을 의미하고 편차의 제곱이 크다는 것은 데이터가 평균으로부터 멀리 떨어져 있다는 것을 의미하고 그것은 자료가 한 군데 모여 있는 것이 아니라 고루고루 퍼져있다는 것을 의미합니다.

또한, 표준편차는 분산의 제곱근으로 정의되며, 평균편차의 계산에서는 편차점수의 합이 0이 되는 것을 방지하기 위하여 편차점수에 절대치 기호를 붙였지만 평균으로부터의 편차점수를 제곱하여 합할 수도 있다. 편차점수를 제곱한 것은 '-' 마이너스 점수를 제거하여 편차 점수의 합이 0이 되는 것을 방지하기 위한 것이므로 다시 원래의 단위로 환원시키기 위해서는 제곱의 합(자승화)의 제곱근을 구하면 된다.

▷ 모집단의 분산 및 표준편차

일반적으로 n개의 수(또는 자료) x_1, x_2, x_3 ……, x_n이 있을 때, 자료가 주어진 경우 다음과 같이 계산할 수 있다.

$$\text{분산 } \sigma^2 = \frac{\sum_{i=1}^{n}(X_i - m)^2}{n} = \frac{\sum_{i=1}^{n}X_i^2}{n} - m^2$$

여기에서 m는 모집단의 평균, n : 모집단의 총 개수

표준편차 $\sigma = \sqrt{\sigma^2}$

예제 27) 2,5,8의 분산과 표준편차를 구하시오.

풀이) 먼저 평균을 구하면, $m = \dfrac{2+5+8}{3} = 5$ 이며,

$$\text{분산은 } \sigma^2 = \frac{\sum_{i=1}^{n}(X_i - m)^2}{n} = \frac{(2-5)^2+(5-5)^2+(8-5)^2}{3} = \frac{18}{3} = 6 \text{ 이다.}$$

그러므로 표준편차는 $\sigma = \sqrt{\sigma^2} = \sqrt{6}$ 이 된다.

또한, 분산을 구하는 또 하나의 방법은

$$\sigma^2 = \frac{\sum_{i=1}^{n}(X_i - m)^2}{n} = \frac{\sum_{i=1}^{n}(X_i^2 - 2mX_i + m^2)}{n} = \frac{\sum_{i=1}^{n}X_i^2}{n} - 2m\frac{\sum_{i=1}^{n}X_i}{n} + m^2$$

$$= \frac{\sum_{i=1}^{n}X_i^2}{n} - 2m^2 + m^2,\ m = \frac{\sum_{i=1}^{n}X_i}{n} = \frac{\sum_{i=1}^{n}X_i^2}{n} - m^2$$

예제 28) 2,5,8의 분산과 표준편차를 구하시오.

풀이) 먼저 평균을 구하면, $m = \dfrac{2+5+8}{3} = 5$ 이며, $\dfrac{\sum_{i=1}^{n}X_i^2}{n} = \dfrac{2^2+5^2+8^2}{3} = \dfrac{93}{3} = 31$

이다. 그러므로 분산 $\sigma^2 = \dfrac{\sum_{i=1}^{n}X_i^2}{n} - m^2 = 31 - 5^2 = 6$ 이다.

위의 예제 27과 같은 결과가 도출된다는 것을 알 수 있다.

또한, 연속적인 자료로서 도수가 주어진 경우에는 산술평균 m을 구할 때와 마찬가지로 구할 수 있으며, 분산을 구하는 방법도 일반적인 자료가 주어진 경우와 유사하게 구할 수 있다.

참고적으로 도수가 주어진 경우, 평균 $m = \dfrac{\sum_{i=1}^{n} x_i f_i}{\sum_{i=1}^{n} f_i}$이다.

또한 분산 $\sigma^2 = \dfrac{\sum_{i=1}^{n}(x_i - m)^2 f}{\sum_{i=1}^{n} f_i} = \dfrac{\sum_{i=1}^{n} x_i^2 f_i}{\sum_{i=1}^{n} f_i} - m^2$과 같다.

예제 29) 다음 표는 어느 회사 직원들의 근무연한을 조사한 표이다. X는 근무연한을 나타내며, f는 이에 속하는 직원들의 수를 나타낸다. 근무연한에 대한 평균, 분산, 표준편차를 각각 구하시오.

근무연한(X)	직원의 수(f)
2	1 명
5	5 명
7	26 명
10	6 명
12	2 명
계	40명

풀이) 근무연한에 대한 평균(m)을 구하려면,

$$m = \frac{\sum_{i=1}^{n} x_i f_i}{\sum_{i=1}^{n} f_i} = \frac{2 \cdot 1 + 5 \cdot 5 + 7 \cdot 26 + 10 \cdot 6 + 12 \cdot 2}{40} = \frac{293}{40} = 7.3\text{이다.}$$

또한, 분산은 $\sigma^2 = \dfrac{\sum_{i=1}^{n}(x_i - m)^2 f}{\sum_{i=1}^{n} f_i} = \dfrac{\sum_{i=1}^{n} x_i^2 f_i}{\sum_{i=1}^{n} f_i} - m^2$이므로 뒤에 있는 식을 이용하면,

$$\sigma^2 = \frac{\sum_{i=1}^{n} x_i^2 f_i}{\sum_{i=1}^{n} f_i} - m^2 = \frac{2^2 \cdot 1 + 5^2 \cdot 5 + 7^2 \cdot 26 + 10^2 \cdot 6 + 12^2 \cdot 2}{40} - (7.3)^2 = \frac{2,291}{40} - (7.3)^2$$

$= 57.3 - 53.3 = 4$가 되며, 표준편차는 2가 된다.

이상과 같이 모집단이 주어진 경우, 분산(σ^2)과 표준편차(σ)를 구할 수 있으며, 표본이 주어진 경우에는 분산(S^2)과 표준편차(S)를 모집단의 경우와 다르게 쓴다는 사실에 유념하여야 하며, 계산방법에 차이가 있다는 것도 알아야한다.

다시한번 정리하면

모집단이 주어진 경우, 분산 $\sigma^2 = \frac{\sum_{i=1}^{n}(x_i - m)^2 f}{\sum_{i=1}^{n} f_i}$, 표준편차 $\sigma = \sqrt{\sigma^2}$이다.

표본이 주어진 경우, 표본분산 $S^2 = \sqrt{\frac{\sum_{i=1}^{n}(X_i - m)^2}{n-1}}$, 표본표준편차 $S = \sqrt{S^2}$

참고적으로 도수분포표가 주어진 경우, 분산과 표준편차를 구하는 방법은 **예제 29)**와 같이 계산할 수 있다.

예제 30) 다음 표는 어느 학급 학생들의 키에 대한 도수분포표이다. 평균, 분산, 표준편차를 구하시오.

키(cm)	학생 수(명)
130이상 ~ 140미만	2
140 ~ 150	6
150 ~ 160	8
160 ~ 170	3
170 ~ 180	1
합계	20

풀이)

첫째, 계급의 중간점을 구한다.(표에서 중간점 X)

키(cm)	중간점(X)	학생 수(명)
130이상 ~ 140미만	135	2
140 ~ 150	145	6
150 ~ 160	155	8
160 ~ 170	165	3
170 ~ 180	175	1
합계		20

둘째, 계급의 중간점과 도수의 곱을 구한다.(표에서 fX)

키(cm)	중간점(X)	학생 수(f,명)	fX
130이상 ~ 140미만	135	2	270
140 ~ 150	145	6	870
150 ~ 160	155	8	1,240
160 ~ 170	165	3	495
170 ~ 180	175	1	175
합계		20	3,050

셋째, 평균을 계산한다. 즉 계급의 중간점과 도수의 합을 학생수의 합으로 나눈다.

$$m = \frac{\sum_{i=1}^{n} x_i f_i}{\sum_{i=1}^{n} f_i} = \frac{3,050}{20} = 152.5$$

넷째, 중간점의 제곱을 구한다.(표에서 X^2)

키(cm)	중간점(X)	학생 수(f,명)	fX	X^2
130이상 ~ 140미만	135	2	270	18,225
140 ~ 150	145	6	870	21,025
150 ~ 160	155	8	1,240	24,025
160 ~ 170	165	3	495	27,225
170 ~ 180	175	1	175	30,625
합계		20	3,050	

다섯째, 중간점의 제곱과 도수를 곱한 (표에서 fX^2) 후 합을 구한다.

키(cm)	중간점(X)	학생 수(f,명)	fX	X^2	fX^2
130이상 ~ 140미만	135	2	270	18,225	36,460
140 ~ 150	145	6	870	21,025	126,150
150 ~ 160	155	8	1,240	24,025	192,200
160 ~ 170	165	3	495	27,225	81,675
170 ~ 180	175	1	175	30,625	30,625
합계		20	3,050		467,110

여섯째, 분산을 계산한다.

$$\text{즉 } \sigma^2 = \frac{\sum_{i=1}^{n} x_i^2 f_i}{\sum_{i=1}^{n} f_i} - m^2 = \frac{467,110}{20} - (152.5)^2 = 23355.5 - 23256.3 = 99.2$$

일곱째, 표준편차를 구한다. 즉 $\sigma = \sqrt{\sigma^2} = \sqrt{99.2} = 9.96$

예제 30) 조선시대 왕들의 제위기간에 대한 도수분포표가 다음과 같을 때, 평균, 분산, 표준 편차를 구하시오.

제 위 기 간	왕의 수
1 년 ~ 10년	10 명
11년 ~ 20년	6 명
21년 ~ 30년	4 명
31년 ~ 40년	3 명
41년 ~ 50년	3 명
51년 ~ 60년	1 명

예제 31) 2010년 안전벨트 착용률에 대한 성별 조사 결과 다음과 같은 도수분포표가 주어진 경우, 안전벨트 착용률에 대한 평균, 분산 표준편차를 각각 구하시오. (보건복지부와 질병관리본부 제공)

연령(세)	전체	남자	여자
20세 이상 ~ 29세 미만	409 명	219 명	190 명
30세 이상 ~ 39세 미만	977 명	499 명	478 명
40세 이상 ~ 49세 미만	887 명	500 명	387 명
50세 이상 ~ 59세 미만	710 명	437 명	273 명
60세 이상 ~ 69세 미만	412 명	337 명	75 명
70세 이상 ~ 79세 미만	143 명	133 명	10 명

2) 표준편차의 특징

분산도 지수 중 통계적으로 가장 유용하고 많이 활용되는 표준편차는 그 의미를 이해하기가 쉽지 않다. 이해를 돕기 위해 표준편차가 지니는 특성을 몇 가지 제시하고자 한다.

첫째, 표준편차는 평균과 마찬가지로 그 분포 상에 있는 모든 점수의 영향을 받는다.
표준편차는 그 계산에 있어서 모든 점수를 고려하므로 범위나 사분위편차와는 달리 분포상의 점수변화에 예민하게 반응한다. 따라서 어떤 분포가 몇몇의 극단한 점수를 갖고 있다거나 편포를 이루는 경우에는 분산도 비교를 위한 지수로서 표준편차의 적용은 검토해 볼 필요가 있다.

둘째, 표준편차는 표집에 따른 변화, 즉 표집오차가 가장 적다.
표집을 통하여 전집의 분산도를 추정하고자 하는 경우에 표준편차가 다른 어떤 분산도 지수보다 가장 그 추정의 오차가 작다고 할 수 있다.

셋째, 한 집단의 모든 점수에 일정한 수를 더하거나 빼도 표준편차는 변화하지 않는다.

넷째, 한 집단의 모든 점수에 일정한 상수 C를 곱하면 표준편차도 상수 C만큼 증가한다.

제3절 변동계수와 체비셰프의 정리

3.1. 변동계수(Coefficient of variation : CV)

측정단위가 다른 두 데이터가 있는 경우 두 테이터의 분산이나 표준편차를 알더라도 어느 것의 분산도가 큰지 알 수 없다. 이렇게 서로 단위가 다른 데이터의 분산도를 알아볼 수 있는 것으로 변동계수를 활용하게 되는데, 변동계수는 표준편차를 평균값으로 나눈 것으로 상대변동이라고도 하며, 흩어짐의 정도, 즉 산포의 정도를 나타내며 변동 계수식은 다음과 같다.

$CV = \frac{\sigma}{m} \times 100(\%)$ 단, σ : 표준편차, *m* : 평균

예제 32) 우리나라 근로소득자 중 대졸이상의 봉급 수준을 조사하여 본 결과 월 평균은 164.5 만원, 표준편차가 6만원이라고 할 때, 변동계수를 구하시오.

풀이) 변동계수 $CV = \frac{\sigma}{m} \times 100(\%)$이므로 $CV = \frac{6}{164.5} \times 100 = 3.6\%$

변동계수는 분포상태를 그대로 유지하면서 평균이 커지면 표준편차가 커지게 되어 평균이 다른 집단들 사이의 자료들의 차이를 비교하는 경우에 활용할 수 있다.

예제 33) 최근 2년 동안 20세 이상 건강검진 및 암 검진을 받은 사람의 도수분포표가 다음과 같을 때, 변동계수를 구하시오. (보건복지부와 질병관리본부 제공)

연령(세)	전체
20세 이상 ~ 29세 미만	767 명
30세 이상 ~ 39세 미만	1,253 명
40세 이상 ~ 49세 미만	1,162 명
50세 이상 ~ 59세 미만	1,170 명
60세 이상 ~ 69세 미만	1,027 명
70세 이상 ~ 79세 미만	872 명

3.2. 체비셰프의 정리(Tchebychev Theorem)

분산이나 표준편차는 기술통계학이나 추리통계학에서 중요한 부분을 차지하며, 일정한 분포 안에 관찰치가 얼마나 있는지를 알아보는 지표로 자주 사용된다. 수집된 자료의 분포에 있어서 아래의 도수분포표와 막대그래프에서와 같이 흩어진 정도가 크면 표준편차가 크게 나타나고, 그렇지 않은 경우에는 작게 나타난다. 러시아의 수학자 체비셰프가 제안한 것으로 분포의 모양과 상관없이 일정한 표준편차 안에 관찰치가 포함될 확률을 나타낸다.

A분포		B분포	
X	f	X	f
2	1	2	6
5	5	5	8
7	26	7	11
10	6	10	9
12	2	12	6

[그림 3-4] 표준편차가 서로 다른 두 분포

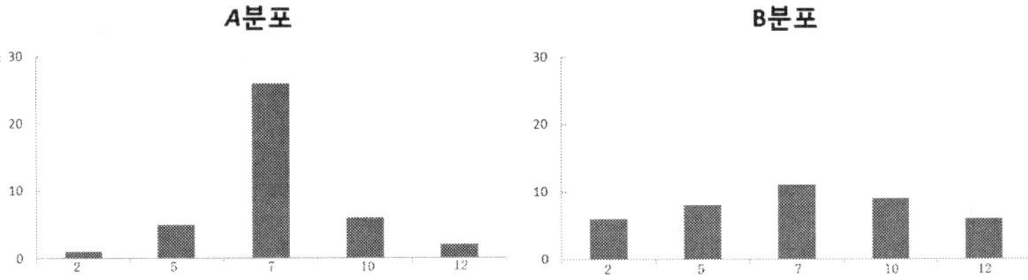

체비셰프의 정리

어떠한 자료의 집단에서도 전체 관찰 값들 중에서 평균으로부터 ± ks 이내에 관찰 값이 포함될 확률은 최소한 $1 - \frac{1}{k^2}$이다.

즉 $P\{\,|X - m| \geq ks\} \leqq \frac{1}{k^2}$ 또는 $P\{\,|X - m| \leqq ks\} \geqq 1 - \frac{1}{k^2}$이다.

체비셰프의 정리에서 $P\{\,|X - m| \leqq k\sigma\} \geqq 1 - \frac{1}{k^2}$이므로, 먼저 배운 용어들로 다시 한 번 정리하면, $|X - m| \leqq k\sigma$인 확률 P가 $1 - \frac{1}{k^2}$보다 크거나 같다는 의미를 말한다.

먼저, 절댓값과 관련된 부등식 $|X - m| \leqq k\sigma$을 풀면, $-k\sigma \leqq X - m \leqq k\sigma$이며, 정리하면 $m - k\sigma \leqq X - m \leqq m + k\sigma$이 된다는 것을 알 수 있다.

그러므로 평균 $m = 100$, 표준편차 $\sigma = 10$, $k = 2$인 경우, 관찰값 X의 범위는 $m - k\sigma \leqq X \leqq m + k\sigma$이므로 위의 값들을 대입하면 $80 \leqq X \leqq 120$임을 알 수 있으며,

체비셰프정리에 의하여 $P(80 \leqq X \leqq 120) \geqq 1 - \frac{1}{4} = \frac{3}{4}$이 된다는 것을 알 수 있다.

즉 $P(80 \leqq X \leqq 120) \geqq \frac{3}{4} = 0.75$은 관찰값 X가 $80 \leqq X \leqq 120$일 확률은 75% 보다

크거나 같다는 의미를 가지고 있기에 최소 75% 이상이라는 의미이다.

예제 34) 우리나라 근로소득자 중 대졸이상의 봉급 수준을 조사하여 본 결과 월 평균은 164.5만원, 표준편차가 6만원이었다. 전체 조사대상자 중에서 146.5 만원 이상 182.5 만원 이하의 봉급자는 최소 몇 %가 될 까?

풀이) 문제에서 평균 m = 164.5만원, σ = 6만원 이며, $P(146.5 \leqq X \leqq 182.5)$를 구하는 문제이므로 각 항들에서 m을 빼주면, 즉 $P(146.5 - 164.5 \leqq X - 164.5 \leqq 182.5 - 164.5) = P(-18 \leqq X - m \leqq 18) = P(|X - m| \leqq 18)$인 결과가 나온다. 또한, 위 결과를 두 번째 식과 비교하면 σ = 6만원이므로 k = 3만원이 된다. $P(|X - m| \leqq 18) \geqq 1 - \frac{1}{3^2}$이고, $P(|X - m| \leqq 18) \geqq \frac{8}{9}$

그러므로 $P\{|X - m| \leqq 18\} \geqq \frac{8}{9}$이므로 최소 88.9%가 된다는 것이다.

예제 35) 어떤 대학에서 임의로 100명을 선정하여 *IQ* 검사를 하였더니 평균이 120이고, 표준편차가 8이었다고 할 때, 체비셰프의 부등식을 써서 평균을 중심으로 적어도 75명이 포함될 구간을 정하시오.

풀이) 100명 중 75명이 포함되므로 $1 - \frac{1}{k^2} = \frac{75}{100} = \frac{3}{4}$에서 $\frac{1}{k^2} = \frac{1}{4}$이므로, $k = 2$가 된다. 그러므로 $m - 2\sigma \leqq X \leqq m + 2\sigma$에서 $120 - 2\times8 \leqq X \leqq 120 + 2\times8$ 이므로 구하고자 하는 구간은 $104 \leqq X \leqq 136$이 된다.

제4절 피어슨의 비대칭도

비대칭도란 관찰 값들이 어느 쪽으로 치우쳐있는가를 알아보기 위한 방법으로 왜도와 첨도, 피어슨의 비대칭도가 있지만 일반적으로 피어슨의 비대칭도가 많이 활용되기에 이 절에서는 피어슨의 비대칭도에 대하여만 알아보도록 하자.

피어슨의 비대칭도는 산술평균과 중앙값의 차이가 표준편차에 비하여 얼마나 떨어져 있는가를 나타내며, 대칭분포의 경우에는 어느 식에서나 피어슨의 비대칭도(Sk) = 0 이 되며, 오른쪽 꼬리 분포에서는 + 값이, 왼쪽 꼬리 분포에서는 - 값이 나타난다.

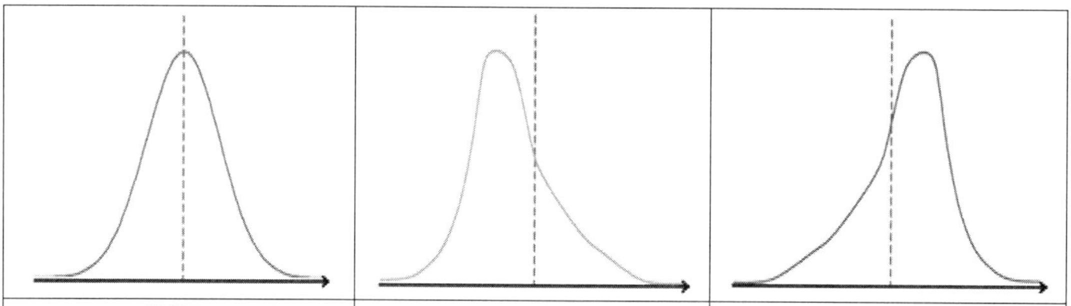

대칭분포	오른쪽 꼬리 분포	왼쪽 꼬리 분포

피어슨의 비대칭도 (Sk) = $\frac{3(m - Md)}{\sigma}$ 여기에서 m은 평균, Md는 중앙값, σ는 표준편차를 의미한다.

피어슨의 비대칭도는 다음과 같이 구치적인 분포의 모양을 알 수 있다.

(1) Sk < -1 인 경우 : 분포가 오른쪽으로 치우치고 왼쪽으로 긴 꼬리

(2) -1 ≦ Sk < 0 인 경우 : 분포가 약간 오른쪽으로 치우치고 왼쪽으로 짧은 꼬리

(3) Sk = 0 인 경우 : 좌우 대칭

(4) Sk > 1 인 경우 : 분포가 왼쪽으로 치우치고 오른쪽으로 긴 꼬리

(5) 0 < Sk ≦ 1 인 경우 : 왼쪽으로 치우치고 오른쪽으로 짧은 꼬리

예제 36) 우리나라의 국민소득을 조사한 도수분포표에서 가구당 소득의 평균이 145만원, 중앙값이 130만원 이었다. 가구당 소득의 편차가 12만원 이라면 피어슨의 비대칭도는 얼마인가?

풀이) 예제에서 주어진 자료는 평균 m = 145만원, 중앙값 Md = 130만원, 표준편차 σ = 12만원 이므로 피어슨의 비대칭도 $(Sk) = \dfrac{3(m-Md)}{\sigma}$에 대입하면,

$Sk = \dfrac{3(m-Md)}{\sigma} = \dfrac{3(145-130)}{12} = \dfrac{45}{12} = 3.75$ 이므로 분포가 왼쪽으로 치우치고 오른쪽으로 긴 꼬리 분포를 이루고 있다는 것을 알 수 있다.

예제 37) 최근 2년 동안 20세 이상 건강검진 및 암 검진을 받은 사람의 도수분포표가 다음과 같을 때, 피어슨의 비대칭도를 구하고 분포의 모양에 대하여 기술하시오.

연령(세)	전체
20세 이상 ~ 29세 미만	767 명
30세 이상 ~ 39세 미만	1,253 명
40세 이상 ~ 49세 미만	1,162 명
50세 이상 ~ 59세 미만	1,170 명
60세 이상 ~ 69세 미만	1,027 명
70세 이상 ~ 79세 미만	872 명

연습문제

4.1. 경기도 이천시의 월 평균 기온과 강수량의 그래프를 보고, 연 평균 기온과 연 평균 강수량을 구하시오.

월	1	2	3	4	5	6	7	8	9	10	11	12
기온	-4.5	-1.5	4.4	11.4	16.9	21.4	24.5	24.7	19.3	12.6	4.9	-1.6
강수량	22.8	26.4	54.8	94.3	98.6	141.1	331.2	280.1	160.0	45.6	52.3	26.7

4.2. 학생들의 통학시간에 대한 도수분포표가 다음과 같을 때, 산술평균과 중앙값을 구하시오.

통학시간	도수
0~10	7
11~20	22
21~30	19
31~40	10
41~50	5
51~60	1
61이상	2
합계	66

4.3. 각각 15명, 20명, 10명, 18명으로 구성된 4개의 학급이 있다. 각 학급의 체중 평균이 63kg, 62kg, 66kg, 64Kg 이라면 전체학생들의 평균체중은 얼마인가?

4.4. 두 양수 x와 y가 주어졌을 때, 두 수의 산술평균을 A, 기하평균을 G, 조화 평균을 H라 고 할 때, 산술평균 $A = \frac{x+y}{2}$, 기하평균 $G = \sqrt{xy}$, 조화평균 $H = \frac{2xy}{x+y}$이다. 그러므로 산술평균, 기하평균, 조화평균사이에 다음과 같은 관계식이 성립함을 알 수 있다. $H = \frac{G^2}{A}$, $H \leqq G \leqq A$임을 증명하시오.

4.5. 우리나라 중소기업 중간관리자의 평균 급여는 월 200만원이고, 표준편차는 20만원이다. 체비세프의 정리를 이용하여 월 평균 급여가 160만원에서 240만원의 사이에 있는 중간관리자는 최소한 몇 퍼센트(%)에 해당하는지 계산하시오.

4.6. 토마토케찹을 만드는 회사에서 기계가 병에 케찹을 넣을 때 한 병당 평균 무게는 14이고 표준 편차는 0.04이다 생산되는 제품 중에서 적어도 몇%가 한 병당 케찹의 무게가 13.9 와 14.1 사이에 있는가?

4.7. 강남에 있는 어떤 병원에서 갓 태어난 신생아의 체중을 재어보았더니 다음과 같을 때, 체중분포에 대한 피어슨의 비대칭도는 얼마인가?

체중(X)	빈도(f)
1.5 Kg ~ 1.9 Kg	1 명
2.0 Kg ~ 2.4 Kg	1 명
2.5 Kg ~ 2.9 Kg	4 명
3.0 Kg ~ 3.4 Kg	8 명
3.5 Kg ~ 3.9 Kg	4 명
4.0 Kg ~ 4.4 Kg	2 명
계	20명

제5장 확률변수와 확률분포

제5장 확률변수와 확률분포

제1절 확률변수(random variable)의 개념

숫자 또는 문자로 표현할 수 있는 자료의 특성을 변수(variable)라고 한다.

예를 들어 통계청에서 실시하는 전국가구조사의 문항 중에서는 '당신은 몇 살 입니까?', '당신의 가족은 몇 명입니까?', '당신 가구의 소득은 얼마입니까?', '당신은 기혼자입니까?', '당신은 직업이 있습니까?' 등의 질문이 포함되어 있다. 위의 각각의 질문에 대응하는 변수는 나이, 가족의 수, 가구소득, 혼인상태, 취업상태 등이다. 여기서 언급한 변수들 중 나이, 가족의 수, 가구소득은 질문에 대한 답변이 숫자로 표현되므로 양적인(Quantitative) 특성을 가지고 있다. 반면에 혼인상태는 현재의 결혼 상태에 따라 미혼, 기혼, 상별, 별거 등으로 답해지고, 취업상태는 취업, 실업, 경제활동 불참 등으로 답해지므로 이런 변수들은 질적인(Qualitative) 성격을 갖고 있다.

양적인 변수든 질적인 변수든 이를 숫자로 표현할 수 있는데, 숫자로 표현된 변수를 확률변수(random variable)라고 부른다. 즉 숫자로 표현된 자료의 특성이 확률변수이다. 양적인 변수는 처음부터 숫자로 표현되므로 확률변수이다. 질적인 변수라도 숫자로 표현하면 확률변수가 된다. 위에 예에서 취업, 실업, 경제활동 불참 등으로 표현된 취업상태 변수는 확률변수가 아니지만 취업은 1로, 실업은 2로, 경제활동 불참은 3으로 바꾸어 코딩(coding)하면 이는 확률변수이다. 취업상태처럼 숫자가 아닌 특성을 왜 굳이 숫자로 바꾸어 표현하면 자료입력을 할 경우에도 '경제활동 불참' 이라고 컴퓨터에 입력하는 것보다 '3' 이라고만 하면 시간이 절약되고 편리하며 자료를 처리하기가 쉽기 때문이다.

먼저 확률변수에 대하여 정리하기에 앞서 표본공간(sample space)에 대하여 알아보도록 하자. 표본공간이란 결과를 예측할 수 없는 실험을 할 때, 그 실험의 모든 가능한 결과를 모아 놓은 집합을 말하며, 보통 S로 표현한다.

확률변수(random variable)는 표본공간을 구성하는 사건(실험의 결과)에 수치를 부여한

한 후, 그 값에 확률을 대응한 함수를 말하며, 일반적으로 X로 표현한다. 즉, 임의 실험에서 일정한 확률을 가지고 발생하는 결과에 실수 값을 부여하는 변수이다. 이 확률 변수는 확률변수가 취할 수 있는 실수 값의 수를 셀 수 있는 이산(discrete)확률변수와 셀 수 없는 연속(continuous)확률 변수로 구분된다.

예를 들어, 동전 1개를 던지는 경우, 나올 수 있는 경우의 표본 집합 S ={앞면이 나올 경우 H(Head), 뒷면이 나올 경우 T(Tail)}로 생각할 수 있기에 간단하게 표본공간 $S = \{H, T\}$가 된다는 것을 알 수 있다.

또한 동전 1개를 던졌을 때, 앞면이 나오는 수를 확률변수 X라 하면 X가 택할 수 있는 값은 앞면이 나오지 않는 $X = 0$과 앞면이 1번 나온 $X = 1$이 될 것이다. 그러므로 이 확률 변수는 어떤 사건이든 수량화하여 값으로 표현할 수 있다.

예제 1) 동전 2개를 던지는 경우, 표본공간 S와 앞면이 나올 확률변수 X가 택할 수 있는 수를 구하시오.

예제 2) 동전 3개를 던지는 경우, 표본공간 S와 앞면이 나올 확률변수 X가 택할 수 있는 수를 구하시오.

예제 3) 주사위를 1번 던질 때, 나오는 숫자를 확률변수로 하여 확률변수 X가 택할 수 있 는 수를 구하시오.

예제 4) 주사위를 2번 던질 때, 나오는 숫자의 합을 확률변수로 하여 확률변수 X가 택할 수 있는 수를 구하시오.

제2절 확률분포(probability distribution)의 개념

어떤 확률변수가 취할 수 있는 모든 가능한 값들에 대응하는 확률을 그래프, 표, 공식 등으로 정리하여 표시하는 것을 확률분포(probability distribution)라 하고, 이것을 함수로 나타낸 것을 확률함수(probability function)이라고 한다.

예를 들어, 동전 1개를 던졌을 때, 앞면이 나오는 수를 확률변수 X라 하면 X가 택할 수 있는 값은 앞면이 나오지 않는 $X = 0$과 앞면이 1번 나온 $X = 1$이 될 것이다. 그러므로 이 확률변수는 어떤 사건이든 수량화하여 값으로 표현할 수 있다고 하였다.

따라서 동전 1개를 던졌을 때, 앞면이 나오는 수를 확률변수 X라 할 때, 확률변수 X에 대한 확률분포를 구하라고 하면, 다음과 같이 확률분포 표를 구하면 된다.

X	0	1	계
$P(X = x)$	$\frac{1}{2}$	$\frac{1}{2}$	1

예제 5) 동전 2개를 던지는 경우, 앞면이 나올 확률변수 X에 대한 확률분포를 구하시오.

예제 6) 주사위를 1번 던질 때, 나오는 숫자 X에 대한 확률분포를 구하시오.

예제 7) 주사위를 2번 던질 때, 나오는 숫자의 합 X에 대한 확률분포를 구하시오.

그러므로 확률분포를 구하는 방법을 정리하면 다음과 같다.

첫째, 표본공간을 구한다.

둘째, 표본공간의 각 원소에 대응하는 확률을 계산한다.

셋째, 확률분포(또는 확률분포표)를 구한다.

제3절 확률변수의 종류

3.1. 이산확률변수(discrete random variable)

이산확률변수란 확률변수가 취할 수 있는 값이 유한하거나 셀 수 있는 것으로 일정범위 내의 실수 사이에서 확률변수가 취할 수 있는 값의 수가 유한한 변수를 가질 때를 말한다.

예를 들어 가족의 수, 동전던지기, 주사위던지기, 책의 페이지 당 오타수, 제품 한 노트에서 나온 불량품의 개수, 고속도로 상에서 일정시간 내에 발생한 사고건수, 농구경기에서 득점수 등 셀 수 있는 값을 가지는 확률변수이다.

확률변수 X가 택할 수 있는 값이 $x_1, x_2, x_3, \cdots\cdots, x_n$이라고 할 때, 각각의 확률변수에 대한 확률을 $p_1, p_2, p_3, \cdots\cdots, p_n$이라 하면, 즉 $P(X = x_i) = p_i$라고 한다면 다음과 같은 확률분포표를 얻을 수 있을 것이다.

X	x_1	x_2	x_3	……	x_n	계
$P(X = x_i)$	p_1	p_2	p_3	……	p_n	1

또한, 다음과 같은 특징이 있다는 것을 알 수 있다.

첫째, $P(X = x_i)$를 X의 분포함수라고 하며, 함수라는 표현을 이용하여 $P(X = x_i) = f(x_i) = p$라고 표현할 수 있다.

둘째, $P(X = x_i)$가 택할 수 있는 값은 $0 \le P(X = x_i) \le 1$이며, 마찬가지로 $0 \le f(x_i) \le 1$라 쓸 수 있다.

셋째, $P(X = x_i)$가 택할 수 있는 값들의 합은 '1'이 된다는 것이다.

즉 $P(X = x_1) + P(X = x_2) + \cdots + P(X = x_n) = p_1 + p_2 + \cdots\cdots + p_n = 1$이다.

$$P(X = x_1) + P(X = x_2) + \cdots + P(X = x_n) = \sum_{i=1}^{n} p(X = x_i) = 1\text{이다.}$$

위와 유사한 방법으로 $f(x_1) + f(x_2) + \cdots + f(x_n) = \sum_{i=1}^{n} f(x_i) = 1$이다.

예제 8) 동전 3개를 던지는 경우, 앞면이 나올 확률변수 X에 대하여 다음 각각의 물음에 답하시오.

(1) 확률변수 X에 대한 확률분포를 구하시오.

(2) $P(X = 2)$

(3) $P(-1 \leqq X \leqq 1)$

(4) $P(X \geqq 3)$

(5) $P(0 \leqq X < 2)$

3.2. 연속확률변수(continuous random variable)

연속확률변수란 일정범위내의 실수 사이에서 확률변수가 취할 수 있는 값의 수가 무한한 변수를 가질 때를 말한다. 예를 들어 사람의 몸무게, 체온, 비행기의 도착시간, 사람의 키 등과 같이 가능한 값이 실수의 어느 한 구간 안에 포함되는 확률변수를 말한다. 즉, 확률변수가 취할 수 있는 값의 범위가 무한하고 연속된 실수의 값을 갖는 확률변수이다.

따라서 연속확률변수와 관련된 확률은 그 확률변수의 확률밀도함수 $f(x)$에 의하여 결정되며, 확률밀도함수$f(x)$의 특징은 다음과 같다.

첫째, $f(x) \geqq 0$

둘째, $\int_{-\infty}^{\infty} f(x)dx = 1$

셋째, $P(a \leq X \leq b) = \int_{a}^{b} f(x)dx$

예를 들어, $f(x) = \begin{cases} 2x, & 0 \leqq x \leqq 1 \\ 0, & x < 0, x > 1 \end{cases}$ 인 함수의 특징을 살펴보면,

첫째, x가 어떤 값을 갖더라도 항상 $f(x) \geqq 0$인 사실을 알 수 있다.

둘째, x가 0보다 작거나 1보다 클 때는 $f(x)$의 모든 값이 0이 되기에 0보다 작거나 1보다 큰 구간에서는 적분의 의미가 없기에 $\int_{-\infty}^{\infty} f(x)dx = \int_{0}^{1} 2x\,dx = [x^2]_0^1 = 1$ 이 된다는 것을 알 수 있다.

예제 9) 확률밀도함수 $f(x)$가 다음과 같을 때, 확률변수 X에 대하여 다음 각각의 물음에 답하시오.

$$f(x) = \begin{cases} ax^2, & 0 \leqq x \leqq 1 \\ 0, & x < 0, x > 1 \end{cases}$$

(1) a 값을 구하시오.

(2) $P(-1 \leqq X < \frac{1}{2})$

(3) $P(X \geqq 2)$

제4절 확률분포(probability distribution)의 종류

확률분포는 어떤 확률변수가 취할 수 있는 모든 값들과 이 값들이 나타날 확률을 표시한 확률변수의 성격을 나타내는 것으로, 표본공간에 나타나는 모든 값들과 그 값에 대응하는 확률을 동시에 표시한 것이다.

통계학에서는 표본공간의 확률법칙을 추측하는 것이 주된 목적이다. 그러나 실제로는 확률변수가 관심사이므로 확률변수가 취할 수 있는 값과 확률이 나타내는 것을 확률변수의 분포라고 한다.

일반적으로 많이 접하게 되는 확률분포의 종류는 다음과 같다.

4.1. 이산확률분포(discrete probability distribution)

이산확률분포는 이산확률변수가 이루는 확률분포로서 일반적으로 많이 접하는 되는 이산확률분포로는 이항분포, 포아송분포, 초기하분포, 기하 분포 등이 있다.

1) 이항분포(Binomial distribution)

베르누이 시행을 독립적으로 n번 반복했을 때 나타나는 결과에서, 성공의 횟수에 대한 확률분포

2) 포아송분포(Poisson distribution)

특정시간 또는 구간에 어떤 사건이 적은 수로 발생하는 경우 그 사건의 발생횟수를 측정하는 확률분포

3) 초기하분포(hypergeometric Probability distribution)

N개 원소로 구성된 모집단에서 비복원 추출 방법에 의해 뽑혀진 표본에서의 확률분포

4) 기하분포(Geometric distribution)

성공의 확률이 p인 베르누이 시행을 독립적으로 반복하여 실시할 때 첫 성공이 나타 날 때까지의 실행 횟수에 대한 확률분포

4.2. 연속확률분포

연속확률분포는 연속확률변수가 이루는 확률분포로서 일반적으로 많이 접하는 되는 연속확률분포로는 정규분포, 표준정규분포, T 분포, F 분포, X^2 분포 등이 있다.

1) 정규분포(Normal distribution)

평균근처에서 확률변수 값이 발생할 확률이 높고, 평균에서 멀어질수록 그 확률이 감소하는 종모양의 분포

2) *T* 분포(T distribution)

정규분포를 따르는 집단의 평균에 대한 가설검정 또는 정규분포를 따르는 두 집단의 평균차이검정에 사용되는 분포

3) *F* 분포(F distribution)

정규분포를 따르는 두 집단의 분산에 대한 가설검정을 할 때 사용되는 분포

4) χ^2 분포(Chi-Square distribution)

정규분포를 따르는 변수의 분산에 대한 신뢰구간을 구할 때 사용되는 분포

제5절 확률분포의 기댓값과 분산

5.1. 기댓값(expected value)

확률분포의 기댓값이란 평균값과 같은 개념으로 미래에 발생할 확률이 가장 높은 사건을 의미하는 것이 아니며, 또한 기댓값과 똑 같은 사건이 반드시 존재하는 것도 아니 다. 기댓값은 단지 확률변수가 취할 수 있는 모든 값들의 평균이라는 의미를 가진다.

또한 기댓값은 보통 $E(X)$ 또는 m 등으로 표시한다.

1) 이산 확률분포에서 기댓값의 계산

이산 확률분포표가 다음과 같을 때, 기댓값 $E(X)$는 다음과 같이 계산한다.

X	x_1	x_2	x_3	……	x_n	계
$P(X = x_i)$	p_1	p_2	p_3	……	p_n	1

$$E(X) = x_1p_1 + x_2p_2 + x_3p_3 + \cdots\cdots + x_np_2 = \sum_{i=1}^{n} x_ip$$

예제 10) 동전 2개를 던졌을 때, 앞면이 나올 기댓값 $E(X)$를 구하시오.

풀이) 먼저, 앞면이 나올 확률변수(X)에 대한 확률분포를 구한다.

X	0	1	2	계
$P(X = x)$	$\frac{1}{4}$	$\frac{1}{2}$	$\frac{1}{4}$	1

$$E(X) - x_1p_1 + x_2p_2 + x_3p_3 - 0\frac{1}{4} + 1\cdot\frac{1}{2} + 2\cdot\frac{1}{4} = \frac{1}{2} \mid \frac{1}{2} = 1$$

즉, 앞면이 나올 기댓값은 1 이다.

예제 11) 성공확률이 5% 인 실험에 성공하면 100억원의 이익을 내고 실패하면 5억원의 손해가 있을 때 이익금에 대한 기댓값을 구하시오.

풀이) 성공확률이 5% 이므로 실패확률은 95%가 되며, 성공하면 10억원의 이익이 발생하고 실패하면 2억원의 손해가 예상되므로 다음과 같은 확률분포를 구할 수 있다.

X	100억	-5억	계
$P(X=x)$	$\frac{5}{100}$	$\frac{95}{100}$	1

따라서 기댓값 $E(X)$ = 100억 $\cdot \frac{5}{100}$ + (-5억) $\cdot \frac{95}{100}$ = 5억 - 4억 7천 5백만 = 2천 5백(만원) 이다.

예제 12) 500원짜리 동전 1개와 100원짜리 동전 4개가 들어 있는 주머니에서 동전을 하나 꺼낼 때 나온 동전의 금액에 대한 기댓값을 구하시오.

풀이) 나온 동전을 금액을 확률변수 X라 하면, 확률분포는 다음과 같다.

X	500	100	계
$P(X=x)$	$\frac{1}{5}$	$\frac{4}{5}$	1

따라서, $E(X) = 500 \cdot \frac{1}{5} + 100 \cdot \frac{4}{5} = 100 + 80 = 180$(원) 이다.

예제 13) 동전 3개를 던지는 경우, 앞면이 나올 기댓값을 구하시오.

예제 14) 주사위를 2번 던질 때, 나오는 숫자의 합에 대한 기댓값을 구하시오.

2) 연속 확률분포에서 기댓값의 계산

연속확률분포에서의 기댓값($E(X)$의 계산은 다음과 같이 한다.

$$E(X) = \int_{-\infty}^{\infty} xf(x)dx$$

예제 15) 확률밀도함수 $f(x) = \begin{cases} 2x, & 0 \leq x \leq 1 \\ 0, & x < 0, x > 1 \end{cases}$의 기댓값을 구하시오.

풀이) $E(X) = \int_{-\infty}^{\infty} xf(x)dx = \int_{0}^{1} xf(x)dx = \int_{0}^{1} 2x^2 dx = [\frac{2}{3}x^3]_0^1 = \frac{2}{3}$ 가 된다.

3) 기댓값의 특성

① 확률변수 X에 일정한 상수 a를 곱한 확률변수의 기댓값은 확률변수 X의 기댓값 에 a를 곱한 것과 같다.

즉 $E(aX) = aE(X)$

② 확률변수 X에 일정한 상수 b만큼 더한 확률변수의 기댓값은 확률변수 X의 기댓 값에 b를 더한 것과 같다.

즉 $E(X + b) = E(X) + b$, 또는 $E(X - b) = E(X) - b$

③ 위의 ①과 ②를 결합하면 다음식이 성립한다.

$E(aX + b) = aE(X) + b$, 또는 $E(aX - b) = aE(X) - b$

예제 16) 동전을 던져 앞면이 나오면 400원을 받고, 뒷면이 나오면 800원을 받는 게임이 있다고 할 때, 상금을 3배로 올린 후에 일률적으로 100원을 더 올린다면 그 때 상금의 기댓값은 얼마인가?

풀이) 상금을 올리기 이전 게임에 대한 상금의 기댓값을 $E(X)$라 하면,

X	400	800	계
$P(X = x)$	$\frac{1}{2}$	$\frac{1}{2}$	1

$E(X) = 400 \cdot \frac{1}{2} + 800 \cdot \frac{1}{2} = 600$(원)

이 때, 상금을 3배로 올린 후 일률적으로 100원을 더 올렸기에 구하는 기댓값은 $E(3X +$

100)이 된다.

그러므로 $E(3X + 100) = 3E(X) + 100 = 3 \cdot 600 + 100 = 1,900$(원)이 된다.

5.2. 분산과 표준편차

확률분포의 성격은 집중화경향과 분산도의 두 가지로 분석하는 것이 보통인데, 집중화경 향에서는 주로 기댓값을, 분산도에서는 분산과 표준편차를 가장 많이 사용한다.

분산은 주로 확률변수들이 기댓값을 중심으로 얼마나 흩어져 있는가를 나타내는 것으로서 보통 σ^2 또는 $Var(X)$로 표시하며, 표준편차는 분산의 양의 제곱근을 말하는 것으 로 σ 또는 $\sqrt{Var(X)}$로 표시하며, 다음과 같이 계산한다.

1) 이산 확률분포에서의 분산과 표준편차 계산방법

분산은 기대값 $E(X)$를 중심으로 흩어진 정도를 나타내는 것으로 확률분포로 분산을 구하는 방법은 다음과 같다.

① 주어진 자료로부터 확률분포를 구하면 다음과 같다.

X	x_1	x_2	x_3	……	x_n	계
$P(X = x_i)$	p_1	p_2	p_3	……	p_n	1

② 위의 자료로부터 먼저 $E(X)$을 구하는 방법은 위에서 설명한 바와 같다.

즉 $E(X) = x_1p_1 + x_2p_2 + x_3p_3 + \cdots\cdots + x_np_2 = \sum_{i=1}^{n} x_ip$

③ 각각의 자료에서 편차 즉 $X - E(X)$를 구한다.

④ 편차의 제곱을 구한다. 즉 $(X - E(X))^2$를 구한다.

⑤ 편차의 제곱에 각각의 확률을 곱한다. 즉 $(X - E(X))^2P(X = x_i)$를 구한다.

⑥ ⑤ 번 값들의 합을 구하면 구하고자 하는 분산의 값을 구할 수 있다.

X	$P(X = x_i)$	$X - E(X)$	$(X - E(X))^2$	$(X - E(X))^2P(X = x_i)$
x_1	p_1	$x_1 - E(X)$	$(x_1 - E(X))^2$	$(x_1 - E(X))^2 \cdot p_1$
x_2	p_2	$x_2 - E(X)$	$(x_2 - E(X))^2$	$(x_2 - E(X))^2 \cdot p_2$
x_3	p_3	$x_3 - E(X)$	$(x_3 - E(X))^2$	$(x_3 - E(X))^2 \cdot p_3$
⋮	⋮	⋮	⋮	⋮
x_n	p_n	$x_n - E(X)$	$(x_n - E(X))^2$	$(x_n - E(X))^2 \cdot p_n$
계	1	0		$Var(X)$

즉 분산 $Var(X) = \sum_{i=1}^{n}[X_i - E(X))^2 P(X = x_i)]$로 계산 한다는 것이다.

또한, 일반적으로 기댓값 $E(X) = m$으로, $P(X = x_i) = P(X_i)$로 많이 같이 쓰고 있 으며, 분산의 또 다른 계산 방법을 소개하고자 한다.

$$Var(X) = \sum_{i=1}^{n}[X_i - E(X))^2 P(X = x_i)] = \sum_{i=1}^{n}[X_i - m)^2 P(X_i)]$$

$$= \sum_{i=1}^{n}(X_i^2 - 2mX_i + m^2)P(X_i) = \sum_{i=1}^{n}(X_i^2 P(X_i) - 2mX_i P(X_i) + m^2 P(X_i))$$

$$= \sum_{i=1}^{n}X_i^2 P(X_i) - 2m\sum_{i=1}^{n}X_i P(X_i) + m^2\sum_{i=1}^{n}P(X_i) = E(X)^2 - 2m^2 + m^2 = E(X)^2 - m^2$$

$$= E(X)^2 - (E(X))^2$$

즉 $Var(X) = E(X^2) - E(X)^2$로 간단하게 계산할 수 있다.

X	$P(X = x_i)$	X^2	$X^2 \cdot P(X = x_i)$
x_1	p_1	x_1^2	$x_1^2 \cdot p_1$
x_2	p_2	x_2^2	$x_2^2 \cdot p_2$
x_3	p_3	x_3^2	$x_3^2 \cdot p_3$
⋮	⋮	⋮	⋮
x_n	p_n	x_n^2	$x_n^2 \cdot p_n$
계	1		$E(X^2)$

그러므로 분산의 계산방법을 정리하면 다음과 같으며, 표준편차는 분산의 양의 제곱근이므로 분산을 구한 후 루트를 씌워 계산한다.

(1) 분산의 계산

$$Var(X) = \sum_{i=1}^{n}[X_i - E(X))^2 P(X = x_i)] = E(X^2) - E(X)^2$$

(2) 표준편차의 계산

$$\sigma = \sqrt{Var(X)} = \sqrt{E(X^2) - (E(X))^2}$$

예제 17) 동전 2개를 던졌을 때, 앞면이 나올 확률변수(X)에 대한 확률분포가 다음과 같을 때, 앞면이 나올 분산과 표준편차를 구하시오.

X	0	1	2	계
$P(X = x)$	$\frac{1}{4}$	$\frac{1}{2}$	$\frac{1}{4}$	1

풀이) 예제 10)에서 앞면이 나올 기댓값 $E(X) = 1$이라는 것은 이미 알고 있는 사실 이기에 확률분포를 이용하여 계산하는 두 가지 방법에 대하여 알아보도록 하자.

첫째, 분산의 첫 번째 정의를 이용하는 방법

X_i	$P(X_i)$	$X_i \cdot P(X_i)$	$X_i - E(X)$	$(X_i - E(X))^2$	$(X_i - E(X))^2 \cdot P(X_i)$
0	$\frac{1}{4}$	0	-1	1	$\frac{1}{4}$
1	$\frac{1}{2}$	$\frac{1}{2}$	0	0	0
2	$\frac{1}{4}$	$\frac{1}{2}$	1	1	$\frac{1}{4}$
계	1	1	0		$\frac{1}{2}$

그러므로, 분산 $Var(X) = \frac{1}{2}$이고, 표준편차 $\sigma = \sqrt{\frac{1}{2}}$이 된다.

둘째, 분산의 두 번째 정의 이용하는 방법

X_i	$P(X_i)$	$X_i \cdot^{2}$	$X_i \cdot^{2} \cdot P(X_i)$
0	$\frac{1}{4}$	0	0
1	$\frac{1}{2}$	1	$\frac{1}{2}$
2	$\frac{1}{4}$	4	1
계	1		$\frac{3}{2}$

그러므로, 분산 $Var(X) = E(X^2) - E(X)^2 = \frac{3}{2} - 1 = \frac{1}{2}$이 되며, 표준편차의 값도 첫 번째에서 구한 값과 같다는 것을 알 수 있다.

위의 예제로부터 우리는 문제가 주어졌을 때, 확률분포만 안다면 기댓값과 분산, 그 리고 표준편차를 계산할 수 있다는 사실을 알 수 있다.

예제 18) 동전 3개를 던졌을 때, 앞면이 나올 확률변수(X)에 대한 기댓값과 분산, 표준편차를 구하시오.

예제 19) 동전 2개를 던졌을 때, 앞면이 나올 확률변수(X)에 대한 $2X$-1의 기댓값과 $3X$ +2의 분산을 구하시오.

2) 연속 확률분포에서의 분산과 표준편차 계산방법

연속확률분포에서의 기댓값($E(X)$)의 계산은 다음과 같이 한다는 것은 이미 앞에서 언급한 바와 같으며, 분산과 표준편차 구하는 방법에 대하여 소개하기로 하겠습니다.

$$E(X) = \int_{-\infty}^{\infty} xf(x)dx$$

분산 $Var(X) = \int_{-\infty}^{\infty}(x-m)^2 f(x)dx$ 이며, 표준편차는 분산의 양의 제곱근을 말하는 것으로 σ 또는 $\sqrt{Var(X)}$로 계산한다.

예제 20) 확률밀도함수 $f(x) = \begin{cases} 2x, & 0 \leq x \leq 1 \\ 0, & x < 0, x > 1 \end{cases}$ 의 분산과 표준편차를 구하시오.

풀이) 예제 15)에서 구한 $E(X) = m = \frac{2}{3}$를 이용하여 위에 있는 분산의 계산 방법에 적용하면, $Var(X) = \int_{-\infty}^{\infty}(x-m)^2 f(x)dx = \int_{0}^{1}(x-m)^2 f(x)dx$

$$= \int_0^1 (x-\frac{2}{3})^2 2xdx = \int_0^1 (x^2-\frac{4}{3}x+\frac{4}{9})\ 2xdx$$

$$= \int_0^1 (2x^3-\frac{6}{3}x^2+\frac{6}{9}x\ )dx = [\frac{1}{2}x^4-\frac{2}{3}x^3+\frac{1}{3}x^2]_0^1$$

$$= \frac{1}{2} - \frac{2}{3} + \frac{1}{3} = \frac{1}{2} - \frac{1}{3} = \frac{1}{6}$$

즉 분산 $Var(X) = \frac{1}{6}$ 이며, 표준편차 $\sigma = \sqrt{\frac{1}{6}}$ 이 된다.

3) 분산과 표준편차의 특성

(1) 어떤 확률변수에 상수를 더한 것은 분포의 분산도에는 아무런 영향을 미치지 못하기 때문에 주어진 확률변수의 분산과 같다.

즉 $Var(X + b) = Var(X)$, $\sigma(X + b) = \sigma(X)$

(2) 어떤 확률변수에 일정한 상수 a를 곱한 확률변수의 분산은 주어진 확률변수의 분산에 a^2를 곱한 것과 같다.

즉 $Var(aX) = a^2 \cdot Var(X)$, $\sigma(aX) = a \cdot \sigma(X)$

(3) 위의 (1)과 (2)를 종합하면 다음과 같다.

즉 $Var(aX + b) = a^2 \cdot Var(X)$, $\sigma(aX + b) = a \cdot \sigma(X)$

예제 21) 한 개의 주사위를 던질 때, 나오는 눈의 수를 확률변수 X라 할 때,

(1) 확률변수 X의 기댓값을 구하시오.

(2) 확률변수X의 분산과 표준편차를 구하시오.

(3) $3X + 2$ 의 분산과 표준편차를 구하시오.

풀이) 확률변수 X가 택할 수 있는 값은 1,2,3,4,5,6 이며, 각각이 나올 수 있는 확률은 $\frac{1}{6}$ 이므로 다음과 같은 확률분포를 구할 수 있다.

X_i	$P(X_i)$
1	$\frac{1}{6}$
2	$\frac{1}{6}$
3	$\frac{1}{6}$
4	$\frac{1}{6}$
5	$\frac{1}{6}$
6	$\frac{1}{6}$
계	1

주어진 확률분포로부터 기댓값과 분산을 구하는 표를 다음과 같이 구할 수 있다.

X_i	$P(X_i)$	$X_i \cdot P(X_i)$	X_i - $E(X)$	$(X_i - E(X))^2$	$(X_i - E(X))^2 \cdot P(X_i)$
1	$\frac{1}{6}$	$\frac{1}{6}$	$1 - \frac{7}{2}$	$(-\frac{5}{2})^2$	$(-\frac{5}{2})^2 \cdot \frac{1}{6}$
2	$\frac{1}{6}$	$\frac{2}{6}$	$2 - \frac{7}{2}$	$(-\frac{3}{2})^2$	$(-\frac{3}{2})^2 \cdot \frac{1}{6}$
3	$\frac{1}{6}$	$\frac{3}{6}$	$3 - \frac{7}{2}$	$(-\frac{1}{2})^2$	$(-\frac{1}{2})^2 \cdot \frac{1}{6}$
4	$\frac{1}{6}$	$\frac{4}{6}$	$4 - \frac{7}{2}$	$(\frac{1}{2})^2$	$(\frac{1}{2})^2 \cdot \frac{1}{6}$
5	$\frac{1}{6}$	$\frac{5}{6}$	$5 - \frac{7}{2}$	$(\frac{3}{2})^2$	$(\frac{3}{2})^2 \cdot \frac{1}{6}$
6	$\frac{1}{6}$	$\frac{6}{6}$	$6 - \frac{7}{2}$	$(\frac{5}{2})^2$	$(\frac{5}{2})^2 \cdot \frac{1}{6}$
계	1	$\frac{7}{2}$	0		$\frac{35}{12}$

(1) 확률변수 X의 기댓값 $E(X)$은 $X_i \cdot P(X_i)$의 합인 $\frac{7}{2}$임을 알 수 있다.

(2) 확률변수 X의 분산 $Var(X) = \sum_{i=1}^{n}[X_i - E(X))^2 P(X = x_i)] = \frac{35}{12}$이며, 표준편차 $\sigma(X) = \sqrt{\frac{35}{12}}$가 된다.

(3) (1)과 (2)에 의하여, $3X + 2$의 분산 즉, $Var(3X + 2) = 3^2\ Var(X) = \frac{105}{4}$가 되고, $3X + 2$의 표준편차 즉, $\sigma(3X + 2) = \sqrt{\frac{105}{4}} = \frac{\sqrt{105}}{2}$이다.

예제 22) 확률밀도함수 $f(x) = \begin{cases} 3x^2, & 0 \leqq x \leqq 1 \\ 0, & x < 0, x > 1 \end{cases}$의 기댓값, 분산과 표준편차를 구하시오.

제6절 확률변수의 결합분포 (joint distribution)

확률론에서 결합분포란 확률변수가 여러 개 일 때 이들을 함께 고려하는 확률분포를 말하며, 결합분포는 확률분포의 일종이므로 결합 확률분포라고도 한다. 확률변수에는 제5장에서 배운바와 같이 이산확률변수와 연속확률변수로 나누어지는데 이 절에서는 확률변수가 두 개인 이산확률변수의 결합분포에 한하여 설명하고자 한다.

6.1. 결합확률분포(joint probability distribution)

먼저, 앞에서 배운 확률변수와 확률분포에 대하여 살펴본 후, 변수가 2개인 경우에 대한 확률분포인 결합확률분포에 대하여 설명하기로 하겠다.

예를 들어, 동전 1개를 던질 경우, 앞면이 나올 확률변수 X에 대한 확률분포를 구하는 문제는 앞면(H)을 '1'에 대응시키고, 뒷면(T)을 '0'에 대응시켜 다음과 같은 확률분포 표를 구할 수 있다.

X	$x_1 = 0$	$x_2 = 1$	계
$P(X = x_i)$	$\frac{1}{2}$	$\frac{1}{2}$	1

또한, 표본공간 $S = \{0,1\}$이며, $P(X = x_i) = f(x_i)$와 같이 함수로 표현이 가능하다는 것을 알 수 있다.

예를 들어, 주사위 1개를 던질 경우, 나오는 눈에 대한 확률변수 Y의 확률분포는 다음과 같이 구할 수 있다.

Y	$y_1 = 1$	$y_2 = 2$	$y_3 = 3$	$y_4 = 4$	$y_5 = 5$	$y_6 = 6$	계
$P(Y = y_i)$	$\frac{1}{6}$	$\frac{1}{6}$	$\frac{1}{6}$	$\frac{1}{6}$	$\frac{1}{6}$	$\frac{1}{6}$	1

또한, 표본공간 $S = \{1,2,3,4,5,6\}$이며, $P(Y = y_i) = f(y_i)$와 같이 함수로 표현이 가능하다는 것을 알 수 있다.

그러므로 확률분포를 구하는 방법을 정리하면 다음과 같다.
첫째, 표본공간을 구한다.
둘째, 표본공간의 각 원소에 대응하는 확률을 계산한다.
셋째, 확률분포(또는 확률분포표)를 구한다.
넷째, 확률분포의 합은 “1”이다.

위에서 언급한 예들은 ‘동전을 1개 던질 경우, 앞면이 나올 확률분포’와 ‘주사위 1개를 던질 경우, 나오는 눈에 대한 확률분포’ 등 변수가 1개인 경우에 대한 확률분포를 구하는 방법에 대하여 살펴보았다.

지금부터는 위의 예를 이용하여 두 가지 경우가 결합된 “동전 1개와 주사위 1개를 동시에 던지는 경우”를 생각할 수 있다. 이러한 경우 변수가 2개가 되는 이산확률변수와 연관이 있으며, 변수가 1개인 것과 마찬가지로 확률분포를 구하는 문제를 해결하여야 하며, 변수가 2개가 되므로 확률분포라는 개념에서 결합분포(또는 결합확률분포)의 개념으로 설명을 하여야 한다.

예를 들어, “동전 1개와 주사위 1개를 동시에 던지는 경우, 결합확률분포를 구하시오” 라는 문제에 대하여 알아보도록 하자.

먼저 위의 예에서와 같이 표본공간 S를 구하면 다음과 같이 12가지의 경우가 된다는 것을 구할 수 있을 것이다.

S = {(뒷면, 1), (뒷면,2), (뒷면, 3), (뒷면, 4), (뒷면, 5), (뒷면, 6), (앞면, 1), (앞면,2), (앞면, 3), (앞면, 4), (앞면, 5), (앞면, 6)}

또한, 위의 예에서와 같이 뒷면은 ‘0’, 앞면을 ‘1’ 에 대응시켜 표현하여도 12가지가 되며, 0, 1은 X의 원소이며(즉 $0,\ 1 \in X$), 1,2,3,4,5,6은 Y의 원소(즉, $1,2,3,4,5,6 \in Y$) 라는 것을 쉽게 알기에 표본공간은 다음과 같이 표현 할 수 있다.

$$S = \{(0,1),\ (0,2),\ (0,3),\ (0,4),\ (0,5),\ (0,6),\ (1,1),\ (1,2),\ (1,3),\ (1,4),\ (1,5),\ (1,6)\}$$

또한, 위의 표본공간에 있는 원소들은 여러분들이 배운 함수관계에서의 순서쌍들을 모아놓은 집합이라고 표현할 수 있으며, 집합을 표현하는 방법은 원소나열법과 조건제시법이 있는 것과 마찬가지로 위의 표본공간 S를 조건제시법으로 표현하면 다음과 같다.

S = {(0,1), (0,2), (0,3), (0,4), (0,5), (0,6), (1,1), (1,2), (1,3), (1,4), (1,5), (1,6)}
  = $\{(x,y) \mid x = 0,\ 1\ ,\ y = 1,\ 2,\ 3,\ 4,\ 5,\ 6\}$

표본공간이 주어지면, 각 경우에 대한 확률분포를 구하여야 하며, 확률분포를 구하기 위하여 변수가 1개인 경우에는 $P(X = x_i) = f(x_i)$ 또는 $P(Y = y_i) = g(y_i)$을 이용하여 구하였지만 변수가 2개인 경우에는 일반적으로 다음과 같이 표현한다.

$$P(X = x_i,\ Y = y_i) = f(x_i, y_i)$$

즉 표본공간 S에 있는 원소 하나 하나에 대하여 확률을 계산하여야 한다.

먼저 (0,1)의 확률을 구하는 문제는 $P(X = 0,\ Y = 1) = f(0,1)$을 구하는 문제와 같으며, 이 문제는 "동전 1개와 주사위 1개를 동시에 던질 때, 뒷면이 나오고 '1'의 눈이 나올 확률을 구하는 문제"와 같으며, 두 사건은 서로 독립적인 관계에 있기에 각각의 경우의 곱을 구하면 된다.

즉, 동전 1개를 던져 뒷면이 나올 확률 '$\frac{1}{2}$'과 주사위 1개를 던져 '1'의 눈이 나올 확률 '$\frac{1}{6}$'의 곱인 '$\frac{1}{12}$'이 구하고자 하는 확률이 되는 것이다.

그러므로 $P(X = 0,\ Y = 1) = f(0,1) = \frac{1}{12}$가 된다는 것을 알 수 있다.

마찬가지로, 표본공간에 있는 모든 순서쌍들의 확률이 모두 $\frac{1}{12}$이 된다는 사실을 구할 수 있을 것이다.

즉, $P(X = 0,\ Y = 2) = f(0,2) = \frac{1}{12}$, ……

$P(X = 1,\ Y = 6) = f(1,6) = \frac{1}{12}$이다.

마지막으로 확률변수 X(동전)가 취할 수 있는 값은 '0,1' 이며, 확률변수 Y(주사위)가 취할 수 있는 값은 '1,2,3,4,5,6' 라는 사실은 잘 알고 있으며, 결합분포를 표현하기 위하여 나타낼 수 있어야 한다.

$X \backslash Y$	1	2	3	4	5	6
0	$\frac{1}{12}$	$\frac{1}{12}$	$\frac{1}{12}$	$\frac{1}{12}$	$\frac{1}{12}$	$\frac{1}{12}$
1	$\frac{1}{12}$	$\frac{1}{12}$	$\frac{1}{12}$	$\frac{1}{12}$	$\frac{1}{12}$	$\frac{1}{12}$

예제 23) 동전 1개와 주사위 1개를 동시에 던지는 경우, 결합확률분포를 구하시오.

풀이) 동전 1개를 던질 경우의 확률변수를 X, 주사위 1개를 던질 경우의 확률변수를 Y 라 하면, 다음과 같은 결합확률분포를 구할 수 있다.

$X \backslash Y$	1	2	3	4	5	6
0	$\frac{1}{12}$	$\frac{1}{12}$	$\frac{1}{12}$	$\frac{1}{12}$	$\frac{1}{12}$	$\frac{1}{12}$
1	$\frac{1}{12}$	$\frac{1}{12}$	$\frac{1}{12}$	$\frac{1}{12}$	$\frac{1}{12}$	$\frac{1}{12}$

또한, 위의 사실로부터 우리는 확률분포에서 구한 다음과 같은 결과를 도출할 수 있다.

$X \backslash Y$	1	2	3	4	5	6	계
0	$\frac{1}{12}$	$\frac{1}{12}$	$\frac{1}{12}$	$\frac{1}{12}$	$\frac{1}{12}$	$\frac{1}{12}$	$\frac{1}{12}$
1	$\frac{1}{12}$	$\frac{1}{12}$	$\frac{1}{12}$	$\frac{1}{12}$	$\frac{1}{12}$	$\frac{1}{12}$	$\frac{1}{2}$
계	$\frac{1}{6}$	$\frac{1}{6}$	$\frac{1}{6}$	$\frac{1}{6}$	$\frac{1}{6}$	$\frac{1}{6}$	1

결합확률이 주어진 경우, 주사위를 던져 3 이 나올 확률은 $\frac{1}{6}$이며, 동전을 던져 앞면이 나올 확률은 $\frac{1}{2}$이 된다는 사실을 알 수 있다.

이제 이산확률변수 X와 Y의 결합확률분포에 대한 정의를 알아보도록 하자.

정의) 이산확률변수 X와 Y의 결합확률분포

두 개의 이산확률변수 X와 Y가 각각 $x_1, x_2, \cdots$와 $y_1, y_2, \cdots$의 값을 취할 때 $P(X = x, Y = y) = f(x,y)$를 만족하는 $f(x,y)$를 X와 Y의 결합확률분포라 하며, 그 확률을 나타내는 함수를 결합질량함수 또는 결합확률질량함수라 한다.

또한, 이산형 결합확률질량함수의 성질은 다음과 같다.

첫째, $P(X = x, Y = y) = f(x,y) \geqq 0$

둘째, $\sum_x \sum_y f(x,y) = 1$

셋째, xy 평면상의 어떤 영역 A에 대하여 $P[(x,y) \in A] = \sum_A \sum f(x,y)$ 이다.

이산형 결합확률질량함수의 성질에 대하여 다시 한번 설명하면 다음과 같다.

둘째, $\sum_x \sum_y f(x,y) = 1$

위의 성질은 고교과정에서 배운 '시그마(sigma)'가 두 개 있는 경우이지만 예를 들어 설명하면 다음과 같다.

만약 변수 $X = \{0,1\}$, $Y = \{1,2\}$라고 할 때, 표본공간 $S = \{(0,1), (0,2), (1,1), (1,2)\}$이며, $P(X = x, Y = y) = f(x,y)$을 구하면 $f(0,1) + f(0,2) + f(1,1) + f(1,2) = 1$이 된다는 것을 알 수 있다.

또한, $\sum_x \sum_y f(x,y) = \sum_x [f(x,1) + f(x,2)] = 1$이 된다.

셋째, xy 평면상의 어떤 영역 A에 대하여 $P[(x,y) \in A] = \sum_x \sum_y f(x,y)$이다.

만약 위의 예에서와 같이 변수 $X = \{0,1\}$, $Y = \{1,2\}$라고 할 때, 어떤 영역 A는 xy 평면상에 있어야 하므로 $A = \{(x,y) \mid x + y \leqq 2\}$와 같이 정의할 수 있다.

이때, 영역 A는 $\{(x,y) \mid x + y \leqq 2\}$이므로 영역 A에 포함되는 원소를 나열하면, $A = \{(0,1), (0,2), (1,1)\}$이 된다는 사실을 알 수 있다.

따라서, $P[(x,y) \in A] = \sum_x \sum_y f(x,y) = f(0,1) + f(0,2) + f(1,1)$이 된다는 사실을 알 수 있다.

예를 들어, 검은 구슬 3개, 붉은 구슬 2개, 흰 구슬 3개가 들어있는 주머니에서 임의로 2개를 꺼낼 때, X는 검은 구슬의 개수, Y는 붉은 구슬의 개수를 의미할 때, X와 Y의 결합

확률분포를 구하라는 문제에 대하여 설명하면서 다시 한번 결합확률분포를 구하는 방법에 대하여 알아보도록 하자.

먼저, 검은 구슬과 붉은 구슬을 주머니에서 임의로 2 개를 꺼내는 방법이므로, X는 검은 구슬의 개수, Y는 붉은 구슬의 개수를 의미하기에 확률변수 X,Y가 택할 수 있는 값은 다음과 같다.

$X = \{0,1,2\},\ Y = \{0,1,2\}$

그 다음으로 주어진 X,Y에서 얻을 수 있는 순서쌍들의 모임인 전체 표본공간 S의 집합을 생각해보면 다음과 같다는 것을 알 수 있다.

$S = \{(0,0),\ (0,1),\ (0,2),\ (1,0),\ (1,1),\ (1,2),\ (2,0),\ (2,2),\ (2,3)\}$

그러나 표본공간 S의 원소 중, (1,2), (2,2), (2,3)은 검은 구슬과 붉은 구슬을 합하여 2개를 꺼내는 것에 맞지 않으므로 원소로 가질 수 없기에 구하고자 하는 표본공간은 다음과 같다.

$S = \{(0,0),\ (0,1),\ (0,2),\ (1,0),\ (1,1),\ (2,0)\}$

위의 사실로부터 결합 확률 질량함수(joint probability mass function)는 다음과 같이 구할 수 있다.

즉 $P(X = x,\ Y = y) = f(x,y) = \dfrac{{}_3C_x\,{}_2C_y\,{}_3C_{2-(x+y)}}{{}_8C_2}$

그러나 결합 확률 질량함수는 구하는데 어려움이 있을 수 있으므로 구하지 않아도 되며, 앞에서 배운바와 같이 표본공간에 주어진 원소별로 확률을 구하여도 된다.

즉 $P(X = 0,\ Y = 0) = f(0,0) = \dfrac{{}_3C_0\,{}_2C_0\,{}_3C_2}{{}_8C_2} = \dfrac{3}{28}$

$P(X = 0,\ Y = 1) = f(0,1) = \dfrac{{}_3C_0\,{}_2C_1\,{}_3C_1}{{}_8C_2} = \dfrac{6}{28}$

$P(X = 0,\ Y = 2) = f(0,2) = \dfrac{{}_3C_0\,{}_2C_2\,{}_3C_0}{{}_8C_2} = \dfrac{1}{28}$

$P(X = 1,\ Y = 0) = f(1,0) = \dfrac{{}_3C_1\,{}_2C_0\,{}_3C_1}{{}_8C_2} = \dfrac{9}{28}$

$P(X = 1,\ Y = 1) = f(1,1) = \dfrac{{}_3C_1\,{}_2C_1\,{}_3C_0}{{}_8C_2} = \dfrac{6}{28}$

$P(X = 2,\ Y = 0) = f(2,0) = \dfrac{{}_3C_2\,{}_2C_0\,{}_3C_0}{{}_8C_2} = \dfrac{3}{28}$

그러므로 위의 결과를 종합하여 결합확률분포를 구하면 다음과 같다.

Y \ X	0	1	2
0	$\frac{3}{28}$	$\frac{6}{28}$	$\frac{1}{28}$
1	$\frac{9}{28}$	$\frac{6}{28}$	0
2	$\frac{3}{28}$	0	0

예제 24) 검은 구슬 3개, 붉은 구슬 2개, 흰 구슬 3개가 들어있는 주머니에서 임의로 3개를 꺼낼 때, X는 검은 구슬의 개수, Y는 붉은 구슬의 개수를 의미할 때, X와 Y의 결합확률분포를 구하시오.

예제 25) 빨간 공 2개, 흰 공 3개, 푸른 공 4개가 들어있는 주머니에서 임의로 2개를 꺼낼 때, 빨간 공의 수를 X, 흰 공의 수를 Y라 할 때, X와 Y의 결합확률분포를 구하시오.

예제 26) A사 제품이 3개, B사 제품이 2개, C사 제품이 3개 들어있는 상자에서 임의로 4개를 선택할 때, A사 제품의 수를 X, C사 제품의 수를 Y라 할 때, X와 Y의 결합확률분포를 구하시오.

예제 27) 검은 구슬 3개, 붉은 구슬 2개, 흰 구슬 3개가 들어있는 주머니에서 임의로 2개 를 꺼낼 때, X는 검은 구슬의 개수, Y는 붉은 구슬의 개수를 의미할 때, $Z = X + Y$의 결합확률분포를 구하시오.

6.2. 주변확률분포(marginal probability distribution)

주변확률분포는 결합확률분포의 주변(marginal)에 위치하는 분포로서 X와 Y의 결합확률분포에서 X 또는 Y의 어느 하나만의 분포를 말한다.

즉, 이산확률변수 X와 Y의 결합확률분포는 두 개의 이산확률변수 X와 Y가 각각 $x_1, x_2, \cdots$와 $y_1, y_2, \cdots$의 값을 취할 때, $P(X = x,\ Y = y) = f(x,y)$를 만족하는 $f(x,y)$를 X와 Y의 결합확률분포라 하며, 주변확률분포는 결합확률분포에서 X 또는 Y의 어느 하나만의 분포를 말한다.

일반적으로 X와 Y의 결합확률분포에서 주변확률분포는 다음과 같다.

X \ Y	y_1	y_2	$\cdots$	y_n	계 (X의 주변확률분포)
x_1	$f(x_1,y_1)$	$f(x_1,y_2)$	$\cdots$	$f(x_1,y_n)$	$\sum_{k=1}^{n} f(x_1,y_k)$
x_2	$f(x_2,y_1)$	$f(x_2,y_2)$	$\cdots$	$f(x_2,y_n)$	$\sum_{k=1}^{n} f(x_2,y_k)$
$\vdots$	$\vdots$	$\vdots$	$\cdots$	$\vdots$	$\vdots$
x_n	$f(x_n,y_1)$	$f(x_n,y_2)$	$\cdots$	$f(x_n,y_n)$	$\sum_{k=1}^{n} f(x_n,y_k)$
계 (Y의 주변확률분포)	$\sum_{k=1}^{n} f(x_k,y_1)$	$\sum_{k=1}^{n} f(x_k,y_2)$	$\cdots$	$\sum_{k=1}^{n} f(x_k,y_n)$	1

예를 들어, 동전 1개와 주사위 1개를 동시에 던지는 경우 결합확률분포는 다음과 같다는 것을 위의 예에서 다루었기에 결합확률분포로부터 주변확률분포를 구하는 요령에 대하여 설명하도록 하겠다.

첫째, 주어진 문제에 맞는 결합확률분포를 구한다.

X \ Y	1	2	3	4	5	6
0	$\frac{1}{12}$	$\frac{1}{12}$	$\frac{1}{12}$	$\frac{1}{12}$	$\frac{1}{12}$	$\frac{1}{12}$
1	$\frac{1}{12}$	$\frac{1}{12}$	$\frac{1}{12}$	$\frac{1}{12}$	$\frac{1}{12}$	$\frac{1}{12}$

둘째, 주어진 결합확률분포로부터 각각의 변수에 대응하는 합을 구한다.

X \ Y	1	2	3	4	5	6	계
0	$\frac{1}{12}$	$\frac{1}{12}$	$\frac{1}{12}$	$\frac{1}{12}$	$\frac{1}{12}$	$\frac{1}{12}$	$\frac{1}{2}$
1	$\frac{1}{12}$	$\frac{1}{12}$	$\frac{1}{12}$	$\frac{1}{12}$	$\frac{1}{12}$	$\frac{1}{12}$	$\frac{1}{2}$
계	$\frac{1}{6}$	$\frac{1}{6}$	$\frac{1}{6}$	$\frac{1}{6}$	$\frac{1}{6}$	$\frac{1}{6}$	1

셋째, 주변확률분포를 구한다.

먼저, 확률변수 X의 주변확률분포를 구하면 다음과 같다.

X	0	1	계
$P(X=x_i)$	$\frac{1}{2}$	$\frac{1}{2}$	1

그리고, 확률변수 Y의 주변확률분포를 구하면 다음과 같다.

Y	1	2	3	4	5	6	계
$P(Y=y_i)$	$\frac{1}{6}$	$\frac{1}{6}$	$\frac{1}{6}$	$\frac{1}{6}$	$\frac{1}{6}$	$\frac{1}{6}$	1

예제 28) 다음과 같은 결합확률분포가 주어진 경우, 주변확률분포를 구하시오.

X \ Y	0	1	2
0	$\frac{3}{28}$	$\frac{6}{28}$	$\frac{1}{28}$
1	$\frac{9}{28}$	$\frac{6}{28}$	0
2	$\frac{3}{28}$	0	0

예제 29) 다음과 같은 결합확률분포가 주어진 경우, 주변확률분포를 구하시오.

X \ Y	1	2	3	4
1	$\frac{1}{8}$	$\frac{1}{16}$	$\frac{1}{32}$	$\frac{1}{32}$
2	$\frac{1}{16}$	$\frac{1}{8}$	$\frac{1}{32}$	$\frac{1}{32}$
3	$\frac{1}{16}$	$\frac{1}{16}$	$\frac{1}{16}$	$\frac{1}{16}$
4	$\frac{1}{4}$	0	0	0

또한, 주변확률분포는 결합확률분포에서 X 또는 Y의 어느 하나만의 분포를 구할 수 있으며, X 또는 Y의 어느 하나만의 분포를 안다고 하는 것으로부터 앞에서 배운 평균과 분산을 구할 수 있다.

예제 30) 결합확률분포가 다음과 같을 때, 아래 물음에 답하시오.

X \ Y	0	1	2
0	$\frac{6}{36}$	$\frac{12}{36}$	$\frac{3}{36}$
1	$\frac{8}{36}$	$\frac{6}{36}$	0
2	$\frac{1}{36}$	0	0

(1) 확률변수 X,Y 대한 주변확률분포를 구하시오.

(2) 확률변수 X의 평균, 분산, 표준편차를 각각 구하시오.

(3) 확률변수 Y의 평균, 분산, 표준편차를 각각 구하시오.

예제 31) 결합확률분포가 다음과 같을 때, 아래 물음에 답하시오.

$X \backslash Y$	0	1	2
0	$\frac{3}{28}$	$\frac{6}{28}$	$\frac{1}{28}$
1	$\frac{9}{28}$	$\frac{6}{28}$	0
2	$\frac{3}{28}$	0	0

(1) 확률변수 X,Y 대한 주변확률분포를 구하시오.

(2) 확률변수 X의 평균, 분산, 표준편차를 각각 구하시오.

(3) 확률변수 Y의 평균, 분산, 표준편차를 각각 구하시오.

예제 32) 결합확률분포가 다음과 같을 때, 아래 물음에 답하시오.

$X \backslash Y$	0	1	2
0	$\frac{1}{4}$	$\frac{1}{4}$	0
1	0	$\frac{1}{4}$	$\frac{1}{4}$

(1) 확률변수 X,Y 대한 주변확률분포를 구하시오.

(2) 확률변수 X의 평균, 분산, 표준편차를 각각 구하시오.

(3) 확률변수 Y의 평균, 분산, 표준편차를 각각 구하시오.

이제까지 우리는 2개의 확률변수가 주어진 경우 결합확률분포를 구하는 방법과 결합확률분포로부터 주변확률분포를 구하는 방법에 대하여 공부하였으며, 주변확률분포가 주어진 경우 각각의 경우에 대한 평균, 분산, 표준편차를 구하는 방법에 대하여 알아보았다.

결과적으로 2개의 확률변수가 주어진 경우 결합확률분포를 구하면 단계적으로 문제를 해결할 수 있다는 사실을 알게 되었다.

이제부터는 2개의 확률변수가 주어진 경우 결합확률분포를 가지고 두 확률변수의 곱에 대한 평균(또는 기댓값)을 구하는 방법에 대하여 살펴보기로 하자.

두 확률변수의 곱에 대한 평균(또는 기댓값)을 구하기 위하여 무엇보다도 먼저 두 확률변수의 곱에 대한 분포를 구하여야 하며, 구한 분포로부터 평균을 구하는 것은 이미 앞에서 공부한 것과 같다.

그러므로 먼저 두 확률변수의 곱 XY에 대한 분포를 구하여야 한다.

XY	z_1	z_2	$\cdots$	z_n	계
$P(XY)$	$P(z_1)$	$P(z_2)$	$\cdots$	$P(z_n)$	1

먼저, 다음과 같은 결합확률분포가 주어진 경우에 대하여 살펴보기로 하자.

Y \ X	0	1	2
0	$\frac{1}{4}$	$\frac{1}{4}$	0
1	0	$\frac{1}{4}$	$\frac{1}{4}$

위의 예에서 확률변수 X의 집합은 $X = \{0,1,2\}$이며, 확률변수 Y의 집합은 $Y = \{0,1\}$이 된다는 사실로부터 두 확률변수 X,Y를 곱하는 XY가 택할 수 있는 집합을 나열하면 다음과 같다는 사실을 알 수 있다.

즉 $XY = \{0,1,2\}$임을 알 수 있기에 다음과 같은 분포를 얻을 수 있다.

XY	0	1	2
$P(XY)$			

또한, 여기에서 우리가 구하고자 하는 두 확률변수의 곱 XY에 대한 평균을 구하기 위하여 집합 XY의 각 원소에 대응하는 확률을 구하여야 평균을 구할 수 있다는 것을 잘 알고 있을 것으로 판단된다.

그러므로 주어진 예제의 결합확률분포에서 구할 수 있다.

Y \ X	0	1	2
0	$\frac{1}{4}$	$\frac{1}{4}$	0
1	0	$\frac{1}{4}$	$\frac{1}{4}$

먼저, $XY = 0$이 되는 경우의 확률을 구하는 방법은 다음과 같다.

$X = 0$일 때, $Y = 0$ 또는 $Y = 1$인 경우와 $Y = 0$일 때, $X = 0$ 또는 $X = 1$, 그리고 $X = 2$인 경우에 해당되며, $X = 0$일 때, $Y = 0$인 경우가 중복이 되므로 하나를 선택하여 각각의 경우에 주어진 표에서 확률을 더하여 계산하면 된다.

즉, $P(X = 0,\ Y = 0) + P(X = 0,\ Y = 1) + P(X = 1,\ Y = 0) + P(X = 2,\ Y = 0)$

$= \frac{1}{4}+0+\frac{1}{4}+0=\frac{2}{4}=\frac{1}{2}$가 된다는 것을 알 수 있다.

또한, $XY = 1$이 되는 경우의 확률을 구하는 방법은 다음과 같다.

$X = 1$일 때, $Y = 1$인 경우만 있기에 $P(X = 1,\ Y = 1) = \frac{1}{4}$임을 알 수 있다.

그리고 $XY = 2$가 되는 경우의 확률을 구하는 방법은 위와 같이 하면 된다. $X = 2$일 때, $Y = 1$인 경우만 있기에 $P(X = 2,\ Y = 1) = \frac{1}{4}$임을 알 수 있다.

그러므로 위에서 구한 분포에서 각각의 경우에 대한 확률을 대입하면 다음과 같다.

XY	0	1	2
$P(XY)$	$\frac{1}{2}$	$\frac{1}{4}$	$\frac{1}{4}$

※ 확인방법 : 확률의 합이 '1'이 되어야 한다.

따라서 위에서 구한 두 확률변수 X,Y의 곱(XY)에 대한 기댓값은 다음과 같다.

$E(XY) = 0\times\frac{1}{2}+1\times\frac{1}{4}+2\times\frac{1}{4}=\frac{3}{4}$

예제 33) 결합확률분포가 다음과 같을 때, $E(XY)$의 값을 구하시오.

X \ Y	0	1	2
0	$\frac{6}{36}$	$\frac{12}{36}$	$\frac{3}{36}$
1	$\frac{8}{36}$	$\frac{6}{36}$	0
2	$\frac{1}{36}$	0	0

예제 34) 결합확률분포가 다음과 같을 때, $E(XY)$의 값을 구하시오.

X \ Y	0	1	2
1	$\frac{1}{8}$	0	0
2	0	$\frac{1}{4}$	$\frac{1}{4}$
3	0	$\frac{1}{8}$	$\frac{1}{8}$

예제 35) 결합확률분포가 다음과 같을 때, $E(XY)$의 값을 구하시오.

X \ Y	1	2	3	4
1	$\frac{1}{8}$	$\frac{1}{16}$	$\frac{1}{32}$	$\frac{1}{32}$
2	$\frac{1}{16}$	$\frac{1}{8}$	$\frac{1}{32}$	$\frac{1}{32}$
3	$\frac{1}{16}$	$\frac{1}{16}$	$\frac{1}{16}$	$\frac{1}{16}$
4	$\frac{1}{4}$	0	0	0

6.3. 공분산(covariance)

공분산(Covariance)은 확률론과 통계학분야에서 2개의 확률변수의 상관정도를 나타내는 값으로 분산과는 별개의 개념으로 만약 2개의 변수중 하나의 값이 상승하는 경향을 보일 때, 다른 값도 상승하는 경향의 상관관계에 있다면, 공분산의 값은 양수가 될 것이다. 반대로 2개의 변수중 하나의 값이 상승하는 경향을 보일 때, 다른 값이 하강하는 경향을 보인다면 공분산의 값은 음수가 된다. 이렇게 공분산은 상관관계의 상승 혹은 하강하는 경향을 이해할 수 있으나 2개 변수의 측정 단위의 크기에 따라 값이 달라지므로 상관분석을 통해 정도를 파악하기에는 부적절하다.

분산의 계산방법은 확률변수가 1개인 경우에 사용되며, 편차의 제곱에 대한 기댓값과 같다는 것을 앞 절에서 공부하였으며, 식을 정리하면 다음과 같다.

$$Var(X) = \sum_{i=1}^{n}[(X_i - E(X))^2 P(X = x_i)] = E(X^2) - (E(X))^2$$

공분산이란 2개의 확률변수의 분포가 결합될 때 그 결합확률분포의 분산을 측정하는 것으로 $Cov(X,Y)$로 표시하며, 각 변수의 편차의 곱의 대한 기댓값으로 다음과 같이 계산한다.

$$Cov(X,Y) = E[(X - E(X))(Y - E(Y))] = E(XY) - E(X)E(Y)$$

공분산은 2개의 확률변수 X,Y의 선형상관의 존재여부를 측정하는 유용한 도구로서 다음과 같은 성질을 갖는다.

첫째, $Cov(X,Y) > 0$ 이면, 양의 선형상관관계를 갖는다.

둘째, $Cov(X,Y) = 0$ 이면, 선형상관관계를 갖지 않는다.

셋째, $Cov(X,Y) < 0$ 이면, 음의 선형상관관계를 갖는다.

그러므로 2개의 확률변수 X와 Y가 같은 모양으로 변화하면 공분산은 커지고, 두 변수가 다른 모양으로 변화하면 공분산은 작아진다는 것이다.

다음에 주어진 예제들은 일반적인 자료가 주어진 경우와 확률분포가 주어진 경우에 대하여 공분산을 구하는 방법에 대하여 소개하고자 한다.

먼저, 일반적인 자료가 주어진 경우에는 공분산의 두 가지 공식 중에서 첫 번째 공식을 사용하며, 평균을 구하는 방법에 대하여는 이미 앞에서 연습을 하였으므로 풀이방법에 대하여 자세하게 예를 들어 설명하도록 하겠다.

예제 36) 중학교의 1학년 학생 5명에 대한 수학성적(X)과 영어 성적(Y)이 주어진 표와 같다고 할 때, 수학성적과 영어성적에 대한 공분산을 구하시오. (단, 성적은 10점 만점)

번호	수학성적(X)	영어성적(Y)
1	10	8
2	10	7
3	8	6
4	7	6
5	8	5

풀이) 일반적인 자료가 주어진 경우 공분산을 구하는 문제에서는 공분산을 구하는 첫 번째 공식을 이용하기 위하여 다음과 같이 계산한다.

첫째, $E(X)$과 $E(Y)$을 구한다.

$$E(X) = \frac{10+10+8+7+8}{5} = \frac{43}{5} = 8.6$$

$$E(Y) = \frac{8+7+9+7+5}{5} = \frac{33}{5} = 6.6$$

둘째, 공분산의 공식을 이용하기 위하여 먼저 편차 X_i - $E(X)$와 Y_i - $E(Y)$의 분포를 구하여 정리하면 다음과 같다.

번호	X	Y	X_i - $E(X)$	Y_i - $E(Y)$
1	10	8	10 - 8.6 = 1.4	8 - 6.6 = 1.4
2	10	7	10 - 8.6 = 1.4	7 - 6.6 = 0.4
3	8	6	8 - 8.6 = -0.6	6 - 6.6 = -0.6
4	7	6	7 - 8.6 = -1.6	6 - 6.6 = -0.6
5	8	5	8 - 8.6 = -0.6	5 -6.6 = -1.6

셋째, 위에서 구한 편차들 [X_i - $E(X)$]와 [Y_i - $E(Y)$]의 곱을 구한다.

번호	X	Y	X_i - $E(X)$	Y_i - $E(Y)$	[X_i - $E(X)$] · [Y_i - $E(Y)$]
1	10	8	1.4	1.4	1.54
2	10	7	1.4	0.4	0.56
3	8	6	-0.6	-0.6	0.36
4	7	6	-1.6	-0.6	0.96
5	8	5	-0.6	-1.6	0.96

넷째, 편차들 [X_i - $E(X)$]와 [Y_i - $E(Y)$]의 곱의 기댓값을 계산하면, 공분산을 구하게 된다.

즉 $Cov(X,Y) = \mathrm{E}[(X_i - E(X))(Y_i - E(Y))$

$$= \frac{1.54+0.56+0.36+0.96+0.96}{5} = \frac{4.38}{5} = 0.876 \text{ 이다.}$$

예제 37) 2010년 보건복지부에서는 2006년부터 2010년까지 5년간 해외거주자를 포함한 의료자원 중 면허 의사의 수를 통계를 다음과 같이 발표하였다.
면허의사의 수에 대한 남녀별 공분산을 구하시오.

〈표, 최근 5년간 면허 의사의 수〉 (단위: 천명)

연도 \ 성별	남성	여성
2006년	70명	18명
2007년	72명	19명
2008년	74명	21명
2009년	77명	21명
2010년	78명	23명

다음은 2개의 확률변수에 대한 확률분포가 주어진 경우에는 공분산의 두 가지 공식 중에서 두 번째 공식을 사용하며, 평균을 구하는 방법에 대하여는 이미 앞에서 연습을 하였으므로 풀이방법에 대하여 자세하게 예를 들어 설명하도록 하겠다.

예제 38) 결합확률분포가 다음과 같을 때, 확률변수 X와 Y의 공분산을 구하시오.

Y \ X	0	1	2
0	$\frac{1}{4}$	$\frac{1}{4}$	0
1	0	$\frac{1}{4}$	$\frac{1}{4}$

풀이) 확률분포가 주어진 경우 공분산을 구하는 문제에서는 공분산을 구하는 두 번째 공식을 이용하기 위하여 다음과 같이 계산한다.

첫째, 확률변수 X, Y에 대한 주변확률분포를 구한다.

Y \ X	0	1	2	계
0	$\frac{1}{4}$	$\frac{1}{4}$	0	$\frac{1}{2}$
1	0	$\frac{1}{4}$	$\frac{1}{4}$	$\frac{1}{2}$
계	$\frac{1}{4}$	$\frac{1}{2}$	$\frac{1}{4}$	1

둘째, 주변확률분포로부터 X의 분포와 Y의 분포를 각각 구한다.
확률변수 X의 분포는 다음과 같다.

X	0	1	2	계
$P(X)$	$\frac{1}{4}$	$\frac{1}{2}$	$\frac{1}{4}$	1

확률변수 Y의 분포는 다음과 같다.

Y	0	1	계
$P(Y)$	$\frac{1}{2}$	$\frac{1}{2}$	1

셋째, X와 Y의 분포로부터 $E(X)$과 $E(Y)$을 각각 구한다.

즉 앞의 예에서와 같이 $E(X) = 1$, $E(Y) = \frac{1}{2}$임을 알 수 있다.

넷째, XY의 기댓값을 구한다. (즉, $E(XY)$를 구한다)

XY의 기댓값을 구하기 위하여 XY 즉 X와 Y의 곱의 분포를 알아야만 구할 수 있기에 주어진 표를 이용하여 XY의 분포를 구하여야 한다.

먼저 곱할 수 있는 방법과 확률을 생각하면, 총 6 가지이며, 계산해보면 다음과 같다.

$X = 0$ 이고 $Y = 0$ 일 때, $XY = 0$ 이며 주어진 확률은 $\frac{1}{4}$이다.

$X = 0$ 이고 $Y = 1$ 일 때, $XY = 0$ 이며 주어진 확률은 0 이다.

$X = 1$ 이고 $Y = 0$ 일 때, $XY = 0$ 이며 주어진 확률은 $\frac{1}{4}$이다.

$X = 1$ 이고 $Y = 1$ 일 때, $XY = 1$ 이며 주어진 확률은 $\frac{1}{4}$이다.

$X = 2$ 이고 $Y = 0$ 일 때, $XY = 0$ 이며 주어진 확률은 0 이다.

$X = 2$ 이고 $Y = 1$ 일 때, $XY = 2$ 이며 주어진 확률은 $\frac{1}{4}$이다.

즉 X와 Y의 곱의 분포(XY의 분포)는 XY가 택할 수 있는 값을 구한 후, 구한 값에 대한 확률을 계산하면 된다.

먼저, XY가 택할 수 있는 값은 0, 1, 2가 된다는 것을 알 수 있다. 또한, $XY = 0$이 되는 경우는 (X,Y)의 순서쌍이 (0,0), (0,1), (1,0), (2,0) 이며, 각각의 경우에 대한 주어진 확률의 합으로 계산한다.

즉 $P(XY = 0) = \frac{1}{4} + 0 + \frac{1}{4} + 0 = \frac{1}{2}$이 된다는 것이다.

마찬가지로 $XY = 1$이 되는 경우와 $XY = 2$가 되는 경우의 각각의 확률을 구하면 $P(XY = 1) = \frac{1}{4}$이며, $P(XY = 2) = \frac{1}{4}$이 된다.

위의 결과를 종합하면 XY의 확률분포를 다음과 같이 구할 수 있다.

XY	0	1	2	계
$P(XY)$	$\frac{1}{2}$	$\frac{1}{4}$	$\frac{1}{4}$	1

따라서 위의 분포로부터 XY의 기댓값[$E(XY)$]을 구하면 된다.

$E(XY) = 0 \cdot \frac{1}{2} + 1 \cdot \frac{1}{4} + 2 \cdot \frac{1}{4} = \frac{3}{4}$이 된다는 것을 알 수 있다.

다섯째, 위에서 구한 $E(X)$, $E(Y)$, $E(XY)$을 이용하여 공분산을 구하면 된다.

즉 $Cov(X,Y) = E(XY) - E(X)E(Y) = \frac{3}{4} - 1 \cdot \frac{1}{2} = \frac{1}{4}$이다.

그러므로 공분산 $Cov(X,Y) = \frac{1}{4}$이며, 양수이기에 양의 선형관계를 갖는다는 것 을 알 수 있다.

예제 39) 서울에 거주하는 100가구의 가구당 자녀 수 X와 TV 보유 대수 Y를 조사한 결과 다음 표와 같다고 할 때, 공분산을 구하시오.

Y \ X	1	2	3	4
1	0.1	0	0.1	0
2	0.3	0	0.1	0.2
3	0	0.2	0	0

또한, 2개의 확률변수 X,Y가 서로 독립인 경우와 독립이 아닌 종속적인 경우의 기댓값과 분산의 성질은 다음과 같다.

2개의 확률변수 X,Y에 대하여

(1) 서로 독립이 아닌 경우 $V(X \pm Y) = V(X) + V(Y) \pm Cov(X,Y)$

(2) 서로 독립인 경우 $E(XY) = E(X) \cdot E(Y)$

$$V(X \pm Y) = V(X) + V(Y)$$

즉, 위의 사실로부터 2개의 확률변수 X,Y가 서로 독립인 경우 공분산 $Cov(X,Y) = 0$가 된다는 사실을 알 수 있으며, 선형상관관계를 갖지 않는다는 사실도 알 수 있다.

예제 40) 확률변수 X와 Y의 결합확률분포가 다음과 같을 때, 확률변수 X와 Y의 공분산을 구하시오.

Y \ X	-1	0	1
0	0	0.2	0
1	0.4	0	0.4

풀이) 공분산을 구하기 위하여

첫째, 주변확률분포를 구한다.

Y \ X	-1	0	1	계
0	0	0.2	0	0.2
1	0.4	0	0.4	0.8
계	0.4	0.2	0.4	1

둘째, 확률변수 X와 Y에 대한 확률분포를 각각 구한다.

X	-1	0	1	계
계	0.4	0.2	0.4	1

Y	0	1	계
계	0.2	0.8	1

셋째, X와 Y의 분포로부터 $E(X)$과 $E(Y)$을 각각 구한다.

즉 앞의 예에서와 같이 $E(X) = 0$, $E(Y) = 0.8$임을 알 수 있다.

넷째, XY의 확률분포를 구한 후 XY의 기댓값[$E(XY)$]을 구한다.

XY	-1	0	1	계
$P(XY)$	0.4	0.2	0.4	1

$$E(XY) = (-1) \cdot (0.4) + 0 \cdot (0.2) + 1 \cdot (0.4) = 0$$

다섯째, 공분산 $Cov(X,Y)$을 구한다.

즉 $Cov(X,Y) = E(XY) - E(X)E(Y) = 0 - 0 \cdot (0.8) = 0$가 된다.

그러므로 2개의 확률변수 X와 Y의 공분산 $Cov(X,Y) = 0$이므로 서로 독립이며, 선형상관 관계를 갖지 않는다는 사실도 알 수 있다.

6.4. 상관계수(coefficient of correlation)

상관(correlation)이란 두 집단 상호간의 관계를 말하는 것이며, 공분산에서 살펴본 바와 같이 상관관계란 두 집단 사이의 관계가 얼마나 선형적이냐를 알아보는 것으로 어느 정도 상관이 있는지를 나타내는 수치가 상관계수(Correlation coefficient)이다.

상관계수는 확률변수의 자료집단이 어떤 특정한 분포(정규분포, t-분포 등)를 따를 것이라는 가정 하에 분석하는 것이 모수적 상관계수로 피어슨(Pearson) 상관계수를 이용하며, 특정한 분포를 따를 것이라는 가정을 하지 않고 분석하는 것이 비모수적 상관계수로 스피어만(Spearman) 상관계수를 이용한다.

모수적 상관계수는 측정한 자료값을 그대로 이용하고, 비모수적 상관계수는 자료의 크기가 작을 때 많이 쓰이는 것으로 작은 것부터 차례로 순위를 매겨 이용한다.

상관관계의 정도를 파악하는 상관계수(Correlation coefficient)는 두 변수간의 연관된 정도를 나타낼 뿐 인과관계를 설명하는 것은 아니다. 두 변수 간에 원인과 결과의 인과관계가 있는지에 대한 것은 회귀분석을 통해 인과관계의 방향, 정도와 수학적 모델을 확인해 볼 수 있다.

단순히 2개의 확률변수가 어느 정도 강한 관계에 있는가를 측정하는 단순상관분석(simple correlation analysis), 3개 이상의 변수들 간의 관계에 대한 강도를 측정하는 다중상관분석이 있는데 이 단원에서는 주로 단순상관분석으로 두 확률변수간의 관련성을 구하기 위해 보편적으로 이용되는 피어슨 상관계수 (Pearson correlation coefficient)에 대해서 다루도록 하겠다.

피어슨 상관계수 (Pearson correlation coefficient) 또는 피어슨의 적률상관계수는 두 개의 확률변수간의 선형적인 관계와 방향을 수학적인 수치로 정량화하여 표시하는 수치로서 ρ 라고 표기하며 다음과 같이 나타낸다.

확률변수 X와 Y의 상관계수

$\rho = \dfrac{Cov(X, Y)}{\sigma_x \sigma_y}$ 단, $Cov(X,Y)$: 공분산, σ_x : X의 표준편차, σ_y : Y의 표준편차

1) 상관계수의 성질

① 상관계수는 $-1 < \rho < 1$ 사이의 값을 갖는다.

② $\rho > 0$ (양의 상관관계) : 확률변수 X와 Y의 변화 방향이 같을 때.

$\rho < 0$ (양의 상관관계) : 확률변수 X와 Y의 변화 방향이 다를 때.

③ 상관계수는 ρ의 절댓값 크기에 따라 상관관계의 강도를 알 수 있으며, $\rho = 0$ 일 때는 두 변수의 관계가 전혀 없다는 예기이다.

④ 상관계수를 확인하기 전에 산포도를 통해 시각적으로 그 변수간의 상관관계를 확인하는 것이 중요하고 필요하다.

⑤ 상관계수 ρ는 두변수의 표준점수로 나타내어지기 때문에 측정단위에 영향을 받지 않으며 X, Y의 값이 서로 바뀌어도 그 값은 같다.

2) 상관계수의 여러 모양

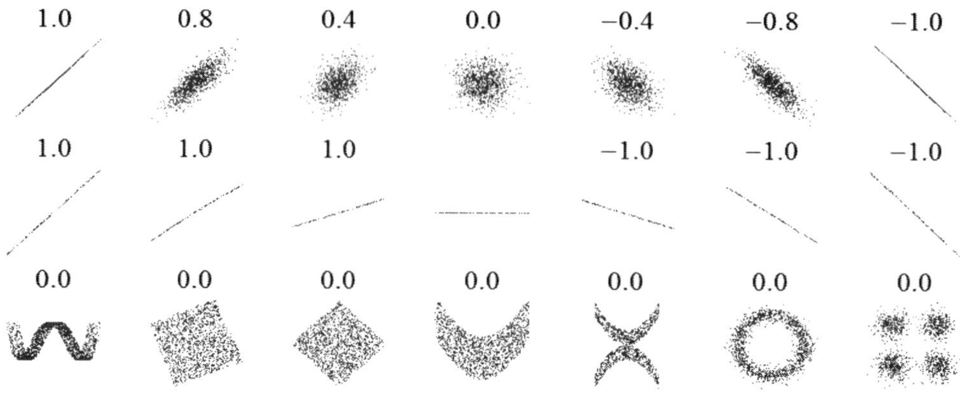

3) 상관계수 분석 방법

① $-1 < \rho < -0.7$: 강한 음의 선형관계

② $-0.7 < \rho < -0.3$: 뚜렷한 음의 선형관계

③ $-0.3 < \rho < -0.1$: 약한 음의 선형 관계

④ $-0.1 < \rho < 0.1$: 거의 무시될 수 있는 선형 관계

⑤ $0.1 < \rho < 0.3$: 약한 양의 선형 관계

⑥ $0.3 < \rho < 0.7$: 뚜렷한 양의 선형관계

⑦ $0.7 < \rho < 1$: 강한 양의 선형관계

다음에 주어진 예제들은 일반적인 자료가 주어진 경우와 확률분포가 주어진 경우에 대하여 상관계수를 구하는 방법에 대하여 소개하고자 한다.

먼저, 일반적인 자료가 주어진 경우 상관계수를 구하는 방법에 대하여 자세하게 예를 들어 설명하도록 하겠다.

예제 41) 2012학년도 1학기에 배운 교과 중 3명의 학생에 대한 영어(X)와 수학(Y)교과에 대한 성적이 다음과 같을 때, 영어와 수학 교과 성적에 대한 상관계수를 구하시오.

교과목	학생1	학생2	학생3
영어(X)	30	40	80
수학(Y)	40	70	50

풀이) 상관계수를 구하기 위하여 영어(X)와 수학(Y)교과에 대한 공분산과 영어(X)와 수학(Y)교과에 대한 표준편차를 각각 구하여야 한다.

이러한 것들을 구하기 위하여 과목별로 먼저 공분산과 표준편차를 구하기 위한 기본 적인 계산인 평균(또는 기댓값), 분산을 구한 후, 공분산을 구하면 된다.

먼저 영어(X)교과에 대하여 필요한 것들을 정리하도록 하자.

X의 평균을 $E(X) = m_x$라 하면, $m_x = \dfrac{30+40+80}{3} = \dfrac{150}{3} = 50$ 이다.

X의 분산을 $V(X) = \sigma_x^2$ 라 하면,

$$\sigma_x^2 = \frac{(30-50\,)^2 + (40-50\,)^2 + (80-50\,)^2}{3} = \frac{400+100+900}{3} = \frac{1400}{3} = 466.7$$

이며, 표준편차는 분산의 양의 제곱근이므로 다음과 같다.

$$\sigma_x = \sqrt{V(X)} = \sqrt{466.7} = 21.6$$

또한, 수학(Y)교과에 대하여 필요한 것들을 정리하도록 하자.

Y의 평균을 $E(Y) = m_y$라 하면, $m_y = \dfrac{40+70+50}{3} = \dfrac{160}{3} = 53.3$ 이다.

Y의 분산을 $V(Y) = \sigma_y^2$ 라 하면,

$$\sigma_y^2 = \frac{(40-53.3\,)^2 + (70-53.3\,)^2 + (80-53.3\,)^2}{3} \fallingdotseq \frac{177+279+713}{3} = \frac{1169}{3} = 389.7$$

이며, 표준편차는 분산의 양의 제곱근이므로 다음과 같다.

$$\sigma_y = \sqrt{V(Y)} = \sqrt{389.7} = 19.7$$

공분산 $Cov(X,Y) = E[(X - E(X))(Y - E(Y))]$이므로 주어진 표에서 다음과 같이 구하면 된다.

교과목	학생1	학생2	학생3
영어(X)	30	40	80
수학(Y)	40	70	50
$A = X - E(X)$	-20	-10	30
$B = Y - E(Y)$	-13.3	16.7	26.7
AB	266	-167	801

따라서 공분산 $Cov(X,Y)$은 $E[(X - E(X))(Y - E(Y))] = \mathrm{E}(AB)$이므로 AB의 평균을 구하면 된다.

즉 공분산 $Cov(X, Y) = \frac{266 + (-167) + 801}{3} = \frac{900}{3} = 300$이 된다.

그러므로 우리가 구하고자 하는 상관계수는 다음과 같으며, 강한 양의 상관관계를 나타내 영어를 잘하는 학생이 수학도 잘하는 관계에 있다는 것을 알 수 있다.

$$\rho = \frac{Cov(X, Y)}{\sigma_x \sigma_y} = \frac{300}{(21.6) \cdot (19.7)} = \frac{300}{425.5} = 0.7$$

예제 42) 우리 가족들에 대한 키의 크기(X)와 발의 크기(Y)를 조사하였더니 다음과 같은 표를 얻었다. 우리 가족의 키의 크기와 발의 크기와의 상관계수를 구하시오.

가족	키의 크기(X)	발의 크기(Y)
할머니	158 cm	230 cm
아빠	170 cm	260 cm
엄마	165 cm	245 cm
언니	150 cm	235 cm
나	160 cm	240 cm
동생	140 cm	210 cm

다음은 2개의 확률변수에 대한 확률분포가 주어진 경우 상관계수를 구하는 방법에 대하여 예제 43)을 활용하여 설명하도록 하겠다.

예제 43) 결합확률분포가 다음과 같을 때, 확률변수 X와 Y의 상관계수를 구하시오.

Y \ X	0	1	2
0	$\frac{1}{4}$	$\frac{1}{4}$	0
1	0	$\frac{1}{4}$	$\frac{1}{4}$

풀이) 확률분포가 주어진 경우 상관계수를 구하는 문제는 앞의 예와 마찬가지로 공분산과 표준편차를 각각 구하여야하므로 다음과 같이 계산한다.

Y \ X	0	1	2	계
0	$\frac{1}{4}$	$\frac{1}{4}$	0	$\frac{1}{2}$
1	0	$\frac{1}{4}$	$\frac{1}{4}$	$\frac{1}{2}$
계	$\frac{1}{4}$	$\frac{1}{2}$	$\frac{1}{4}$	1

첫째, 확률변수 X,Y에 대한 주변확률분포를 구한다.

둘째, 주변확률분포로부터 X의 분포와 Y의 분포를 각각 구한다.

확률변수 X의 분포는 다음과 같다.

X	0	1	2	계
$P(X)$	$\frac{1}{4}$	$\frac{1}{2}$	$\frac{1}{4}$	1

확률변수 Y의 분포는 다음과 같다.

Y	0	1	계
$P(Y)$	$\frac{1}{2}$	$\frac{1}{2}$	1

셋째, X의 분포로부터 $E(X)$, $V(X), \sigma_x$ 를 각각 구한다.

X	0	1	2	계
$P(X)$	$\frac{1}{4}$	$\frac{1}{2}$	$\frac{1}{4}$	1

주어진 분포로부터 X의 기댓값

$E(X)=0\cdot\frac{1}{4}+1\cdot\frac{1}{2}+2\cdot\frac{1}{4}=\frac{1}{2}+\frac{1}{2}=1$ 이다.

또한, 주어진 분포를 세로로 정리하여 필요한 값을 구할 수 있다.

X	$P(X)$	$X-E(X)$	$[X-E(X)]^2$	$[X-E(X)]^2\cdot P(X)$
0	$\frac{1}{4}$	-1	1	$\frac{1}{4}$
1	$\frac{1}{2}$	0	0	0
2	$\frac{1}{4}$	1	1	$\frac{1}{4}$
계	1	0		$\frac{1}{2}$

따라서 위에서 구한 확률분포에 의하여 X의 분산 $V(X)=\frac{1}{2}$ 이며, X의 표준편차 $\sigma_x=\sqrt{V(X)}=\sqrt{\frac{1}{2}}=0.7$ 을 구할 수 있다.

넷째, Y의 분포로부터 $E(Y)$, $V(Y), \sigma_y$ 를 각각 구한다.

Y	0	1	계
$P(Y)$	$\frac{1}{2}$	$\frac{1}{2}$	1

주어진 분포로부터 Y의 기댓값 $E(Y)=0\cdot\frac{1}{2}+1\cdot\frac{1}{2}=\frac{1}{2}$ 이다.

또한, 주어진 분포를 세로로 정리하여 필요한 값을 구할 수 있다.

Y	$P(Y)$	$Y-E(Y)$	$[Y-E(Y)]^2$	$[Y-E(Y)]^2\cdot P(Y)$
0	$\frac{1}{2}$	$-\frac{1}{2}$	$\frac{1}{4}$	$\frac{1}{8}$
1	$\frac{1}{2}$	$\frac{1}{2}$	$\frac{1}{4}$	$\frac{1}{8}$
계	1	0		$\frac{1}{4}$

따라서 위에서 구한 확률분포에 의하여 Y의 분산 $V(Y)=\frac{1}{4}$ 이며,

Y의 표준편차 $\sigma_y = \sqrt{V(Y)} = \sqrt{\frac{1}{4}} = 0.5$ 을 구할 수 있다.

다섯째, XY의 기댓값을 구한다. (즉, $E(XY)$를 구한다)

위의 예제로부터 $E(XY) = \frac{3}{4}$가 된다는 것을 알 수 있다.

여섯째, 위에서 구한 $E(X)$, $E(Y)$, $E(XY)$을 이용하여 공분산을 구하면 된다.

즉 $Cov(X,Y) = E(XY) - E(X)E(Y) = \frac{3}{4} - 1 \cdot \frac{1}{2} = \frac{1}{4}$이다.

그러므로 위에서 구한 공분산과 각각의 표준편차에 의하여 다음과 같이 상관계수를 구할 수 있으며, 양의 강한 상관관계가 있음을 알 수 있다.

$$\rho = \frac{Cov(X,Y)}{\sigma_x \sigma_y} = \frac{0.25}{(0.7)\cdot(0.5)} = \frac{0.25}{0.35} = 0.7$$

예제 44) 결합확률분포가 다음과 같을 때, 확률변수 X와 Y의 상관계수를 구하시오.

Y \ X	-1	0	1
0	0	$\frac{1}{2}$	0
1	$\frac{1}{4}$	0	$\frac{1}{4}$

연습문제

5.1. 주사위를 한번 던졌을 때, 나온 눈을 확률변수 X라 할 때, X의 확률변수를 구하시오.

5.2. 주사위를 두 번 던졌을 때, 나온 눈의 수의 합을 확률변수 X라 할 때, X의 확률변수를 구하시오.

5.3. 확률변수 X와 Y에 대해서 다음과 같은 수치가 주어졌다.

$$V(X)=16,\ V(Y)=25,\ Cov(X,Y)=-20$$

(1) 상관계수 ρ를 구하시오.

(2) $V(3X+3)$과 $V(2Y-4)$의 값을 각각 구하시오.

5.4. 결합확률분포가 다음과 같을 때, $E(XY)$의 값을 구하시오.

Y \ X	0	1	2
0	$\frac{3}{28}$	$\frac{6}{28}$	$\frac{1}{28}$
1	$\frac{9}{28}$	$\frac{6}{28}$	0
2	$\frac{3}{28}$	0	0

5.5. 두개의 확률변수 X와 Y는 다음과 같은 결합확률분포를 갖는다.

Y \ X	0	1	2	3
0	0.05	0.10	0.15	0.00
1	0.05	0.15	0.15	0.05
2	0.10	0.05	0.10	0.05

(1) X와 Y의 주변확률분포를 구하시오.

(2) $P(X \geqq Y)$과 $P(X + Y = 3)$의 값을 구하시오.

(3) X와 Y의 공분산과 상관계수를 구하시오.

(4) X와 Y가 서로 독립인지 설명하시오.

5.6. 서로 대응하는 X, Y 두 확률변수가 있는데 이 두 확률변수의 공분산과 상관계수를 구하고, 상관계수 값을 해석하시오.

X	2	1	3	1
Y	2	2	4	6

5.7. 결합확률분포가 다음과 같을 때, 두 확률변수의 공분산과 상관계수를 구하고, 상관계수 값을 해석하시오.

Y \ X	1	2	3	4
1	$\frac{1}{8}$	$\frac{1}{16}$	$\frac{1}{32}$	$\frac{1}{32}$
2	$\frac{1}{16}$	$\frac{1}{8}$	$\frac{1}{32}$	$\frac{1}{32}$
3	$\frac{1}{16}$	$\frac{1}{16}$	$\frac{1}{16}$	$\frac{1}{16}$
4	$\frac{1}{4}$	0	0	0

5.8. 아래의 data는 10명의 학생이 통계학 과목의 퀴즈 성적(25점 만점)과 학기말 고사성적(200점 만점)을 포함하고 있다. 취지 점수와 학기말 고사점수와의 관계를 파악하기 위해 데이터의 상관계수를 구하여라.

학생	퀴즈점수(X)	학기말 고사성적(Y)
1	20	155
2	21	160
3	10	125
4	15	150
5	24	180
6	22	175
7	18	145
8	14	140
9	17	165
10	15	145

제6장 이산확률분포

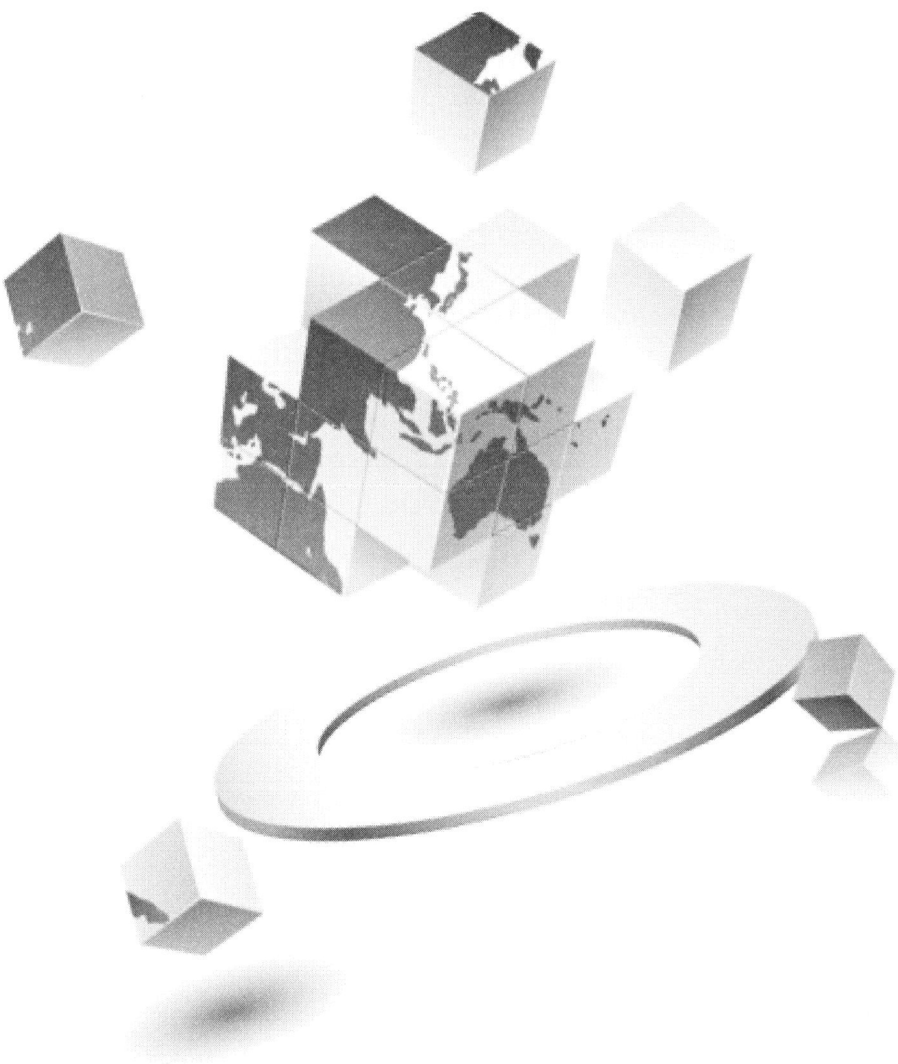

제6장 이산확률분포

확률분포의 모양은 확률변수의 종류에 따라 달라진다. 확률분포는 크게 이산확률분포와 연속확률분포로 나눌 수 있다. 이산확률분포에서도 어떤 종류의 실험 또는 관찰이냐에 따라 여러 가지 분포 모양이 있다. 그 중에서 가장 대표적인 분포가 이항분포이며 그 밖에도 다항분포, 초기하분포 등이 있다.

제1절 이항분포(binomial distribution)

1.1. 베르누이분포(Bernoulli distribution)

1) 베르누이시행(Bernoulli trial)

이항분포를 설명하기 위해서는 베르누이 시행을 알아야 한다. 인간세상에서 가장 간단한 논리는 흑백논리이다. 흑백논리란 성공과 실패, 남자와 여자, 찬성과 반대 등 어떤 사건이 일어나거나 일어나지 않는 경우이다. 예를 들어 동전을 던졌을 때, 앞이 나오면 1로 뒤가 나오면 0으로 정의하는 것을 말한다. 이러한 흑백논리에 기초한 베르누이 시행이란 어떤 실험을 하거나 또는 표본을 뽑을 때, 그 실험의 결과 또는 표본을 뽑은 결과가 성공 또는 실패라는 상호 배타적인 두 가지의 사건만으로 나타나는 경우를 말한다.

즉 표본공간이 상호배타적인 두 개의 원소로 구성된 실험을 하거나 표본을 추출할 때 두 개의 가능한 결과 가운데 자의로 어떤 하나는 성공(S)이라하고 다른 하나는 실패(F)라고 간주할 수 있는데 이러한 실험의 관찰 또는 시행을 Bernoulli시행(Bernoulli trial)이라고 한다.

2) 베르누이 시행의 조건

① 각 시행의 결과는 상호 배타적인 두 사건으로 구분된다. 즉 한 사건은 "성공(S)", 다른 사건은 "실패(F)"로 나타난다.

② 각 시행에서 성공의 결과가 나타날 확률 $P(F)$는 p로 나타나며, 실패가 나타날 확률 $P(F)$는 $q=1-p$로 나타낸다. 그러므로 각 시행에서 성공이 나타날 확률과 실패가 나

타날 확률의 합은 $p+q=1$ 이 된다.

③ 각 시행은 서로 독립적이어야 한다. 즉 한 시행의 결과는 다른 시행의 결과에 아무런 영향을 주지 않는다.

3) 베르누이분포

결과가 둘로 나뉘는 시행을 베르누이시행(Bernoulli trial)이라고 한다. 베르누이 시행에서 성공에 1을, 실패에 0을 대응시키는 확률변수를 **베르누이 확률변수**(Bernoulli random variable)라고 한다. 베르누이 시행의 조건에서와 같이 베르누이 확률분포(X)는 다음과 같다.

X	0	1	계
$P(X)$	$1-p$	p	1

그러므로 베르누이 분포의 기댓값 $E(X)$는 $E(X)=p$ 이고, 분산 $V(X)$는 $V(X)=E(X^2)-(E(X))^2=p-p^2=p(1-p)$ 임을 알 수 있다.

1.2. 이항확률변수와 이항확률분포

여러 번의 베르누이 시행을 할 때, 특정 횟수의 성공이 나타날 확률을 알고 싶어 할 경우가 많은데 이와 같은 실험을 이항실험이라고 한다. 성공의 횟수 또는 실패의 횟수를 이항확률변수(binomial random variable)로 정의하며, 보통 X로 표시한다. 또한, 이 확률변수 X의 분포는 특정한 확률분포를 갖게 되는데 이러한 분포를 이항확률분포(binomial probability distribution)라고 하며, 간단히 이항분포(binomial distribution)라고 한다.

즉, 성공확률이 p인 동일한 베르누이 시행을 독립적으로 n번 반복한다고 하자. 성공의 총 횟수를 X라 하면, $X=X_1+X_2+\cdots+X_n$으로 표시된다. 여기서 $X_1, X_2, \cdots, X_n$ 은 각각 첫 번째, 두 번째, $\cdots$, n번째 베르누이 시행의 결과가 성공이면 1을, 그리고 실패면 0의 값을 부여하는 베르누이 확률변수이다.

이 때 X는 **이항분포**(binomial distribution)를 따르는 **이항확률변수**라 한다.

기호로는 $X \sim B(n, p)$로 나타낸다. 즉 이항분포는 시행횟수 n이 고정되어 있고 각각의 베르누이 시행이 독립이며 동일한 성공확률 p를 공유할 때에만 성립한다.

예제 1) 어느 병원의 특정한 체질을 갖은 환자가 내원 할 확률이 50%라고 하자. 또 매일 특정한 체질의 환자가 내원하는 것은 독립이라고 하자. 즉 과거에 이러한 환자가 내원 하였던지 상관없이 오늘 하루 이러한 환자가 내원 할 확률은 여전히 50%로 변함이 없다고 하자. 이 병원에 이러한 특정한 체질을 갖는 환자가 5일간 연속으로 내원 할 확률은 얼마인가?

풀이) 특정한 체질을 갖는 환자가 병원에 내원하는 것은 베르누이 시행으로 묘사된다. 특정한 체질을 갖는 환자가 내원하면 성공, 내원하지 않으면 실패라고 보면 된다. 첫째, 둘째, ⋯, 다섯째 날에 환자가 내원하면 1, 내원하지 않으면 0을 대응시키는 확률변수를 각각 $X_1, X_2, \cdots, X_5$ 정의하자. 또 5일 중 특정한 체질을 갖는 환자가 내원하는 날수를 X라 하자. 그러면 $X = X_1 + X_2 + \cdots + X_5$로 표현되고, X는 $B(5, 1/2)$인 이항분포를 따른다. 그러므로 우리가 구하는 확률은 $P(X=5)$이다.

이항분포(binomial distribution)에서 확률은 어떻게 구할까? 이는 이항공식을 써서 구한다.

n번의 시행 중 k번 성공할 확률은 다음 이항공식에 의해 구해진다.

$P(X=k) = {}_nC_k\, p^k q^{n-k}$, 단 $k = 0, 1, 2, \cdots, n$ 이며, $p+q=1$이다.

여기에서 n 은 시행 횟수, k 는 성공 횟수, p는 성공확률을 나타낸다.

이항공식이 적용되는 이항실험은 다음과 같은 조건에서 성립한다.

첫째, 실험은 n회의 반복시행으로 이루어진다.

둘째, 각 시행은 성공과 실패, 두 가지 상호배반적이 사상(event)으로 분류된다.

셋째, 성공할 확률은 p이며, 실패확률 $q = 1-p$는 모든 시행에 대해 일정하다.

넷째, 반복되는 시행은 독립적이다.

예제 2) 어느 병원의 특정한 체질을 갖은 환자가 내원 할 확률이 50%라고 하자. 또 매일 특정한 체질의 환자가 내원하는 것은 독립이라고 하자. 즉 과거에 이러한 환자가 내원 하였던지 상관없이 오늘 하루 이러한 환자가 내원 할 확률은 여전히 50%로 변함이 없다고 하자. 이 병원에 이러한 특정한 체질을 갖는 환자가 5일간 연속으로 내원 할 확률은 얼마인가?

풀이) 예제 1)에 의하여 $P(X=5)$를 구하면 되므로,

$$P(X=5) = {}_5C_5(\frac{1}{2})^5(\frac{1}{2})^0 = (\frac{1}{2})^5 = \frac{1}{32}$$

예제 3) '주사위를 5번 던질 때 1이 두 번 나올 확률'을 구하라.

풀이) 주사위를 다섯 번 던질 때 정확히 두 번이 1이 나오려면 나머지는 2~6이 나와야 한다. 1이 나오는 경우를 O, 나머지 숫자가 나오는 경우를 X라고 한다면, OOXXX로 되어야 2번이 1이 나오는 경우이다. 물론 2번 1이 나오는 경우는 이외에도 많다. 예를 들어 OXOXX가 있다. 이러한 문제를 풀려면 우선 가능한 모든 경우를 찾아낸다.

다음 각 경우의 확률을 계산한다. 마지막으로 좁은 의미의 덧셈법칙을 이용하여 구한 확률을 모두 더한다. 가능한 경우를 찾는 일은 잠시 미루고 우선 각 경우의 확률을 구해보자.

OOXXX의 순서로 1의 주사위가 2번 나올 확률은 다음과 같다.

$$\frac{1}{6}\times\frac{1}{6}\times\frac{5}{6}\times\frac{5}{6}\times\frac{5}{6} = (\frac{1}{6})^2(\frac{5}{6})^3$$

이는 곱셈법칙을 적용한 결과이다. 각각의 시행에서 주사위 눈 '1'이 나올 확률은 $\frac{1}{6}$, 나머지 눈이 나올 확률은 $\frac{5}{6}$이고, 각각의 시행은 독립적이다.

마찬가지로 OXOXX 순서로 1의 눈이 나올 확률은 $\frac{1}{6}\times\frac{5}{6}\times\frac{1}{6}\times\frac{5}{6}\times\frac{5}{6} = (\frac{1}{6})^2(\frac{5}{6})^3$ 이다.

위에서 OOXXX의 순서로 '1'의 눈이 나올 확률과 OXOXX의 순서로 '1'의 눈이 나올 확률은 같다.

사실상, 1번 눈이 두 번 나올 확률은 $(\frac{1}{6})^2$이고, 나머지 눈이 세 번 나올 확률은 $(\frac{5}{6})^3$이다. 따라서 '주사위를 5번 던질 때 1이 두 번 나올 확률'을 구하고자 한다면 OOXXX와 OXOXX과 같은 경우가 몇 번 발생하는지를 알아본다면 구하고자 하는 확률을 구할 수 있을 것으로 판단된다.

즉 5번 중 '1' 이 2번 나와야 하므로 우리가 앞에서 배운 조합을 이용하여 ${}_5C_2$임을 알

수 있으며, 구하고자 하는 확률은 ${}_5C_2(\frac{1}{6})^2(\frac{5}{6})^3 = 10(\frac{1}{6})^2(\frac{5}{6})^3 = \frac{10 \times 5^3}{6^5} = \frac{1,250}{7,776} = 0.16$ 임을 알 수 있다.

또한, 이러한 이항변수에 의한 이항분포 $X \sim B(n, p)$의 확률분포는 다음과 같다.

X	0	1	2	…	n	계
$P(X)$	${}_nC_0p^0q^n$	${}_nC_1p^1q^{n-1}$	${}_nC_2p^2q^{n-2}$	…	${}_nC_np^nq^0$	1

그러므로 이항분포의 기댓값(평균) $m = E(X) = np$ 이며, 분산 $\sigma^2 = V(X) = npq$ 이고, 표준편차 $\sigma = \sqrt{V(X)} = \sqrt{npq}$ 이다.

예제 4) 5명의 유권자 중 2명이 선거할 확률은 얼마인가?
단, 각 유권자가 선거할 확률은 0.7이다.

풀이) 이항분포를 따르므로, $n = 5$, 선거할 확률 $p = 0.7$이므로

$P(X = 2 = {}_5C_2(\frac{7}{10})^2(\frac{3}{10})^3 = 10 \times \frac{7^2 \times 3^3}{10^5} = \frac{1,323}{10,000} = 0.1323$ 이므로 약 13%정도가 선거할 것으로 예상된다.

1.3. 이항분포의 특성

이항분포 $X \sim B(n, p)$는 확률 p에 따라 이항분포의 모양이 변하게 된다. 예를 들어 표본 $n = 10$으로 고정하여 $p = 0.5$, $p = 0.8$, $p = 0.2$ 일 때의 모양을 살펴보면 다음과 같다.

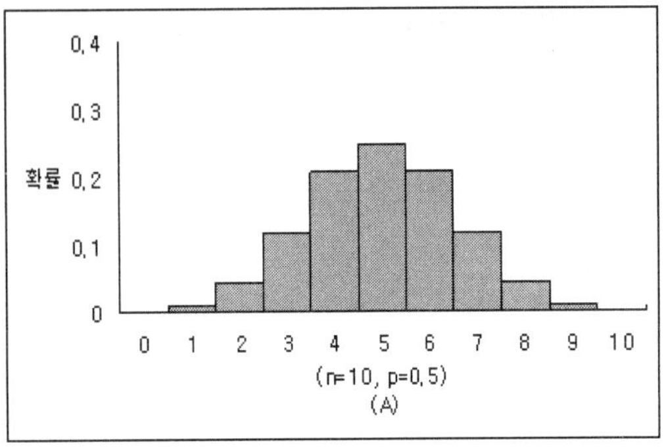

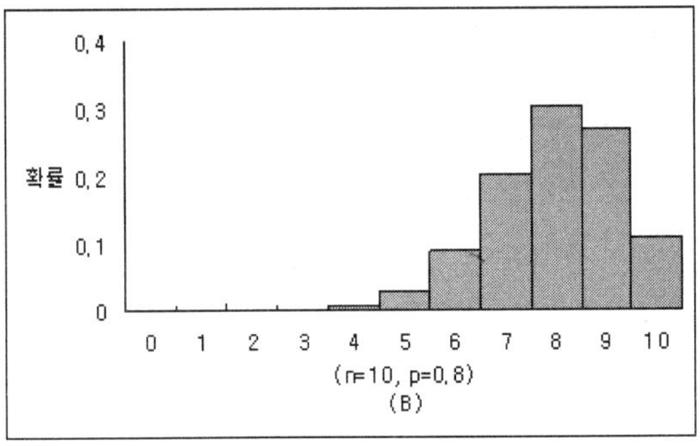

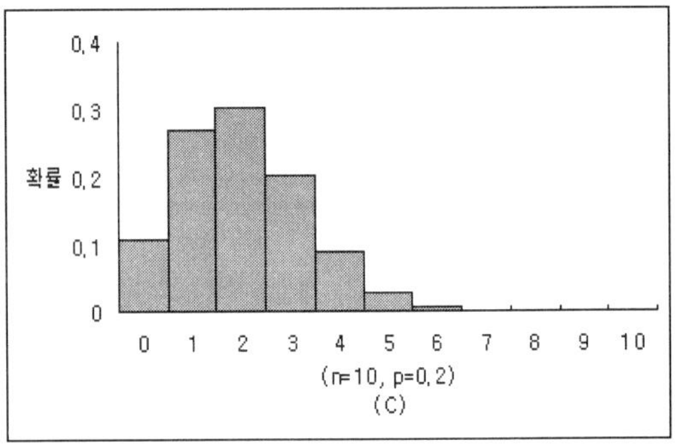

즉 표본의 크기가 작더라도 확률 $p=0.5$인 경우, 대칭의 모양을 이루며, $p=0.8$인 경우 오른쪽으로 치우치고, $p=0.2$인 경우 왼쪽으로 치우치는 경향이 있음을 알 수 있다.

예를 들어 확률 $p=0.1$로 고정하고, 표본의 크기를 $n=10$, $n=50$, $n=100$로 증가시켰을 경우 모양을 살펴보면 다음과 같다.

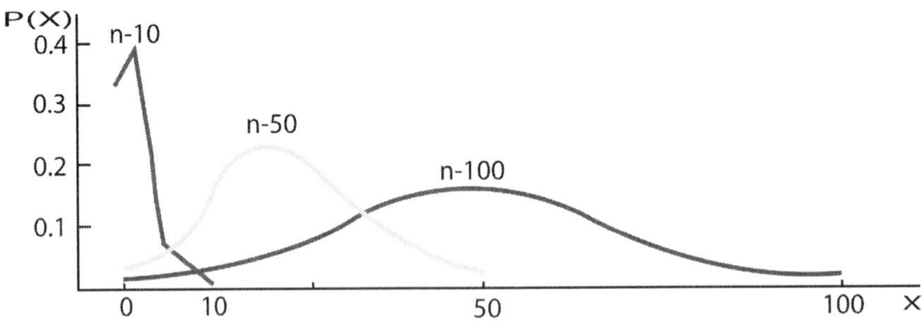

즉 확률 $p=0.5$가 아니더라도 횟수를 증가시키면 대칭의 모양이 된다는 것이다.
대칭의 모양은 다음 장에서 배울 정규분포가 된다는 것을 의미한다.

제2절 포아송분포(Poisson distribution)

2.1. 포아송분포의 특성

포아송분포는 19세기 프랑스 수학자 포아송에 의해 제안 된 것으로, 단위시간이나 단위 공간에서 무작위하게 일어나는 사건의 발생횟수에 적용되는 분포로 정수만을 포함하므로 이산확률변수로 그 성격이 이항분포와 비슷하나 단지 시행횟수 n이 일반적으로 크고, 그 대신 사건의 발생확률 p가 매우 작은 경우에 사용되는 분포를 말한다.

포아송분포는 일정한 시간 또는 공간에서 어떤 사건이 무작위로 발생하였을 때, 그 사건이 일어난 횟수와 그에 대응되는 확률을 나타내는 분포로서 다음과 같은 조건을 만족시켜야 한다.

첫째, 관심대상이 되는 시간은 아주 작은 단위구간으로 나누어 질 수 있으며, 그 단위구간에서 어떤 사건이 발생할 가능성은 적다.

둘째, 한 단위시간이나 공간에서 출현하는 성공 횟수와 중복되지 않는 다른 단위시간이나 공간에서 출현하는 성공 횟수는 서로 독립적이다.

셋째, 아주 작은 단위 구간에서 둘 또는 그 이상의 사건이 발생할 확률은 매우 작으며 0으로 간주된다.

넷째, 관심의 대상이 되는 일정시간 내에서 발생하는 사건수의 확률 분포는 다른 시간에서 발생하는 사건 수의 확률분포와 같다.

2.2. 포아송 확률함수

포아송 분포의 확률함수는 다음과 같다.

확률변수 X가 $x = 0, 1, 2, \cdots$ 을 취할 수 있고, 그 확률밀도함수는

$$P(X = x) = \frac{e^{-\lambda}\lambda^{x}}{x!}, \quad x = 0, 1, 2, \cdots$$

단, x : 단위시간당 평균발생횟수, $e = 2.71828\cdots$, $\lambda = np$

이 때, $P(X = x)$가 포아송 분포이면, $\lim_{x \to \infty} P(X) = 0$이 된다.

확률변수 X가 포아송 분포에 따를 때, X의 기대치와 분산은 다음과 같다.

기대치 $E(X) = \lambda = np$ 이며, 분산 $V(X) = \lambda = np$ 이고, 표준편차 $\sigma = \sqrt{V(X)} = \sqrt{np}$ 이다.

그러므로 포아송 분포는 다음과 같은 특징을 갖는다.

첫째, 기대치와 분산이 같다.

둘째, $\lambda = np \geq 5$일 때, 정규분포로 근사된다.

셋째, $\lambda = np$이 작을 때는 오른쪽으로 꼬리가 긴 분포가 되나, n이 커짐에 따라서 대칭 에 가까워진다.

예제 5) 어느 회사에 오전 10시부터 12시 사이에 1분당 평균 0.4회의 전화가 걸려온다고 하며, 전화가 걸려오는 회수가 포아송 분포의 특성을 갖는다고 하면, 1분에 2회의 전화가 걸려올 확률은?

풀이) 포아송 분포의 확률함수와 비교하여, 평균 $\lambda = 0.4$이고, $x = 2$일 때의 확률을 구하는 문제 이므로 $P(X=2) = \dfrac{e^{-0.4}(0.4)^2}{2!} = 0.0536$ 이다. 즉, 약 5%의 확률을 갖는다. 또한, 위의 문제는 포아송 분포의 표를 이용하여 평균 $\lambda = 0.4$이고, $x = 2$일 때의 값과 비교하면 같다는 것을 알 수 있다.

x \ m	0.1	0.2	0.3	0.4	0.5	0.6	0.7	0.8	0.9	1
0	0.9048	0.8187	0.7408	0.6703	0.6065	0.5488	0.4966	0.4493	0.4066	0.3679
1	0.0905	0.1637	0.2222	0.2681	0.3033	0.3293	0.3476	0.3595	0.3659	0.3679
2	0.0045	0.0164	0.0333	0.0536	0.0758	0.0988	0.1217	0.1438	0.1647	0.1839
3	0.0002	0.0011	0.0033	0.0072	0.0126	0.0198	0.0284	0.0383	0.0494	0.0613
4	0.0000	0.0001	0.0003	0.0007	0.0016	0.0030	0.0050	0.0077	0.0111	0.0153
5	0.0000	0.0000	0.0000	0.0001	0.0002	0.0004	0.0007	0.0012	0.0020	0.0031
6	0.0000	0.0000	0.0000	0.0000	0.0000	0.0000	0.0001	0.0002	0.0003	0.0005
7	0.0000	0.0000	0.0000	0.0000	0.0000	0.0000	0.0000	0.0000	0.0000	0.0001
8	0.0000	0.0000	0.0000	0.0000	0.0000	0.0000	0.0000	0.0000	0.0000	0.0000

예제 6) 어느 소방서에 한 달 동안 전화로 걸려오는 화재신고의 건수는 평균 5회인 포아송 분포에 따른다고 한다.

(1) 한 달에 한 번 이상 화재 신고 전화가 올 확률은?

(2) 한 달에 2번 이상 4번 이하 화재 신고 전화가 올 확률은 얼마인가?

풀이) (1) 먼저 한달에 한 번 이상 신고 전화가 올 확률은 전체 확률에서 한 번도 전화가 오지 않을 확률을 빼면 되며, 가정에서 평균 $\lambda = 5$이므로 한 번도 전화가 오지 않을 확률을 계산하면 다음과 같다.

$$P(X=0)=\frac{e^{-5}5^0}{0!}=0.0067$$

따라서 한 달에 한 번 이상 신고전화가 올 확률은 1-0.0067 = 0.9937

(2) 한 달에 2번 이상 4번 이하 신고전화가 올 확률은 각각의 확률을 더해야 한다. 즉, $P(X=2)+P(X=3)+P(X=4)=\frac{e^{-5}5^2}{2!}+\frac{e^{-5}5^3}{3!}+\frac{e^{-5}5^4}{4!}$

$$=e^{-5}(\frac{5^2}{2!}+\frac{5^3}{3!}+\frac{5^4}{4!})=0.0842+0.1404+0.1755=0.4001$$

2.3. 포아송분포와 이항분포

이항분포 $X\sim B(n,p)$에서 n이 비교적 크고 성공 확률 p가 매우 작은 경우에는 포아송분포를 사용해서 이항분포의 확률을 근사적으로 구할 수 있다. 아래의 표에서와 같이 이항분포에서 평균 $m=np=2$로 고정시켜 놓고, n 과 p가 다른 경우를 적어 놓은 것이다.

n	p	$P(X=0)$	$P(X=4)$
10	0.2	0.1074	0.0881
20	0.1	0.1216	0.0898
50	0.04	0.1299	0.0902
100	0.02	0.1326	0.0902

<표 이항분포 $m=np=2$이고 n 과 p가 다른 경우>

평균 $m=np=2$이므로, n 의 값을 각각 10, 20, 50, 100 이라 하면, p 의 값은 각각 0.2, 0.1, 0.04, 0.02 가 된다. 또한, 이항 분포에 의하여 $X=0$일 때의 확률 $P(X=0)$와 $X=4$일 때의 확률 $P(X=4)$을 각각 계산할 수 있다. 즉 $P(X=k)={}_nC_kp^kq^{n-k}$에서 $n=10$이고, $p=0.2$ 일 때, $P(X=0)={}_{10}C_0(0.2)^{10}(0.8)^0=0.1074$ 이며, $n=10$이고, $p=0.2$ 일 때, $P(X=4)={}_{10}C_4(0.2)^4(0.8)^6=0.0881$이 되며, 마찬가지 방법에 의해 $n=100$이고, $p=0.02$일 때, $P(X=0)=0.1326$이고, $P(X=4)=0.0902$가 됨을 알 수 있다.

이제 위에서 구한 이항분포에서의 확률을 포아송 분포의 확률과 비교하되, 이항분포에서 n 이 비교적 크고 성공 확률 p가 매우 작은 경우에 대하여 비교하여 보자.

평균 $\lambda=np=2$인 포아송 분포에서 $X=0$일 때와 $X=4$일 때를 조사하여 보면,

$P(X=0)=0.1353$, $P(X=4)=0.0902$가 된다. 이 결과는 이항분포에서 n이 가장 크고 성공 확률 p가 매우 작은 경우, 즉 $n=100$이고, $p=0.02$일 때의, $P(X=0)=0.1326$, $P(X=4)=0.0902$와 비슷하다는 것을 알 수 있다. 따라서 m이 일정한 상황에서 n이 크고 p가 작으면 이항 분포는 포아송 분포와 거의 유사한 확률을 갖는다는 것을 알 수 있다.

대체적으로 n이 크고 p가 작으며 평균 $\lambda=np$가 5보다 작을 때에는 이항분포 대신 포아송 분포를 사용해도 성공 횟수에 대한 확률의 차이는 거의 없다는 것을 알 수 있다.

예제 21) 차 보험의 집계에 의하면, 총 보험가입자 중에서 0.1%가 자동차사고로 보험금을 청구한다고 한다. 1,000명의 가입자 중에서 0명이 보험금을 청구할 확률과 2명이 보험금을 청구할 확률은 얼마인가?

풀이) 위의 문제는 $n=1,000$명으로 매우 크고, 확률 $p=0.001$로 매우 작으며, 평균 $\lambda=np=1000\times 0.001=1$로 5보다 작기 때문에 포아송 분포표를 이용하면 쉽게 계산할 수 있다. 포아송 분포표를 이용하여 $\lambda=np=1$일 때, $P(X=0)=0.3679$, $P(X=2)=0.1839$가 된다는 것을 알 수 있다.

제3절 초기하분포(hypergeometric distribution)

모집단은 무한모집단과 유한모집단으로 구분할 수 있으며, 무한모집단은 무수히 많은 원소로 구성된 집단을, 유한모집단은 한정된 원소로 구성된 모집단을 의미한다. 앞서 살펴본 이항분포는 같은 실험에서 복원추출인 경우나 모집단의 크기가 무한한 경우에 적용되는 반면, 모집단의 크기가 작은 경우에, 그리고 비복원추출인 경우에는 초기하 분포로 확률을 구하는 것이 적합하다. 이와 같이 매시행마다 발생한 결과가 성공과 실패의 두 가지가 있으나, 표본이 비복원으로 추출되기 때문에 베르누이시행의 조건, 즉 매 시행마다 성공확률이 일정하다는 조건이 만족되지 않는 경우에 적용될 수 있는 확률모형이 초기하분포이다. 따라서 매 시행이 독립적일 때에는 이항분포, 그리고 매 시행이 종속적일 때에는 초기하분포를 이룬다고 볼 수 있다.

이산확률분포인 초기하분포(hypergeometric distribution)는 다음과 같은 그림의 조건을 만족하는 실험을 할 때 나타나는 확률분포이다.

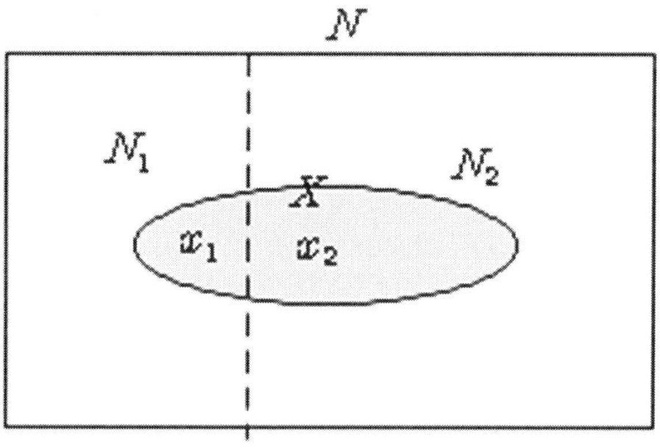

(1) 전체 크기 N의 유한 모집단 중 크기가 X 인 확률표본을 취한다. 즉 $N = N_1 + N_2$, $X = x_1 + x_2$ 이다.

(2) N개 중 X개는 성공으로, 나머지 $N - X$개에서는 실패로 분류될 수 있다.

이항분포에서는 n의 제한이 없어서 이론상 무한 번 시행도 할 수 있는 데 반해 초기하분포에서는 모집단 크기가 N으로 한정되며, 시행 횟수(또는 표본의 크기) n도 N이하로 제한된다는 것이 이항분포와 구분되는 큰 차이점이다.

즉 초기하분포에서의 확률함수는 다음과 같다.

$$P(N_1 \text{ 중 } x_1, N_2 \text{ 중 } x_2) = \frac{{}_{N_1}C_{x_1} \cdot {}_{N_2}C_{x_2}}{{}_{(N_1+n_2)}C_{(x_1+x_2)}}$$

카드 52장을 섞어서 n장을 뽑을 때 붉은 무늬(다이아몬트, 하트)가 나오는 장수를 예로 이항분포와 초기하분포의 차이를 설명하면 다음과 같다. 52장을 섞어놓은 다음 1장을 확인하고, 집어넣고 다시 섞어서 또다시 1장을 확인하고, 이렇게 n장을 확인하는 것은 성공확률이 1/2인 이항분포가 된다. 매번 카드를 확인한 결과는 이전 결과에 영향을 받지 않고 몇 번이고 반복해서 시행할 수 있다.

반면 52장 중 n장을 뽑아서 붉은 무늬의 개수를 세는 것은 52장 중 1장을 빼서 확인하고, 빼놓은 카드를 집어넣지 않고 또다시 1장을 빼서 확인하고, 또다시 1장을 빼서 확인하고, 하는 것과 같다. 이때 각각의 카드를 확인할 때의 확률은 항상 26/52 = 1/2로 일정하지 않고, 앞에서 어떤 색이 나왔는가에 따라 확률이 달라진다. 또한 표본의 개수 n은 52를 넘을 수 없다. 따라서 이때는 초기하분포를 따른다.

문제: 다섯 개의 부품이 들어 있는 상자가 있다 이 상자에는 두개의 불량품이 있다. 이 상자에서 랜덤하게 하나의 부품을 선택하고 이것을 다시 넣지 않고, 다시 한개의 부품을 선택할 때 불량품이 나올 확률은 얼마인가?

풀이)

첫 번째 선택(확률)	두 번째 선택(확률)	확률
불량품(1/5)	불량품(1/4)	1/20
	정상품(3/4)	3/20
정상품(4/5)	불량품(2/4)	8/20
	정상품(2/4)	8/20
합		1

그러므로 2번째 것이 불량일 확률은 (1/20) + (8/20) = 9 / 20 입니다.
(2번째 것이 합격품일 확률은 (3/20)+(8/20) = 11 / 20 으로 합은 1)

연습문제

6.1. 다섯 개의 4지 선다형 문항이 있다. 순전히 추측으로 세 개의 문제를 맞힐 확률을 구하시오.

6.2. 어느 섬에서는 남자 아이가 출생할 확률이 2/5이고, 여자 아이가 출생할 확률이 3/5이라고 한다. 어떤 부부가 5명의 아이를 갖고 싶어 한다면, 이 중에서 네 명이 아들일 확률은?

6.3. 어느 학생이나 실력이 같다는 가정 하에 이들이 고등학교 입시에 합격할 확률은 75%라고 하자. 4명의 친구가 시험을 치러 2명이 합격할 확률과 3명 이상이 합격할 확률은 각각 얼마인가?

6.4. 어느 컴퓨터 부품공장에서 생산하는 특정부품의 불량률이 5%라고 한다. 검사원이 임의로 25개를 선택했을 때

(1) 2개 이하가 불량일 확률

(2) 2개가 불량일 확률

(3) 2개 이상이 불량일 확률

(4) 불량일 기댓값과 분산을 구하시오.

6.5. 새로 개발된 세제가 있어 하나의 점을 지울 확률은 0.8이고 어떤 점이라고 같은 확률로 지울 수 있다면 8개의 점 중에서 6개의 점을 지울 수 있을 기댓값을 구하시오.

6.6. 건전지를 정상적으로 사용하여 1년간 사용할 수 있는 확률이 0.3일 때, 6개의 건전지 중 5개를 정상적으로 1년 동안 쓸 수 있을 기댓값과 분산을 구하시오,

6.7. 각 가정에서 생명보험에 가입할 확률이 0.3일 때, 여섯 가정 중에서 네 가정이 보험에 가입할 기댓값을 구하시오.

6.8. 한 번의 시행에서 사건 A가 일어날 확률은 1/5이다. 50번의 독립시행에서 사건 A가 나타나는 회수에 대한 기댓값과 분산을 구하시오.

6.9. A 공장의 제품은 70%만이 우량품이고, 30%는 불량품이라고 한다. 검사원이 임의로 100개를 선택하였을 때, 우량품일 기댓값과 분산을 구하시오.

6.10. 병원에 야간응급실에 밤 12시부터 오전 1시까지 시간당평균 3명의 응급환자가 들어온다. 응근 환자수는 포아송 분포를 따른다고 한다.

1) 밤 12시부터 오전 1시 사이에 응급환자수가 3명이상 5명이하일 확률을 구하면?

2) 밤 12시부터 오전 2시 사이 2시간동안 입원되는 환자수의 평균과 분산을 구하면?

6.11. 고속도로 제 1지구 순찰대 담당구역내의 사고발생 신고건수는 포아송분포를 따르며 신고 접수건수는 24시간 평균 6회이다. 오늘 하루 24시간 동안 사고신고 접수건수가 2회 미만일 확률을 구하라.

6.12, 어떤 은행에서 오전 10시 부터 오전 11시 사이에 평균 60명의 손님이 방문하고 있다.

1) 오전 10시부터 11시 사이의 어느 1분 동안 두 손님이 도착할 확률은?

2) 어느 1분 동안 2명 이하의 손님이 도착할 확률은?

6.13. 새벽 1시와 3시 사이 서울 종로구에서 일어나는 범죄는 1시간 평균 0.2건이다. 범죄발생수의 분포가 포아송분포를 따른다면, 오늘 새벽 1시와 2시 사이에 범죄발생이 전혀 없을 확률은?

6.14. 어느 제과점에는 오전 8시부터 12시 사이에 손님들이 1분당 평균 2명이 온다고 한다. 이 시간 동안에 어느 1분을 택 하였을 때, 그 사이 손님이 4명 올 확률은? 또 손님이 전혀 오지 않을 확률은?

6.15. 학생 수가 50명인 학급에 우등생이 5명이 있다. 4명을 무작위로 뽑았을 때, 이 중 1명이 우등생이 확률은?

6-16. 어느 모임에 5명이 참석하였는데, 이 중 여자가 2명이었다. 임의로 두 사람을 뽑을 때, 여자가 1명 뽑힐 확률은?

6.17. 어느 회사에서 생산하는 제품 20개 중에 5개의 불량품이 있다고 가정하자. 이 중에서 4개를 선택하였을 때, 2개가 불량품일 확률은?

제7장 연속확률분포

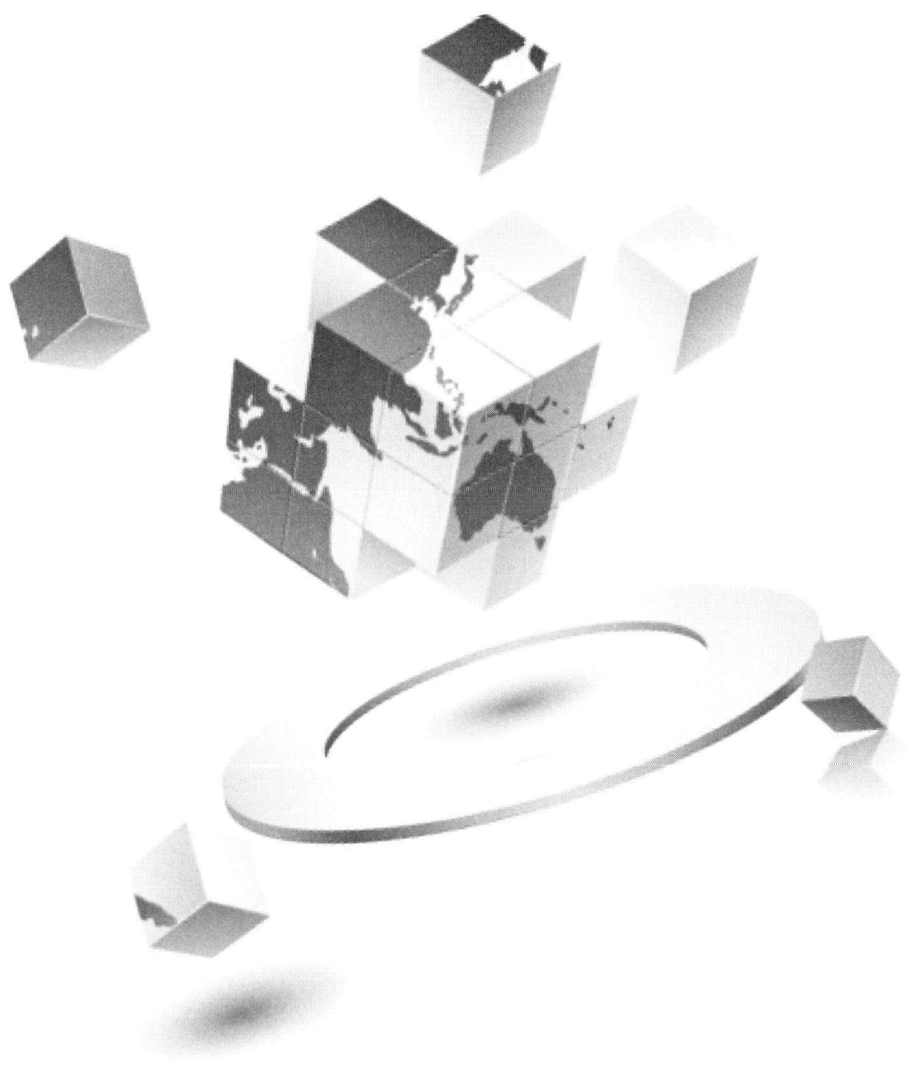

제7장 연속확률분포

앞 장에서는 이산확률분포에 속하는 이항분포, 포아송분포, 초기하분포 등을 설명하였다. 이장에서는 연속확률변수의 확률분포에 관하여 설명하도록 하겠다.

이산확률변수와는 다르게 길이, 속도, 무게, 부피를 나타내는 단위들은 어떤 범위내에서 어떠한 값이라도 취할 수 있는 확률변수들이 있다. 예를 들어 사람의 몸무게를 확률변수로 한다면, 60Kg과 61Kg 사이에 발생가능한 변수의 값은 무수히 많으며, 60.2Kg과 60.3Kg 사이에도 발생할 수 있는 변수의 값은 무수히 많다. 이와 같이 어떤 일정한 번위에 있는 모든 실수 값을 취할 수 있는 확률변수를 연속확률변수(continuous random variable)라 하고, 이러한 확률변수가 이루는 분포를 연속확률분포(continuous probability distribution)라 한다.

연속확률분포에 속하는 분포로는 균일분포, 정규분포(normal distribution), t-분포, F-분포, 그리고 κ^2(카이제곱)-분포 등이 있는데, 이장에서는 균일분포와 정규분포만 설명하기로 하고, 나머지는 그 내용이 필요한 장에서 다루도록 하겠다.

제1절 확률밀도함수(probability density function)

이산확률분포와 달리 확률변수가 셀 수 없는 값으로 표시될 때를 연속확률분포라고 한다. 그림과 같이 구간 $[0, 4]$에서 직선 $f(x) = \frac{1}{8}x$와 x축으로 둘러싸인 부분을 생각해보자.

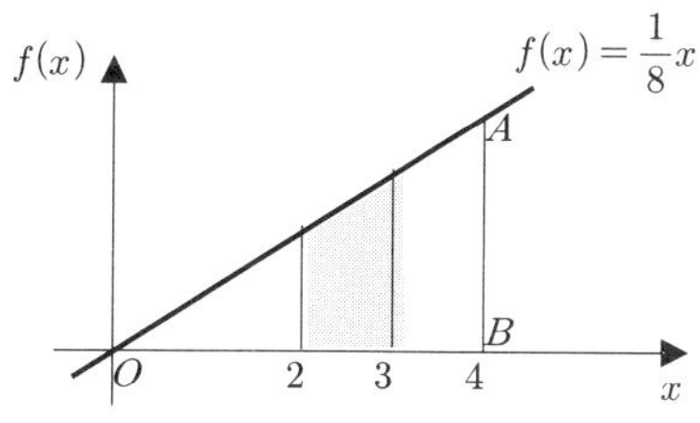

삼각형 OAB의 내부에 한 점을 찍을 때 그 점의 x좌표를 X라 하면 X는 0과 4사이의 임의의 실수값을 가진다. 이 때 어떤 점을 찍든 그것은 반드시 삼각형 OAB의 내부에 있

어야 하므로 전체 확률은 $P(0 \le X \le 4) = 1$을 만족해야 한다.

또, X가 구간 $[2, 3]$에 속할 확률은 그 점이 위의 색칠한 영역에 속할 확률과 같으므로 구하는 확률은 $P(2 \le X \le 3) = \frac{5}{16}$이다. 이처럼 연속확률분포는 길이나 넓이 등으로 확률을 구할 때가 많다. 이 때 $f(x) = \frac{1}{8}x$를 확률밀도함수라고 부른다.

즉 확률 밀도 함수(probability density function, pdf)는 확률변수의 분포를 나타내는 함수로, 구간 $[\alpha, \beta]$에서 정의된 확률밀도함수 $f(x)$는 다음의 조건을 만족해야 한다.

① $f(x) \ge 0$

② 전체 확률 $P(\alpha \le X \le \beta) = 1$

③ $P(a \le X \le b)$은 a에서 b까지의 $y = f(x)$와 x축 사이의 넓이를 나타낸다.

즉

확률변수 X가 구간 $[\alpha, \beta]$에서 모든 값을 취하고 이 구간에서 정의된 함수 $f(x)$ 가

① $f(x) \ge 0$

② α에서 β까지의 $y = f(x)$와 x축 사이의 넓이가 1, 즉 $\int_{\alpha}^{\beta} f(x)\,dx = 1$

③ $P(a \le X \le b)$은 a에서 b까지의 $y = f(x)$와 x축 사이의 넓이를 나타낸다.

(단, $\alpha \le a < b \le \beta$)

를 만족할 때, 변수 X를 (연속)확률변수, 함수 $f(x)$를 X의 확률밀도함수라 한다.

확률밀도함수는 $f(x)$로 나타내는데, 이 $f(x)$는 단순히 그래프의 모양을 나타내는 식에 불과하며, 이것이 확률을 나타내는 식은 아니다. 연속확률분포에서의 확률은 확률밀도함수와 x축 사이의 어느 구간의 넓이로서 계산되기 때문이다.

예제 1) 다음 함수 중 구간 $[0, 1]$에서 확률밀도함수가 될 수 있는 것을 모두 고르면?

① $f(x) = x - 1$　　② $f(x) = x + 1$

③ $f(x) = 2 - 2x$　　④ $f(x) = 2x$

예제 2) 연속확률변수 X의 확률밀도함수가 $f(x) = a\ (0 \le X \le 2)$ 일 때, 다음을 구하여라.

(1) 상수 a 의 값　　(2) $P(1 \le X \le 2)$

제2절 균일분포

연속확률분포 중에서 가장 단순한 타입의 확률분포가 균일분포(continuous uniform probability)로 그 정의는 다음과 같습니다.

임의의 구간 (a, b)에서 확률변수 X가 동일한 확률을 가지게 되면 이 확률변수 X를 균일확률변수라 하고, 그 X의 확률분포를 균일분포라고 합니다.

균일분포의 확률밀도함수는 다음과 같다.

$$f(x) = \frac{1}{b-a},\ a \le x \le b$$

즉 확률변수가 취하는 모든 구간에서 각 사건의 발생확률이 일정하기 때문에 균일분포라고 부른다. 일반적으로 균일분포를 따르는 확률변수의 예로 특정 노선을 운항하는 비행기의 운항시간, 순환하는 지하철의 1회 순환 시 소요된 시간, 승객의 정류장 등 다양합니다.

예제 3) 우리나라 성인남자의 몸무게의 분포를 연속적인 균일분포로 나타낼 수 있다고 가정하여 확률밀도함수가 다음과 같다고 할 때, 50Kg 이상 60Kg 이하의 몸무게를 갖는 사람의 비율을 구하시오.

$f(x) = \frac{1}{25},\ 50 \le x \le 75$ (단위 : Kg)

풀이) 확률밀도함수가 포함하고 있는 면적의 합계가 1 이므로, 주어진 문제를 해결하기 위해서는 아래의 그림에서와 같이 50에서 60까지의 넓이가 얼마인지를 구하면 되므로, $(60-50) \times \frac{1}{25}$ = 0.4, 즉 몸무게가 50~60Kg인 성인 남자는 전체의 40%가 된다.

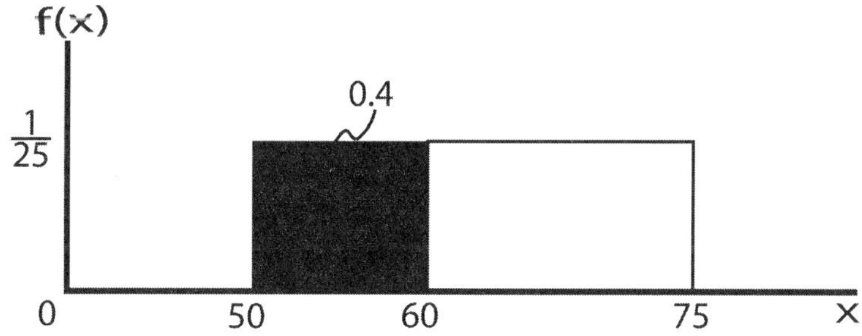

제3절 정규분포(normal distribution)

정규분포는 정규곡선으로부터 유래한 분포로서 도수분포곡선이 평균값을 중앙으로 하여 좌우대칭인 종 모양을 이루는 것으로 19세기 초 가우스(Karl F. Gauss)가 물리 계측의 오차를 계산하는 과정에서 도입된 확률분포로서 가우스분포 또는 오차분포라고도 하며, 그 곡선을 가우스곡선 또는 오차곡선이라 한다. 또한 A.J.케틀레가 통계에 이용하였으므로 이것을 케틀레곡선이라고도 한다. 이들 자료의 분포가 이 곡선과 가까운 형태를 지니고 있어야 정상이고, 그렇지 않은 경우에는 자료 수집과정에 이상이 있다고 생각했기 때문에, 이 분포에 "정규(normal)"라는 이름을 붙이게 되었다. 그 후 정규분포의 개념은 자연과학뿐만 아니라, 인문 사회과학 분야에서 많이 사용되고 있으며, 신장(身長)의 분포, 지능(知能)의 분포 등 그 예는 많다.

정규분포의 개념을 확실하게 이해하기 위하여 먼저 정규분포의 확률밀도 함수에 대하여 알아보자.

3.1. 정규분포의 확률밀도함수

연속확률변수 X 의 확률밀도함수 $f(x)$가 $f(x)=\dfrac{1}{\sqrt{2\pi}\,\sigma}e^{-\frac{(x-\mu)^2}{2\sigma^2}}$ 으로 주어져 있을 때 이것을 정규분포곡선이라 하고, 이 때 확률변수 X는 정규분포 $N(\mu,\sigma^2)$을 따른다고 한다. 여기서 e 는 자연로그의 밑 $e=2.71828\cdots$, μ,σ는 각각 확률변수 X 의 평균, 표준편차이다.

정규분포는 평균과 표준편차에 의해 결정되므로 정규분포의 모양은 다양하며, 여러 종류의 분포모양을 모두 포함하기 때문에 정규분포를 가족분포라고 불린다.

정규분포의 확률밀도함수의 특성은 다음과 같다.

(1) 직선 $x=\mu$에 대하여 대칭이고, $x=\mu$에서 최대값 $\dfrac{1}{\sqrt{2\pi}\,\sigma}$을 가진다.

(2) $\mu-\sigma<x<\mu+\sigma$에서는 위로 볼록, 그 밖에서는 아래로 볼록하다.

(3) x 축을 점근선으로 한다.

(4) 곡선과 x 축 사이의 넓이는 1 이다.

(5) X가 구간 $[a,b]$에 속할 확률 $P(a\le X\le b)$는 a에서 b까지의 $y=f(x)$와 y축 사이의

넓이를 나타낸다.

(6) 표준편차 σ가 커지면 곡선의 산 모양이 낮아져 옆으로 넓어지고, σ가 작아지면 높아져 좁아진다.

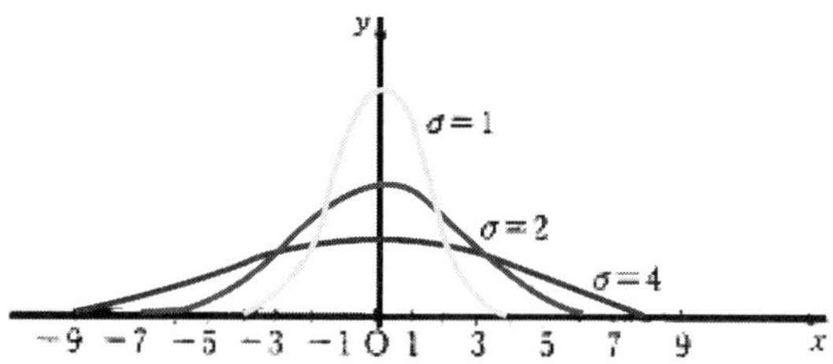

(7) $f(x) = \dfrac{1}{\sqrt{2\pi}\,\sigma} e^{-\frac{(x-\mu)^2}{2\sigma^2}}$ 이라 하면,

$P(\mu-\sigma \le X \le \mu+\sigma) \fallingdotseq 0.6826$

$P(\mu-2\sigma \le X \le \mu+2\sigma) \fallingdotseq 0.9544$

$P(\mu-3\sigma \le X \le \mu+3\sigma) \fallingdotseq 0.9974$

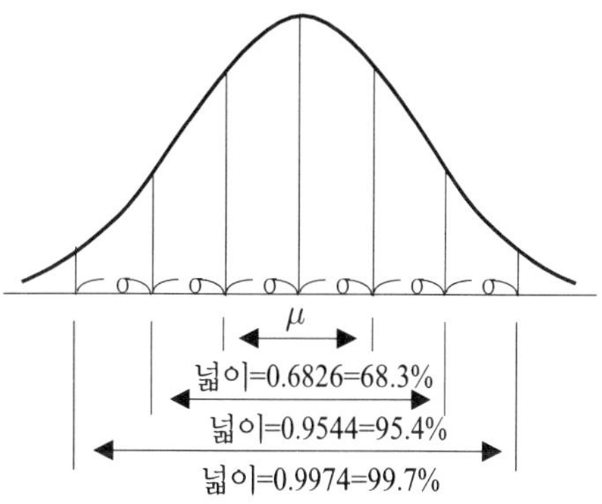

참고적으로 일정 연령의 사람의 키나 몸무게 정상적인 생산 과정 아래에서 만들어진 제품의 특성값 (길이, 무게, 강도, 수명 등)과 같이 정규분포를 따른다고 생각되는 변량은 대단히 많으며, $N(\mu, \sigma^2)$ 의 N은 정규분포라는 뜻의 영어 Normal distribution 의 머리문자이다.

예제 4) 어떤 학급에서 수학시험을 치른 결과, 수학은 어렵게 출제되어서 $N(50, 5^2)$인 정규분포를 이루었다고 할 때, 수학 성적을 40점 이상 60점 이하 맞은 확률을 구하시오.

풀이) 확률변수 X는 정규분포 $N(\mu, \sigma^2)$을 따른다고 하였으므로, 평균 $\mu = 50$, 표준편차 $\sigma = 5$가 된다. 또한 문제에서 40점 이상 60점 이하 맞은 확률을 구하면 되므로
$P(40 \le X \le 60) = P(50-2\times5 \le X \le 50+2\times5) = P(\mu-2\sigma \le X \le \mu+2\sigma) \fallingdotseq 0.9544$
이다. 즉 수학성적이 40점 이상 60점 이하를 맞을 확률은 95.44%이다.

또한, 정규분포의 확률밀도함수의 특성에서 가장 중요한 사실은 위에서 언급한 것과 같이 직선 $x = \mu$ 에 대하여 대칭이고, 곡선과 x축 사이의 넓이는 1 이기에 다음과 같은 성질을

갖는다.

즉 $f(x)=\frac{1}{\sqrt{2\pi}\,\sigma}e^{-\frac{(x-\mu)^2}{2\sigma^2}}$ 이라 하면,

$P(\mu-\sigma \le X \le \mu+\sigma) \fallingdotseq 0.6826$

$P(\mu-2\sigma \le X \le \mu+2\sigma) \fallingdotseq 0.9544$

$P(\mu-3\sigma \le X \le \mu+3\sigma) \fallingdotseq 0.9974$ 임을 이미 설명하였다.

그러므로 확률변수 X 가 정규분포를 따르면,

$P(\mu \le X \le \mu+\sigma) \fallingdotseq 0.3413$

$P(\mu \le X \le \mu+2\sigma) \fallingdotseq 0.4772$

$P(\mu \le X \le \mu+3\sigma) \fallingdotseq 0.4987$ 임을 알 수 있다.

예제 5) 어떤 학급에서 수학시험을 치른 결과, 수학은 어렵게 출제되어서 $N(50, 5^2)$인 정규분포를 이루었다고 할 때,

1) 수학 성적을 50점 이상 55점 이하 맞은 확률을 구하시오.
2) 수학 성적을 60점 이상 맞은 확률을 구하시오.
3) 한 학급을 100명이라고 할 때, 수학 성적을 60점 이상 맞은 학생은 대략 몇 명인가?

풀이) 확률변수 X는 정규분포 $N(\mu, \sigma^2)$을 따른다고 하였으므로, 평균 $\mu=50$, 표준편차 $\sigma=5$가 된다.

1) 문제에서 50점 이상 55점 이하 맞을 확률을 구하면 되므로,
$P(50 \le X \le 55)=P(50 \le X \le 50+1\times 5)=P(\mu \le X \le \mu+\sigma) \fallingdotseq 0.3413$ 이다.
즉 수학성적이 50점 이상 55점 이하를 맞을 확률은 34.26%이다.

2) 문제에서 60점 이상 맞을 확률을 구하면 되므로,
$P(X \ge 60)=P(X \ge 50+2\times 5)=P(X \ge \mu+2\sigma)$
$=0.5-P(\mu \le X \le \mu+2\sigma)=0.5-0.4772=0.0228$ 이다.
즉 수학성적이 60점 이상 맞은 확률은 2.28%가 된다는 것이다.

3) 위 문제 풀이에서 60점 이상 맞을 확률이 2.28% 이므로 100명 중 약 2명 정도 수학성적을 60점 이상 맞는다고 할 수 있다.

3.2. 표준정규분포

정규분포는 평균과 표준편차에 따라 모양과 위치가 다르기 때문에 두 분포의 성격을 비교하거나 특정정규분포에서 확률을 계산하기 위해서는 , 먼저 모든 정규분포의 평균과 표준편차를 표준화하여 표준적인 정규분포를 만들어야 한다.

표준정규분포는 모든 정규분포를 평균 $\mu=0$, 표준편차 $\sigma=1$이 되도록 표준화한 것이다. 어떤 관찰치 X의 값이 그 분포의 평균으로부터 표준편차의 몇 배 정도나 떨어져 있는가를 아래와 같이 표준화된 확률변수 Z 로 나타내기 때문에 표준정규분포를 Z-분포라고도 한다.

$$Z=\frac{X-\mu}{\sigma}$$

그러면 정규분포로부터 표준정규분포를 만들어 가는 과정에 대하여 소개하고자 한다.

X 가 정규분포 $N(\mu,\sigma^2)$ 을 따를 때 $Z=\dfrac{X-\mu}{\sigma}$ 이라 하면,

$$E(Z)=E\left(\frac{X-\mu}{\sigma}\right)=\frac{E(X)}{\sigma}-\frac{\mu}{\sigma}=\frac{\mu}{\sigma}-\frac{\mu}{\sigma}=0$$

$V(Z)=V\left(\dfrac{X-\mu}{\sigma}\right)=\dfrac{V(X)}{\sigma^2}=\dfrac{\sigma^2}{\sigma^2}=1$ 이 되므로 Z-분포는 정규분포 $N(0,1)$를 따른다.

확률변수 Z가 표준정규분포 $N(0,1)$을 따를 때의 확률밀도 함수 $f(z)=\dfrac{1}{\sqrt{2\pi}}e^{-\frac{z^2}{2}}$ 의 그래프는 아래의 그림과 같고 확률 $P(0\le Z\le u)$ 는 0에서 u 까지의 곡선과 z축과의 넓이이다. 이 때 여러 가지 z의 값에 대한 확률 $P(0\le Z\le u)$ 의 값을 모아 놓은 표를 표준정규분포표라고 한다.

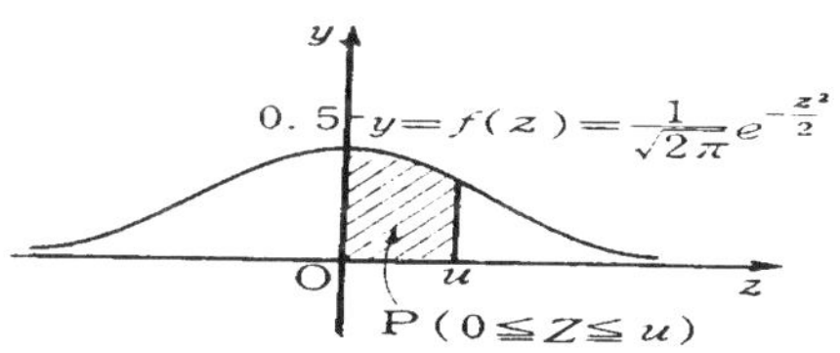

표준정규분포는 평균이 μ, 표준편차가 σ인 정규분포를 변형시켜 얻은 분포로 표준정규분포의 평균은 0, 표준편차는 1이 된다. 다시 말하면 평균과 표준편차가 다른 모든 정규분포를 똑같은 평균과 표준편차로 표준화시킨 것이다. 표준정규분포는 X 대신 Z를 확률변수로 바꾸었기 때문에 Z-분포라고 불린다. Z-분포는 앞에서 설명한 정규분포의 모든 성질과 마찬가지로 좌우대칭의 종모양이며, 확률변수 Z가 취할 수 있는 값의 범위도 $-\infty<Z<\infty$ 이다. 표준정규곡선과 Z축 사이의 면적의 합이 1인 것도 동일하다. 이렇게 표준화된 정규분포로 변형하면 각 확률변수간의 비교뿐만 아니라 정규분포에서의 특정한 면적의 확률을 계산할 때도 편리하다. 그러므로 모든 정규분포에서의 넓이의 계산, 즉 확률의 계산은

표준정규분포의 Z값에 따른 넓이만 알면 된다. 이 넓이를 표로 만든 것이 Z-table이며, 보록에도 나와 있고 추리통계학에서 가장 많이 사용하기 때문에 Z-table의 이용법을 꼭 익혀두어야 한다.

〈표 표준정규분포의 확률표〉

Z값	0	0.01	0.02	0.03	0.04	0.05	0.06	0.07	0.08	0.09
0	0.0000	0.0040	0.0080	0.0120	0.0160	0.0199	0.0239	0.0279	0.0319	0.0359
0.1	0.0398	0.0438	0.0478	0.0517	0.0557	0.0596	0.0636	0.0675	0.0714	0.0753
0.2	0.0793	0.0832	0.0871	0.0910	0.0948	0.0987	0.1026	0.1064	0.1103	0.1141
0.3	0.1179	0.1217	0.1255	0.1293	0.1331	0.1368	0.1406	0.1443	0.1480	0.1517
0.4	0.1554	0.1591	0.1628	0.1664	0.1700	0.1736	0.1772	0.1808	0.1844	0.1879
0.5	0.1915	0.1950	0.1985	0.2019	0.2054	0.2088	0.2123	0.2157	0.2190	0.2224
0.6	0.2257	0.2291	0.2324	0.2357	0.2389	0.2422	0.2454	0.2486	0.2517	0.2549
0.7	0.2580	0.2611	0.2642	0.2673	0.2704	0.2734	0.2764	0.2794	0.2823	0.2852
0.8	0.2881	0.2910	0.2939	0.2967	0.2995	0.3023	0.3051	0.3078	0.3106	0.3133
0.9	0.3159	0.3186	0.3212	0.3238	0.3264	0.3289	0.3315	0.3340	0.3365	0.3389
1	0.3413	0.3438	0.3461	0.3485	0.3508	0.3531	0.3554	0.3577	0.3599	0.3621
1.1	0.3643	0.3665	0.3686	0.3708	0.3729	0.3749	0.3770	0.3790	0.3810	0.3830
1.2	0.3849	0.3869	0.3888	0.3907	0.3925	0.3944	0.3962	0.3980	0.3997	0.4015
1.3	0.4032	0.4049	0.4066	0.4082	0.4099	0.4115	0.4131	0.4147	0.4162	0.4177
1.4	0.4192	0.4207	0.4222	0.4236	0.4251	0.4265	0.4279	0.4292	0.4306	0.4319
1.5	0.4332	0.4345	0.4357	0.4370	0.4382	0.4394	0.4406	0.4418	0.4429	0.4441
1.6	0.4452	0.4463	0.4474	0.4484	0.4495	0.4505	0.4515	0.4525	0.4535	0.4545
1.7	0.4554	0.4564	0.4573	0.4582	0.4591	0.4599	0.4608	0.4616	0.4625	0.4633
1.8	0.4641	0.4649	0.4656	0.4664	0.4671	0.4678	0.4686	0.4693	0.4699	0.4706
1.9	0.4713	0.4719	0.4726	0.4732	0.4738	0.4744	0.4750	0.4756	0.4761	0.4767
2	0.4772	0.4778	0.4783	0.4788	0.4793	0.4798	0.4803	0.4808	0.4812	0.4817
2.1	0.4821	0.4826	0.4830	0.4834	0.4838	0.4842	0.4846	0.4850	0.4854	0.4857
2.2	0.4861	0.4864	0.4868	0.4871	0.4875	0.4878	0.4881	0.4884	0.4887	0.4890
2.3	0.4893	0.4896	0.4898	0.4901	0.4904	0.4906	0.4909	0.4911	0.4913	0.4916
2.4	0.4918	0.4920	0.4922	0.4925	0.4927	0.4929	0.4931	0.4932	0.4934	0.4936
2.5	0.4938	0.4940	0.4941	0.4943	0.4945	0.4946	0.4948	0.4949	0.4951	0.4952

정규분포에 관한 문제는 다음 단계를 거쳐서 해결한다.

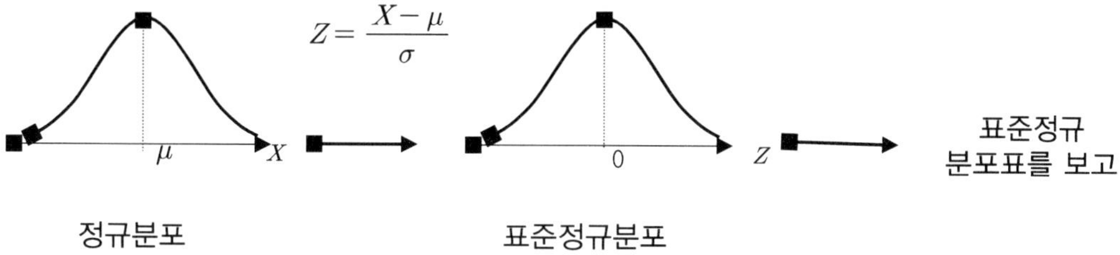

예제 6) 변수 X가 정규분포 $N(100, 5^2)$을 따를 때, 다음 각 확률을 표준정규분포 $N(0, 1)$로 바꾸어 표현하시오.

(1) $P(100 \le X \le 105)$ (2) $P(95 \le X \le 105)$ (3) $P(85 \le X \le 110)$

풀이) 먼저 각각의 변수들을 표준화하면, $\dfrac{85-100}{5} = -3$, $\dfrac{95-100}{5} = -1$, $\dfrac{100-100}{5} = 0$, $\dfrac{105-100}{5} = 1$, $\dfrac{110-100}{5} = 2$

1) $P(100 \le X \le 105) = P(0 \le Z \le 1)$

2) $P(95 \le X \le 105) = P(-1 \le Z \le 1)$

3) $P(85 \le X \le 110) = P(-3 \le Z \le 2)$

예제 7) 확률변수 X가 $N(60, 16)$을 따른다고 할 때, $P(55 \le X \le 63)$을 계산하여라.

풀이) 표준화 공식 $Z = \dfrac{X-60}{4}$를 쓰면 $P(55 \le X \le 63) = P(-1.25 \le Z \le 0.75)$

표준정규분포표를 보면 아래 그림과 같다.

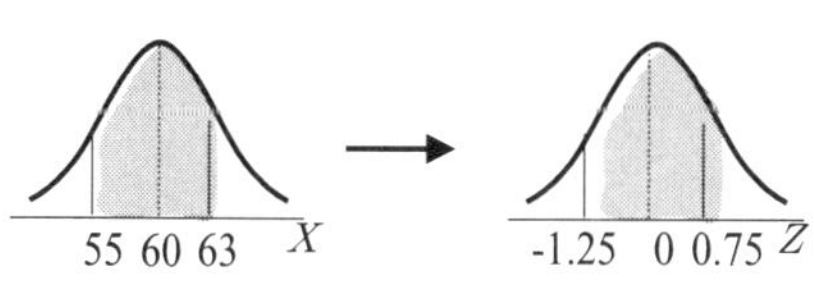

z	$P(0 \le Z \le z)$
0.70	0.2580
0.75	0.2734
1.00	0.3413
1.25	0.3944

평균 0을 중심으로 좌우대칭형이란 성질을 이용하면 구하는 확률은 $P(-1.25 \le Z \le 0.75) = P(0 \le Z \le 1.25) + P(0 \le Z \le 0.75) = 0.6678$ 임을 알 수 있다.

예제 8) 변수 X가 정규분포 $N(70, 3^2)$을 따를 때, 다음 각 확률을 표준정규분포표를 이용하여 구하여라.

1) $P(70 \le X \le 76)$ 2) $P(67 \le X \le 73)$ 3) $P(64 \le X \le 79)$

풀이)

1) $P(70 \le X \le 76) = P(70 \le X \le 70 + 2 \times 3) + P(\mu \le X \le \mu + 2\sigma)$

$= P(0 \le z \le 2) = 0.4772$

z	$P(0 \le Z \le z)$
1	0.3413
2	0.4772
3	0.4987

2) $P(67 \le X \le 73) = P(70 - 3 \le X \le 70 + 3)$

$= P(\mu - \sigma \le X \le \mu + \sigma) = P(-1 \le Z \le 1)$

$= P(0 \le Z \le 1) = 0.6826$

3) $P(64 \le X \le 79) = P(70 - 2 \times 3 \le X \le 70 + 2 \times 3)$

$= P(\mu - 2\sigma \le X \le \mu + 3\sigma) = P(0 \le Z \le 2) + P(0 \le Z \le 3)$

$= 0.4772 + 0.4987 = 0.9759$

제4절 이항분포와 정규분포와의 관계

확률변수 X가 이항분포 $B(n,\ 1/6)$ 을 따를 때, X의 확률분포는 다음 식으로 나타낼 수 있다.

$P(X=x)=\ _nC_x\left(\frac{1}{6}\right)^x\left(\frac{5}{6}\right)^{n-x}$ (단, $x=0,1,2,\cdots,n$)

여기서 $n=10$ 일 때, $x=0,1,2,\cdots,10$

$n=30$ 일 때, $x=0,1,2,\cdots,30$

$n=50$ 일 때, $x=0,1,2,\cdots,50$

을 대입하여 각각의 경우를 그래프로 나타내면 오른쪽 그림과 같이 n이 점점 커짐에 따라서 좌우가 대칭인 종 모양으로 되어짐을 알 수 있다.

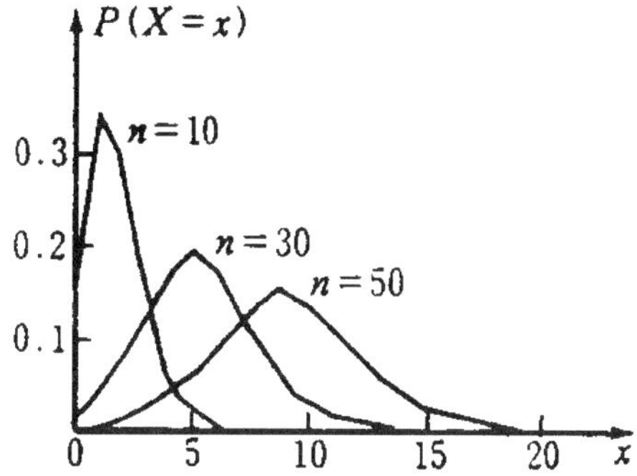

이와 같이, 일반적으로 이항분포 $B(n,\ p)$는 n이 충분히 클 때, 근사적으로 정규분포 $N(np,\ npq)$ 에 따른다는 것이 알려져 있다. (Laplace의 정리)

예제 9) 다음 이항분포를 정규분포로 고쳐 보아라.

1) $B(100,\ 1/2)$ 2) $B(450,\ 1/3)$ 3) $B(720,\ 1/6)$

풀이)

1) $B(100,\ 1/2)$에서 $np=100\times\frac{1}{2}=50$, $npq=100\times\frac{1}{2}\times\frac{1}{2}=25=5^2$ 이므로 $N(50,\ 5^2)$

2) $B(450,\ 1/3)$에서 $np=450\times\frac{1}{3}=150$, $npq=450\times\frac{1}{3}\times\frac{2}{3}=100=10^2$ 이므로 $N(150,\ 10^2)$

3) $B(720,\ 1/6)$에서 $np=720\times\frac{1}{6}=120$, $npq=720\times\frac{1}{6}\times\frac{5}{6}=100=10^2$ 이므로 $N(120,\ 10^2)$

예제 10) 하나의 주사위를 50번 던질 때 1의 눈이 8번 이상 나타날 확률을 구하여라.

풀이) 이항분포 $B(50,\ 1/6)$이므로 이를 정규분포 $N(25/3,\ 125/18)$로 근사할 수 있다.

이를 표준화시키면 $Z=\dfrac{X-(25/3)}{5\sqrt{10}/6}=\dfrac{8-(25/3)}{5\sqrt{10}/6}=\dfrac{\sqrt{10}}{25}$이므로

$P(X\geq 8)=P(Z\geq -\dfrac{\sqrt{10}}{25})=P(Z\geq -0.13)=0.5+P(0\leq Z\leq 0.13)$

$=0.5+0.0517=0.5517$

연습문제

7.1. 당첨률이 25% 인 복권을 300장 샀을 때, 30% 이상인 당첨될 확률을 구하시오.
(단, $P(-2 \leqq Z \leqq 2) = 0.9544$ 이다.)

7.2. 여론 조사 결과 찬성과 반대 의견이 비슷한 어떤 안건에 대하여 투표로 결정하되 유권자의 60% 이상이 찬성해야 통과되는 것으로 정하였다. 유권자가 100명일 때, 이 안건이 통과될 확률을 구하여라.
(단, $P(0 \leqq Z \leqq 1) = 0.3413$, $P(0 \leqq Z \leqq 2) = 0.4772$)

7.3. 60세인 사람의 일년간 사망률은 10% 이다. 이 나이의 사람 1만 명을 피보험자로 가진 생명 보험 회사는 그 해에 몇 명분의 보험금을 준비해야 하는지 구하시오.
(단, 판단착오는 1% 이내이다.)

7.4. 전자제품대리점에서 하루에 판매되는 냉장고의 수는 평균30이고, 표준편차가 10인 정규분포를 이룬다. 하루에 판매되는 냉장고의 수가 다음과 같은 확률을 구하시오

① 적어도 15개 이상일 확률 ==>0.9332

② 35개 이상일 확률 ==>0.3085

③ 25개에서 35개일 확률 ==>0.3830

7.5. 한 백화점에서 고객들의 쇼핑시간을 조사해 보았더니 평균이 40분, 표준편차가 10분인 정규분포를 이루었다. 쇼핑시간이 다음과 같을 확률을 구하시오.

① 30~40분일 확률 ② 35~45분일 확률

③ 25~35분일 확률 ④ 47.5~55분일 확률

7.6. 100마리의 물소가 지나가고 있었다. 물소는 몸집이 매우 커서 독화살을 두 방 맞아야만 죽는다. 사냥꾼 무리가 300발의 독화살을 쏘았다. 몇 마리가 살아남았겠는가.

7.7. 설탕을 많이 사용하면서 인류는 비만과의 전쟁을 시작하였다. 수 십년 전 사카린이 발명되고 저칼로리라는 장점으로 설탕 대용으로 많이 사용하였다. 그러던 어느 날 한 과학자가 사카린이 암을 유발할지도 모른다는 연구결과를 발표하면서 미국 보건복지부에 비상이 걸렸다. 이에 보건복지부는 100명의 과학자에게 연구용역을 주어 사카린이 암을 유발하는지를 연구하도록 하였다. 이 100명의 과학자는 각각 400마리의 쥐에 일정량의 사카린을 주입하고 암이 발생하는지를 관찰하였다. 그 결과 99명의 과학자는 1마리 이상의 암에 걸린 쥐를 관찰하였고 1명의 과학자는 암에 걸린 쥐를 관찰할 수가 없었다. 이 경우 전체적으로 몇 퍼센트의 쥐가 사카린에 의하여 암에 걸렸다고 말할 수 있겠는가

7.8. 학생들이 통계학 시험을 끝내는데 걸리는 시간은 평균 60분, 표준편차 12분의 정규분포를 한다고 한다. 시험치는 학생의 90%에게 충분한 시간을 주고자 한다면 시험시간을 얼마로 해야 하는가?

7.9. 대학신입생의 신장의 평균값이 169cm이고, 표준편차가 6cm라고 알려져있다. 100명의 신입생을 표본추출 했을때 표본평균이 170cm 이상 172cm 이하일 확률을 구하라.

7.10. 동전을 10번 던지는 실험에서 앞면이 3번에서 6번사이에 나올 확률을 구하고자 할 때 다음 질문에 답하라

1) 이항분포를 사용하여 확률을 구하라.
2) 정규분포로 근사시켜 확률을 구하고 이항분포의 결과와 비교하라.

7.11. 수학 과목의 보고서를 평가한 결과, 30점 만점에 평균이 10, 분산이 5였다. 성적이 저조하여 모든 학생에게 학생의 원래점수를 2배한 점수에다 4점을 더하여 새로운 점수를 주었다. 이 새로운 점수의 평균과 분산은 각각 얼마인가?

7.12. 이항분포 B(n,p)를 따르는 확률변수 X의 분산을 5/2이고, P(x=n-1)=10P(x=n)이 성립한다고 할 때 E(x)는?

7.13. 컬러 텔레비젼 튜브의 수명이 정규분포를 따른다고 하고, 평균 7.8년 표준편차 2년이라고 한다.

A. 텔레비젼 튜브가 10년 이상 정상 작동될 확률은?
B. 회사가 텔레비젼 튜브 보증기간을 2년으로 할 경우, 텔레비젼 튜브 이상으로 물건이 교환될 확률은?
C. 회사가 판매된 텔에비젼 교환율을 1%이하로 유지하려고 한다면, 텔레비젼 튜브 보증기간을 얼마로 해야 하는가?

7.14. 어느 대학교에 다니는 학생들의 60%가 인터넷 쇼핑경험이 있다면, 이학교의 학생들 가운데 100명을 임의로 뽑았을 때 68% 이상 인터넷 쇼핑을 경험했을 확률을 구하라.

제8장 추정

제 8장 추정(estimation)

제1절 통계적 추정

이번 장부터는 추리통계 추정방법에 대해서 살펴보도록 하자. 추리통계학이란 통계량(statistic)을 토대로 모집단의 모수(parameter)를 추정하는 것이다. 이러한 추리통계학이 다루는 영역은 크게 통계적 추정과 가설검정으로 나눌 수 있다. 통계적 추정(statistical estimation)은 표본의 성격을 나타내는 통계량을 기초로 하여 모수를 추정하는 통계적 분석방법이다. 반면 가설검정(hypothesis test)은 모수에 대하여 특정한 가설을 세워놓고, 표본을 선택하여 통계량을 계산한 다음, 이를 기초로 하여 모수에 대한 가설의 진위를 판단하는 방법이다.

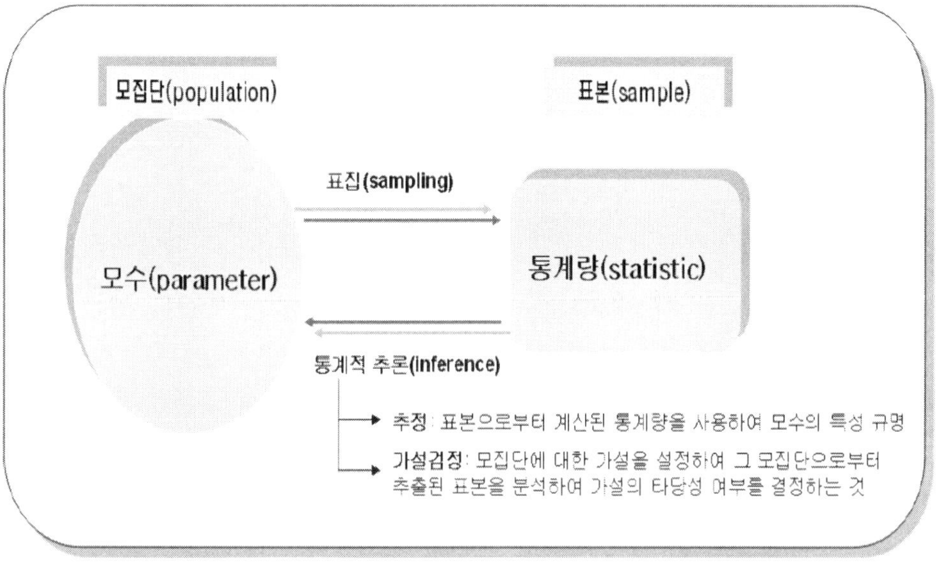

일반적으로 모집단의 특성을 파악하기 위해 사용할 수 있는 가장 좋은 방법은 모집단을 구성하는 모든 요소를 조사하여 분석하는 것이다. 그런데 모집단이 작으면 전체 구성요소

를 조사, 분석하는데 별 무리가 없겠지만, 만약 모집단이 매우 크다면 모든 구성요소를 조사한다는 것은 현실적으로 불가능하다.

이러한 경우, 통계학에서는 모집단에서 표본(sample)을 추출하고 추출된 표본정보를 이용하여 모집단의 모수(parameter; 모평균, 모비율, 모분산 등)를 예측하게 된다. 그리고 이러한 예측이 올바른지를 별도 검정과정을 통해 판단한다. 바로 이러한 과정이 통계학에서 다루고 있는 추정(estimation)과 가설검정(hypothesis testing)이다.

가설검정은 뒤에서 다루기로 하고 여기서는 통계적 추정의 두 가지 형태인 점추정(potin estimation)과 구간추정(interval estimation), 그리고 결정기준 등에 대해서 살펴보도록 한다.

하나의 예로, 어느 슈퍼에서 1일 평균판매액이 얼마인가를 추정한다고 할 때 어느 특정한 하루의 판매액으로 추정하는 것보다는 며칠에 걸쳐 얻어진 판매액들의 평균값으로 추정하는 것이 바람직할 것이다.

다른 예로써, 어느 초등학교 전교생 중에서 가장 키가 큰 학생은 몇 cm가 될 것인가를 알고 싶을 경우, 표본으로 50명의 학생들의 키를 얻는다고 할 때, 50명의 표본값들 중에서 가장 큰 값으로 전교생 최장신의 키를 추정할 수 있을 것이다.

이와 같이 우리는 표본으로부터 모집단의 성격을 알아내고자 하는 것이고, 이렇게 알아내고자 하는 값을 모수라고 할 때 그 모수가 무엇인가에 따라 추정하는 방법도 달라진다.

먼저 통계학에서의 추정은 크게 두 가지로 구분됩니다.

1) 점추정(point estimation): 모집단의 특성(모수)을 하나의 값으로 추정하는 방식
2) 구간추정(interval estimation): 모집단의 특성(모수)을 적절한 구간을 이용하여 추정하는 방식

점추정은 모수와 동일할 가능성이 가장 높은 하나의 값을 선택하는 것이므로 그 값이 완전히 모수와 같을 가능성은 사실상 매우 희박하며, 그 불확실성의 정도도 표현할 수 없다. 이러한 점추정의 단점을 보완하는 방법으로 구간추정이 있으며, 구간 추정은 모수가 존재할 수 있는 일정구간을 계산하면서 계산된 구간 값의 불확실성 정도도 함께 나타낼 수 있기 때문에 일반적으로 많이 사용한다. 즉 구간추정은 적절한 구간을 가지고 모수를 추정하는 방법으로서 모수의 추정치와 신뢰도를 함께 구할 수 있다.

제2절 바람직한 통계적 추정량의 결정기준

우선 이번 절에서는 바람직한 통계적 추정량에 대해서 살펴보자.

바람직한 통계적 추정량이란 표본으로부터 구할 수 있는 통계량 가운데 모수를 추정하기에 가장 적절한 것을 결정하여 그 값을 모수값으로 보는 것이다.

여기서 추정량(estimator)이란 추정치를 구하기 위해 사용되는 추정방법이나 도구를 의미하며, 추정치(estimate)란 모수를 추정한 값을 말한다. 예를 들어 전국 고등학생의 신장(height)을 파악하기 위해 총 1,000명을 표본으로 뽑아 조사한 경우 평균 신장이 174cm로 나왔다면, 모평균 m 을 구하기 위하여 표본 평균 $\overline{X}$를 이용하게 되는데, 여기서 $\overline{X}$는 m의 추정량이 되며, 표본평균의 구체적인 수치인 $\overline{X}$ = 174cm는 모집단의 평균을 추정하는 추정치가 된다. 즉 모집단의 모수 θ를 추정하기 위한 추정량을 $\hat{\theta}$로 나타낼 수 있다. 여기서 가장 적절한 추정량 $\hat{\theta}$를 선택하는 기준은 다음의 4가지 조건으로 설명할 수 있으며 가장 적합한 추정량을 최우수 추정량이라고 한다.

이 4가지 조건 중 불편성에 가장 큰 비중을 둔다.

첫째, 불편성(Unbiasedness)

추정량의 기댓값이 실제 모수의 값과 차이가 나면 그 추정량은 편의(bias)를 갖는다고 한다.

이상적인 추정량의 조건은 0의 편의를 갖는 것이며, 이때의 추정량을 불편추정량이라고 한다. 불편성의 정의는 다음과 같다.

불편성의 정의

추정량의 기댓값이 추정할 모수의 실제 값과 같을 때 이 추정량은 불편성을 가졌다고 한다.

즉 $E(\hat{\theta})=\theta$ 일 때를 말한다.

예를 들어 평균 m을 추정하기 위해 사용되는 $\overline{X}$는 불편추정량인데, 이는 $\overline{X}$ -분포의 평균, 즉 기댓값 $E(\overline{X})$는 m과 같기 때문이다. 또한 모집단의 표준편차 σ를 추정하는 데에는 표본의 표준편차 S가 불편추정량이 된다. 이 S들의 평균은 σ와 같기 때문이다. 추정량이 위의 식을 만족시키지 못할 때, θ와 $E(\theta)$간에 차이가 생기는 데 이를 편의라고 한다. 즉 편의 B(bias) = $E(\theta)-\theta$를 말한다.

불편성은 앞서 말한 듯이 4가지 조건 중 가장 큰 비중을 차지하며, 좋은 추정량이 되기 위한 필수조건이다.

둘째, 효율성(Efficiency)

추정량 중에서 최소의 분산을 가진 추정량이 가장 효율적이다. 표본에서 계산된 추정량은 모집단의 모수에 근접해야 하는데, 이렇게 되기 위해서는 모수를 기준으로 하여 추정량의 분산이 작아야 하며 이 원칙을 효율성이라고 한다. 추정량의 분산도가 더욱 작은 추정량이 보다 더 바람직한 추정량이 된다는 성질이다.

셋째, 일치성(Consistency)

표본의 크기 n 이 무한히 증가함에 따라 추정량 $\hat{\theta}$ 이 모수 θ 에 가까워지는 것을 일치성이라고 한다. 즉 $E(\hat{\theta}-\theta)^2 \rightarrow 0$ 일 때를 말한다.

넷째, 충족성(Sufficiency)

추정량이 모수에 대하여 가장 많은 정보를 제공할 때 그 추정량을 충족성이 있다고 한다.

제3절 점 추정(Point Estimation)

위와 같이 모수를 추정하기 위해 추정량이 충족되었을 경우 표본으로부터 파악된 추정치는 다음과 같이 점 추정이 성립된다.

1) 모 평균의 점 추정

모평균의 점 추정량은 표본평균이다. 모집단 평균 m의 불편추정량은 $\overline{X}$이 된다.

즉, m의 불편추정량 = 표본평균 $\overline{X}$

2) 모 분산의 점 추정

모분산의 점 추정량은 표본분산이다. 모집단의 분산 σ^2의 불편추정량은 표본분산 S^2이 된다.

즉 σ^2의 불편추정량 = 표본분산 S^2

3) 모 표준편차의 점 추정

모표준편차의 점 추정량은 표본표준편차가 된다. 즉 σ의 불편추정량 = S

4) 모 비율의 점추정

n 개의 표본 중에 A개의 성질을 갖는 것이 X 개 있다면, $p=\overline{p}=\frac{X}{n}$ 이 된다. 즉, 모비율의 점 추정은 표본비율이다.

제4절 구간추정

일상생활에서 확실히 알지 못하는 어떤 값에 대한 표현으로 「어떤 정도이다」라고 한다. 이를테면, 어느 전시장의 시간당 입장객 수는 40~50명 정도라고 하거나, 그 회사 임원들 연봉이 5000~6000만원 정도 된다고 한다.

이렇게 (모집단에 대해서) 모르는 어떤 값(파라메터)을 추정하는 데 있어 하나의 값으로 추정하는 것이 아니고 구간으로 추정하는 것을 구간추정이라고 한다.

이와 같이 모집단의 파라메터를 추정함에 있어 표본으로부터 얻어진 하나의 값으로 추정을 하는 것(점추정)보다는 그 파라메터가 어느 구간 내에 들어 있을 것으로 표현(추정)하는 것이 더 적절한 경우가 있을 것이다.

예를 들어, 어느 제품의 시장점유율이 37%라고 점추정하는 것보다는 (35%, 39%)내에 있다고 표현하는 것이 필요한 경우이다.

구간추정(interval estimation)이란 **신뢰수준**(신뢰확률, 신뢰도)이 일정하게 주어지고 파라메터가 들어 있는 구간을 찾는 작업을 말한다.

그러면 신뢰수준이라는 것은 왜 필요한가? 예를 들어, 현재 타고 있는 전철 1량 내에 들어 있는 사람들의 평균 연령은 어떤 구간 내에 있을까를 추정한다고 할 때 [10세, 70세]으로 추정한다면 추정의 의미가 상실된다. 왜냐하면, 평균연령이 10세 이상이고 70세 이하일 것은 당연하기 때문이다. 다시 말하면, 평균연령이 [10세, 70세] 범위 내에 있다는 것은 100% 믿을 수 있다는 말이다.

그러므로 구간추정을 하고자 할 경우 그 구간의 폭은 어느 정도까지로 한정되어야 하며, 그 결과를 신뢰할만한 수준 또한 결정되어야 한다는 것이다.

신뢰수준으로서 95%를 사용하는 것이 일반적이지만 꼭 95%이어야만 하는 것은 아니다. 신뢰수준을 로 한다면 신뢰구간의 폭이 95%일 때보다는 넓어지게 된다.

앞서 살펴본 점추정은 특정한 하나의 값으로 모수를 추정하기 때문에 추정치를 충분히 신뢰할 수 없다. 그러나 구간추정은 모수가 존재할 범위를 제공하고, 연구자가 원하는 만큼의 정확도를 가지고 모수를 추정할 수 있다.

예를 들어 평균을 중심으로 표준편차 ±2에 있는 경우는 다음과 같다.

$$P(\overline{X}-2\sigma \leq m \leq \overline{X}+2\sigma) \fallingdotseq 0.95$$

즉 모수 m 이 포함될 95%의 확률구간을 파악할 수 있다.

4.1. 신뢰도와 신뢰구간

우선 신뢰도와 신뢰구간에 대한개념을 살펴보자.

신뢰도 혹은 신뢰수준이란 모집단 평균 m 이 포함될 신뢰구간을 말한다. 신뢰도는 추정의 정확성과 관련이 있는 것으로서 신뢰도가 95%라는 의미는 표본을 100번 뽑아 그 평균을 구했을 경우 95번 정도는 신뢰구간 내에 모집단의 평균이 포함된다는 것을 의미한다. 반면 오차율(α)은 신뢰구간 내에 모집단 평균이 포함되지 않을 확률이다. 따라서 신뢰도와 오차율과의 관계는 다음과 같다.

신뢰도 = $1-\alpha$(오차율)

반면 신뢰구간은 표준오차를 고려하여 모집단 평균 m 이 포함될 확률구간을 말한다.

4.2. 신뢰구간추정

신뢰구간추정이란 표준오차를 고려하여 모집단 평균 μ가 포함될 확률구간인 신뢰구간을 설정함으로써 모집단 평균을 추정하는 방법이다. 계산이 점추정에 비해 다소 복잡하지만 원하는 정확도를 가지고 모수를 측정할 수 있다는 장점이 있다.

모집단의 평균에 대한 구간추정을 한다고 할 때 표본평균($\overline{X}$)을 도구로 삼아야 하는 것은 당연하다.

왜냐하면 앞 절에서 설명한 바와 같이 $\overline{X}$를 점추정할 때 m 이 가장 적합하기 때문이다.

그러면, $\overline{X} \sim N(m, \frac{\sigma^2}{n})$ 인 사실을 이용하여 $(1-\alpha)100\%$ 신뢰수준에서의 신뢰구간을 구해 보도록 하자.

먼저, 분포를 표준화하면 $Z = \frac{\overline{X}-m}{\sigma/\sqrt{n}}$ 이므로, 표준화정규분포 변수 Z의 분포에 대해 그림과 같이 $(1-\alpha)$를 정(正) 가운데 할당하면 그림과 같다.

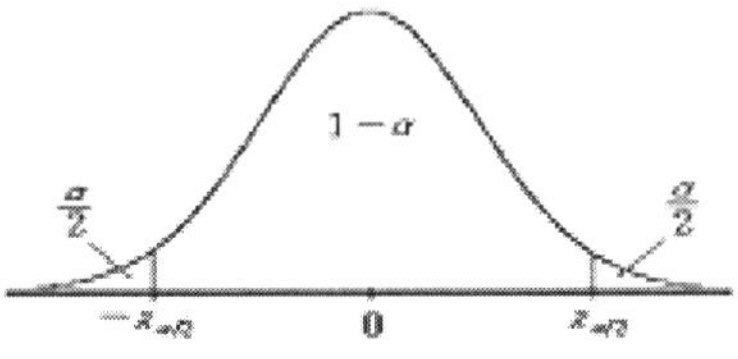

다음을 식으로 나타내면,

$$P(-z_{\alpha/2} < Z < z_{\alpha/2}) = 1-\alpha \Rightarrow P(-z_{\alpha/2} < \frac{\overline{X}-m}{\sigma/\sqrt{n}} < z_{\alpha/2}) = 1-\alpha$$

$$\Rightarrow P(-z_{\alpha/2}\frac{\sigma}{\sqrt{n}} < \overline{X}-m < z_{\alpha/2}\frac{\sigma}{\sqrt{n}}) = 1-\alpha$$

$$\Rightarrow P(-\overline{X}-z_{\alpha/2}\frac{\sigma}{\sqrt{n}} < -m < -\overline{X}+z_{\alpha/2}\frac{\sigma}{\sqrt{n}}) = 1-\alpha$$

$$\Rightarrow P(\overline{X}-z_{\alpha/2}\frac{\sigma}{\sqrt{n}} < -m < \overline{X}+z_{\alpha/2}\frac{\sigma}{\sqrt{n}}) = 1-\alpha$$

그러므로 신뢰구간에 대한 추정을 할 때 한쪽으로 α의 확률을 갖는 Z_α 또는 $-Z_\alpha$ 보다는 양쪽으로 $\alpha/2$씩의 확률을 갖는 Z의 값, 즉 $\pm Z_\alpha$ 로 표시하는 경우가 더욱 많다.

만일 $\alpha = 0.005$라고 한다면, 각각의 α의 $1/2$, 즉 0.025씩의 면적을 갖는다.

이때 $Z_{0.025} = 1.96$, $-Z_{0.025} = -1.96$ 의 값을 갖게 되는 것이다. 만약 신뢰도 95%에서 모평균의 신뢰구간을 추정한다면, $Z_{0.025} = 1.96$, $-Z_{0.025} = -1.96$에 해당하는 값과 면적은 다음과 같이 나타낼 수 있다. 일반적으로 연구에서 많이 사용되는 신뢰도는 90%, 95%, 99%이며, 이 때 표준점수는 다음과 같다.

신뢰도$(1-\alpha)$	$Z=0$ 에서 $Z_{\alpha/2}$까지의 면적	$Z_{\alpha/2}$
0.90(90%)	0.450	1.64
0.95(95%)	0.475	1.96
0.99(99%)	0.495	2.57

신뢰구간의 추정식은 모표준편차를 알고 있는지 여부, 그리고 모집단의 표준편차를 모를 경우 표본의 수에 따라서 약간씩 차이가 있다.

1) 모집단의 표준편차를 알고 있을 경우

모집단의 표준편차를 알고 있을 경우, 신뢰도 $1-\alpha$의 신뢰구간을 구하는 공식은 다음과 같다.

$$\overline{X}-z_{\alpha/2}\frac{\sigma}{\sqrt{n}} \le m \le \overline{X}+z_{\alpha/2}\frac{\sigma}{\sqrt{n}}$$

신뢰구간의 범위가 넓을수록 그 속에 모집단의 평균이 포함될 가능성이 더 높아진다는 것을 뜻한다. 반면 범위가 넓을수록 신뢰구간이 갖는 정보의 가치는 줄어들게 된다.

예제 1) 어느 연구소에서 A라는 식물에 대한 실험연구를 진행하고 있다. 기존에 이 식물의 생명주기의 표준편차는 100일이라고 알려져 있다. 이 식물 100구를 조사하였더니 평균 생명주기가 180일이었을 때 이 식물의 실제 평균생명주기를 95%의 신뢰도로 추정한다면 얼마이겠는가?

풀이) 문제에 주어진 조건에서 모집단의 표준편차를 알고 있는 경우이므로, $\sigma = 100$일, $n = 100$구, 표본 평균 $\overline{X} = 180$일, 95% 신뢰도를 추정하는 문제이므로 $Z_{\alpha/2} = 1.96$ 이다. 그러므로 주어진 식 $\overline{X} - z_{\alpha/2}\frac{\sigma}{\sqrt{n}} \leq m \leq \overline{X} + z_{\alpha/2}\frac{\sigma}{\sqrt{n}}$에 대입하면 $180 - 1.96\frac{100}{\sqrt{100}} \leq m \leq 180 + 1.96\frac{100}{\sqrt{100}}$이므로 정리하여 계산하면 $180 - 19.6 \leq m \leq 180 + 19.6$이 되어 $161.4 \leq m \leq 199.6$이 된다는 것을 알 수 있다. 즉 95% 신뢰도로 추정하였더니 평균생명 주기가 161.4 일부터 199.6일 사이가 된다는 것을 알 수 있다.

예제 2) 200마리의 쥐를 대상으로 자극에 대한 평균 반응시간을 예측하고자 30마리의 쥐를 갖고 조사한 결과 평균 반응시간은 4초이고 표준편차는 0.5초였다. 모집단 평균 m에 대한 95%신뢰구간을 구하여라.

풀이) 문제에 주어진 조건에서 모집단의 표준편차를 알고 있는 경우이므로, $\sigma = 0.5$초, $n = 30$ 마리, 표본 평균 $\overline{X} = 4$ 초, 95% 신뢰도를 추정하는 문제이므로 $Z_{\alpha/2} = 1.96$ 이다. 그러므로 주어진 식 $\overline{X} - z_{\alpha/2}\frac{\sigma}{\sqrt{n}} \leq m \leq \overline{X} + z_{\alpha/2}\frac{\sigma}{\sqrt{n}}$에 대입하면 $4 - 1.96\frac{0.5}{\sqrt{30}} \leq m \leq 4 + 1.96\frac{0.5}{\sqrt{30}}$ 이므로 정리하여 계산하면 $4 - 0.179 \leq m \leq 4 + 0.179$이 되어 $3.821 \leq m \leq 4.179$가 된다는 것을 알 수 있다. 즉 95% 신뢰도로 추정하였더니 평균 반응 시간은 3.821초부터 4.179초 사이가 된다는 것을 알 수 있다.

예제 3) 최근 민간 연구소 선임연구원들의 평균연봉이 남녀별로 차이가 많다는 주장이 제기되면서 성차별의 문제로 비화되었다. 이에 따라 여성부에서는 민간 연구소의 선임연구원들을 무작위로 남녀 60명씩 추출하여 조사해본 결과 남자의 평균 연봉은 2,825만원, 표준 편차 156만원이었으며, 여자의 평균 연봉은 2,661만원, 표준 편차는 182만원으로 나타났다. 과연 민간 연구소 임금체계상에 성차별이 존재하는지에 대하여 95% 신뢰구간을 구하여 분석하시오.

풀이) 문제에 주어진 조건에서 모집단의 표준편차를 알고 있는 경우이므로,

첫째, 남자의 평균 연봉의 경우 $\sigma = 156$만원, $n = 60$명, 표본 평균 $\overline{X} = 2{,}825$만원, 95% 신뢰도를 추정하는 문제이므로 $Z_{\alpha/2} = 1.96$ 이다. 그러므로 주어진 식 $\overline{X} - z_{\alpha/2}\frac{\sigma}{\sqrt{n}} \le m \le \overline{X} + z_{\alpha/2}\frac{\sigma}{\sqrt{n}}$ 에 대입하면 $2{,}825 - 1.96\frac{156}{\sqrt{60}} \le m \le 2{,}825 + 1.96\frac{156}{\sqrt{60}}$ 이므로 정리하여 계산하면 $2{,}825 - 39.6 \le m \le 2{,}825 + 39.6$ 이 되어 $2{,}785.4 \le m \le 2{,}864.6$ 이 된다는 것을 알 수 있다.

둘째, 여자의 평균 연봉은 $\sigma = 182$만원, $n = 60$명, 표본 평균 $\overline{X} = 2{,}661$만원 , 95% 신뢰도를 추정하는 문제이므로 $Z_{\alpha/2} = 1.96$이다. 그러므로 주어진 식 $\overline{X} - z_{\alpha/2}\frac{\sigma}{\sqrt{n}} \le m \le \overline{X} + z_{\alpha/2}\frac{\sigma}{\sqrt{n}}$ 에 대입하면 $2{,}661 - 1.96\frac{182}{\sqrt{60}} \le m \le 2{,}661 + 1.96\frac{182}{\sqrt{60}}$ 이므로 정리하여 계산하면 $2{,}637.5 \le m \le 2{,}684.5$ 가 된다는 것을 알 수 있다. 그러므로 95% 신뢰도로 추정하였더니 남자의 평균 연봉은 여자의 평균 연봉과 겹치는 부분이 있지 않기에 임금 체계상 차별이 이루어지고 있음을 알 수 있다.

2) 모집단의 표준편차를 알지 못하는 경우

일반적으로 모집단의 평균은 모르면서 모집단의 표준편차를 알고 있는 경우는 매우 드물다.

대개의 경우 모집단의 표준편차를 알려면 당연히 평균 m 을 알아야 계산할 수 있기 때문이다. 모집단의 표준편차 σ를 모를 때에는 표본에서 구한 불편추정량, 즉 표본의 표준편차 S를 σ대신으로 사용한다.

(1) 대표본일 경우

모집단의 분포가 정규분포를 이루고 모표준편차 σ가 알려지지 않을 때 t-분포를 사용하는 것이 원칙이다. 그러나 표본의 수 n 이 30이상이면 모집단의 분포에 아무런 가정이 없더라도 중심극한정리에 의하여 $\overline{X}$ 는 정규분포를 이루기 때문에 t-분포 대신 Z-분포를 사용하여도 무관하기에 표본의 표준편차 S를 이용하여 다음과 같이 구할 수 있다.

$$\overline{X} - z_{\alpha/2}\frac{S}{\sqrt{n}} \le m \le \overline{X} + z_{\alpha/2}\frac{S}{\sqrt{n}}$$

예제 4) 모집단이 정규분포를 이루고 있으며, 36개의 표본을 조사한 결과 표본의 평균은 14.60 이며, 표본의 표준편차 S 가 2.23 이라 할 때, 모평균에 대한 99% 신뢰구간을 구하라.

풀이) 모집단의 분포가 정규분포를 이루고 있으며, 모 표준편차를 모르고, 주어진 문제에서 표본의 수가 30이상이기에 위 예제에서와 같이 Z-분포를 사용하여 구할 수 있다.

즉 문제의 조건에서 표본의 수 $n = 36$, 표본의 평균 $\overline{X} = 14.6$, 표본표준편차 $S = 2.23$, 99% 신뢰구간에서의 $Z_{\alpha/2} = 2.57$이므로, $\overline{X} - z_{\alpha/2}\frac{S}{\sqrt{n}} \le m \le \overline{X} + z_{\alpha/2}\frac{S}{\sqrt{n}}$ 에 대입하여 계산하면, $14.6 - 2.57 \times \frac{2.23}{\sqrt{36}} \le m \le 14.6 + 2.57 \times \frac{2.23}{\sqrt{36}}$ 이므로, $14.6 - 0.95 \le m \le 14.6 + 0.95$ 이므로 모평균에 대한 99% 신뢰구간은 $13.65 \le m \le 15.55$가 된다.

(2) 소표본일 경우(t-분포)

모집단의 표준편차 σ도 모르고 표본이 30개 미만으로 크기가 작으며, 표본의 표준편차 S만 알고 있을 경우에는 정규분포를 하지 않고, 자유도가 $n-1$ 인 t -분포를 이룬다고 본다. 평균이 m 인 정규분포 모집단에서 추출한 크기가 n인 표본의 평균을 $\overline{X}$라고 하고, 표준편차를 S라고 한다면 $t = \frac{\overline{X} - m}{S/\sqrt{n}}$ 은 자유도가 $(n-1)$인 t -분포를 따른다.

따라서 Z-분포의 값이 아닌 t-분포의 값을 보면서 신뢰구간을 추정해야 하며, t-통계량을 이용한 신뢰구간은 다음과 같다.

$$\overline{X} - t_{(\alpha/2),n-1}\frac{S}{\sqrt{n}} \le m \le \overline{X} + t_{(\alpha/2),n-1}\frac{S}{\sqrt{n}}$$

참고적으로 t - 분포(t -distribution)에 대하여 살펴보도록 하자.

평균이 m 이고 표준편차가 σ인 정규집단에서 크기 n인 표본을 추출하여 표본평균 $\overline{X}$와 표본표준편차 S를 얻었다면 이때 $\dfrac{\overline{X}-m}{S/\sqrt{n}}$은 자유도가 $(n-1)$인 t -분포를 따른다는 것으로 알려져 있다.

t-곡선은 정규분포와 마찬가지로 종모양의 좌우대칭적 모양으로서 0에서 가장 높은 점을 갖는다. 그러나 정규분포에 비해서 조금 더 넓게 분포되어 있다. 즉 가운데 봉우리는 낮고 양쪽 꼬리는 조금 더 두꺼운 분포를 보인다. 그런데 자유도(degree of freedom, v)가 증가할수록 t-분포는 점점 더 봉우리가 솟아오르며 정규분포에 근사하게 된다.

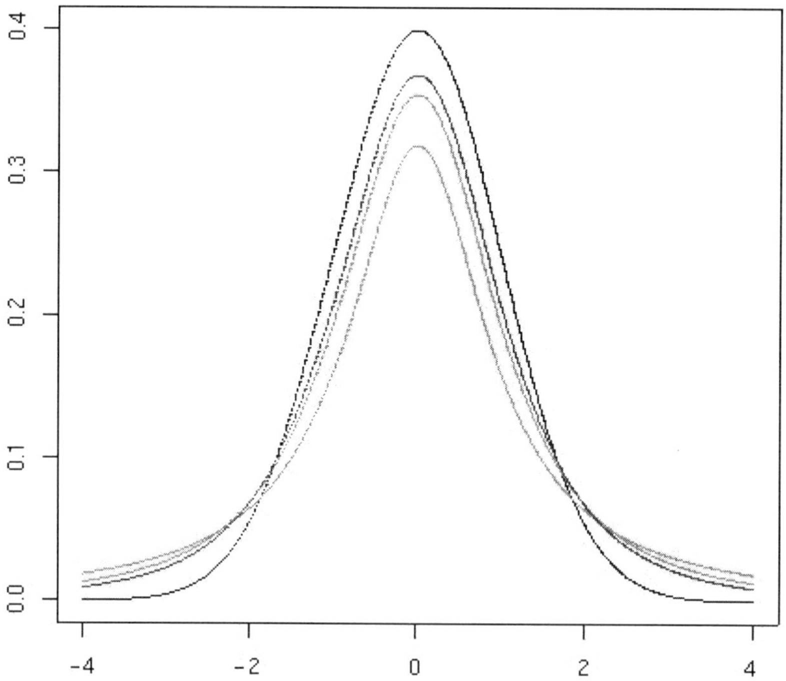

따라서 일반적으로 알려진 것과 같은 정규분포표를 만든다면 자유도에 따라서 무수히 많은 t-분포표가 존재하게 된다. 그러나 t-분포표가 이용되는 대부분의 경우는 t-검정이므로 다음과 같이 여러 자유도와 특정한 오른쪽 꼬리 확률 (또는 면적)에 대한 임계값을 표시하는 표가 널리 사용된다. t-곡선의 모양을 결정하는 것은 자유도(degree of freedom)이다. 자유도는 d.f.로 나타내며, 표본의 크기 n에서 1을 뺀 것이다. 자유도란 자료집단의 관찰치중에서 자유롭게 선택될 수 있는 관찰치의 수를 말한다.

예를 들어 확률변수 X가 10개 있는데, 그 평균을 구한다고 하자. 이 때 10개의 관측치 중 일단 9개만 정해지면 평균을 알 수 있으므로 나머지 하나는 자동적으로 정해짐을 알 수 있다. 이 경우 자유도($v=9$)가 된다. t-분포는 정규분포보다 옆으로 퍼져 있음을 알 수 있다. 옆으로 퍼져 있는 t-통계량이 Z-통계량보다 큰 값을 갖도록 하므로, 모집단의 표준편차 σ를 알지 못하는데서 오는 추정상의 오류를 보상해준다.

예를 들어, $\alpha=0.05$, $\alpha=0.025$에 해당되는 값이 $v=20$일 때, t-분포에서는 각각 1.725, 2.086에 해당하는데 비해 정규분포는 1.64와 1.96인 점을 생각한다면, t-분포가 추정구간을 넓게 하는 효과를 가져 모집단의 표준편차 σ를 모르는 데에 대한 보상을 함을 알 수 있을 것이다.

〈t - 분포표〉

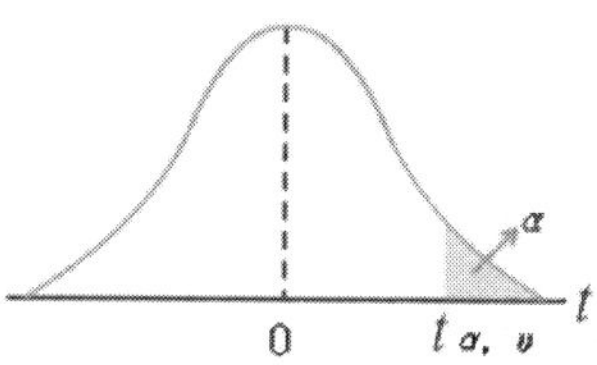

ν	α=0.10	α=0.05	α=0.25	α=0.01	α=0.05
1	3,078	6,314	12,706	31,821	63,657
2	1,886	2,920	4,303	6,963	9,925
3	1,638	0.2353	3,182	4,541	5,841
4	1,533	2,132	2,776	3,747	4,604
5	1,476	2,015	2,571	3,365	4,032
6	1,440	1,943	2,477	3,143	3,707
7	1,415	1,895	2,365	2,998	3,499
8	1,397	1,860	2,306	2,896	3,355
9	1,383	1,833	2,262	2,821	3,250
10	1,372	1,812	2,228	2,764	3,169
11	1,363	1,796	2,201	2,718	3,106
12	1,356	1,782	2,179	2,681	3,055
13	1,350	1,771	2,160	2,650	3,012
14	1,345	1,761	2,145	2,624	2,977

또한, 분포도 t 값의 계산이 용이하도록 사전에 t 값에 해당하는 확률을 구해 놓은 표가 있는데, 이것을 t-분포표라고 한다. t-분포표에서 행은 자유도를, 열은 오차율 α를 나타낸다.

t값을 표시할 때는 다음과 같은 기호를 사용한다.

자유도가 $n-1$이고 오른쪽 꼬리의 면적이 α인 t 값은 $t_{\alpha,n-1}$라고 표시한다.

예제 5) t-분포표를 이용하여 다음을 답하시오.

1) 자유도가 14일 때 상위 5% 해당하는 t값을 구하시오.
2) 자유도가 12일 때 하위 10% 해당하는 t값을 구하시오
3) 자유도가 14일 때 영역의 90%가 두개의 t값 사이에 존재하도록 t 값들을 구하시오
4) 자유도가 12일 때 영역의 95% 두개의 t 값 사이에 존재하도록 t 값들을 구하시오

풀이)

1) 위 그림에서 자유도(v)가 14이고, 상위 5% 이므로 α= 0.05가 되는 값을 구하면 되므 로 그림에서 찾아보면 t = 1.731이 됩니다.
2) 위 그림에서 자유도(v)가 12이고, 하위 10% 이므로 α= 0.1이 되는 값을 구하여 상위 10%인 값을 구하면, 1.356이 되며 t -분포의 좌우대칭성질을 이용하여 구하는 문제가 상위가 아니고 하위 10% 이므로 t = -1.356이 된다는 것을 알 수 있다.
3) 자유도가 14일 때 t값들 사이의 면적이 90%가 되게 하라는 의미는 하위 5%값과 상위 5%값 사이의 크기가 90%가 되게 하라는 의미이므로 t = -1.761과 t = 1.176이 됩니다.
4) 자유도가 12일 때 t값들 사이의 면적이 95%가 되게 하라는 의미는 하위 2.5%값과 상위 2.5%값 사이의 크기가 95%가 되게 하라는 의미이므로, 자유도가 12일 때, α = 0.025가 되는 t 값을 구하면, t = 2.179 이므로 t = -2.179와 t = 2.179가 됩니다.

4.3. 비율의 신뢰구간

n개의 표본 중에 A라는 성질을 가진 것이 X개 있으면, 표본비율은 $\bar{p}=\dfrac{X}{n}$이 된다.

이 때 모집단에서 A라는 성질을 가지는 비율, 즉 모비율 p의 신뢰구간은 다음과 같이 계산한다.

$$\bar{p}-Z_{\alpha/2}\sqrt{\frac{\bar{p}(1-\bar{p})}{n}} \le p \le \bar{p}+Z_{\alpha/2}\sqrt{\frac{\bar{p}(1-\bar{p})}{n}}$$

예제 6) 서울시민들에게 현 정부의 대북정책에 대한 찬반여부를 파악하기 위해 400명을 임의 추출하여 조사를 실시하였더니, 찬성자가 240명으로 나타났다. 이를 바탕으로 전체 서울시민의 현 정부 대북정책 찬성자의 비율을 95% 신뢰구간에서 추정하여라.

풀이) 표준 정규 분포표를 이용하여 구하는 문제로 먼저 위의 계산 방법에 의하여 $\bar{p}=\frac{240}{400}=\frac{6}{10}=0.6,\ 1-\bar{p}=0.4,\ n=400$, 95% 신뢰구간이므로 $Z_{\alpha/2}=1.96$ 이 된다는 것을 알 수 있다.

그러므로 $\bar{p}-Z_{\alpha/2}\sqrt{\frac{\bar{p}(1-\bar{p})}{n}} \le p \le \bar{p}+Z_{\alpha/2}\sqrt{\frac{\bar{p}(1-\bar{p})}{n}}$ 에 대입하여 정리하면,

$0.6-1.96\sqrt{\frac{0.6\times0.4}{400}} \le p \le 0.6+1.96\sqrt{\frac{0.6\times0.4}{400}}$ 이 되며, 구체적으로 계산하여 정리하면 전체 서울시민의 현 정부 대북정책 찬성자의 비율을 95% 신뢰구간은 $0.552 \le p \le 0.648$ 이 된다는 것을 알 수 있다.

연습문제

8.1. 어느 대학의 남학생들의 키는 평균이 170cm, 표준편차가 10cm인 정규분포를 따른다고 한다. 100명의 남학생을 표본 조사하였을 때,

1) 남학생들 키의 90% 신뢰구간은?
2) 남학생들 키의 95% 신뢰구간은?
3) 남학생들 키의 99% 신뢰구간은?

8.2. 부산지역 여성 직장인의 한달 평균 신용카드 사용액을 알아보기 위하여 크기 50의 표본을 임의로 추출하여 표본평균과 표본분산을 구했더니 각각 6.7(만원), 7.3이었다. 다음을 구하시오.

a. 부산지역 여성 직장인의 한달 평균 신용카드 사용액에 대한 95% 신뢰구간
b. 부산지역 여성 직장인의 한달 평균 신용카드 사용액에 대한 99% 신뢰구간

8.3. 어느 회사에서 생산하는 비누의 무게는 분산이 4g인 정규분포를 따른다고 한다. 25개의 비누를 임의 추출하였을 때 그 평균무게의 값은 97g이었다. 실제평균무게에 대한 95%신뢰구간을 구하시오

8.4. 30초 동안의 삽입광고에 드는 라디오 방송비용을 추정하기 위해 16개의 방송국을 단순 확률 추출하였더니 표본평균이 15.5만원, 표본분산이 8이었다. 모든 라디오방송국의 광고비용이 정규분포를 따른다고 할 때 모평균에 대한 95%의 신뢰구간을 구하여라.

8.5. 한 연구자는 정신적 공항을 가지고 있는 사람들의 지능을 알아보고자 하였다. 그러나 충분한 표본을 확보하지 못하여 5명에 대해서만 실험을 실시하였고, 각각 3점, 4.5점, 2.5점, 4점, 1.4점을 얻었다. 이를 통해 정신공항자의 평균 지능점수를 신뢰구간 90%에서 계산하여라.

8.6. 10대들이 주당 파트타임으로 일하는 시간은 표준편차가 40분인 정규분포를 따른다고 하자. 15명의 10대들로 구성된 임의표본이 추출되었고 각 사람은 주당 파트타임으로 일하는 시간(분기준)을 보고하였다. 이 데이터가 다음과 같이 정리되어 있다. 모평균에 대한 95%의 신뢰구간추정치를 구하라.

180 130 150 165 90 130 120 60

200 180 80 240 210 150 125

8.7. 정부는 월 100만원 이하의 수입을 갖는 가구의 비율을 추정하고자 100가구로 이루어진 확률표본을 취하였다. 표본에서 40가구가 월수입이 100만원 이하였다. 모비율 P에 대한 95% 신뢰구간을 구하여라.

8.8. 경영통계 수업을 듣는 400명의 학생 가운데 50명의 점수를 무작위추출한 표본의 평균이 80, 표준편차 5를 나타내고 있다.

1) 400명의 평균 점수에 대한 95% 신뢰구간을 구하라

2) 400명의 평균점수가 80±1사이에 있다고 하면 몇 %의 신뢰수준이라 말할 수 있는가?

8.9. 과거의 자료에 의하면 신생아 몸무게의 표준편차는 0.35kg이라 한다. 우리나라 신생아의 평균 몸무게를 0.05kg의 최대허용오차 이내로 95%의 신뢰수준으로 추정하기 위해서 필요한 표본의 크기는 최소한 얼마가 되어야 하는가?

8.10. K대생의 건강상태를 알아보기 위해 9명을 무작위 선정하여 연간 병원출입횟수를 조사한 결과 3,2,4,4,0,8,9,1,5로 밝혀졌다. 병원 출입횟수에 대한 모평균의 99% 신뢰구간을 구하여라.

8.11. 모평균 μ는 미지의 값이고 $\sigma = 8$ 인 정규모집단에서 관측된 25개 확률표본으로부터 표본평균이 $\overline{X} = 42.7$ 임을 알았다. 이때 μ의 95% 신뢰구간을 구하여라.

8.12. 평균이 82이고 표준편차가 12인 모집단이 있을 때. 크기가 64인 확률표본을 뽑는다면 표본평균이 80.8과 83.2 사이에 있을 확률은 얼마인가?

8.13. 수박의 기존품종의 평균무게가 2.5kg 이라 한다. 새로운 수박 40통을 랜덤추출하여 무게를 측정한 결과 관측값이 $\overline{X} = 2.7$ 이고 $s = 0.397$ 일 때, 유의수준 $\alpha = 0.01$에서 신품종 평균무게가 기존품종과 다른가를 확인하여라.

제9장 가설검정

제 9장 가설검정

가설(hypothesis)은 아직 경험적으로 검증되지 않은 일종의 예비이론으로서 둘 혹은 그 이상의 변인들 간의 추측적 진술이다. 가설은 독립변수와 종속변수의 관계로 기술되는데, 일반적으로 "만약 ~하다면, ~하다"와 같은 형태로 구성된다. 가설은 다음과 같은 몇 가지 조건을 충족해야 한다.

첫째, 명료해야 한다.

둘째, 가치중립적이어야 한다.

셋째, 특정화되어 있어야 한다.

넷째, 경험적으로 검정이 가능해야 한다.

일반적인 가설검증의 순서는 다음과 같다.

첫째, 귀무가설, 대립가설과 그에 따른 의사결정대안을 설정한다.

둘째, 유의수준 α를 선택하고 기각영역을 설정한다.

셋째, 표본 통계치를 구한다.

넷째, 표본 통계치를 이용하여 가설을 검정하고 최선의 대안을 선택한다.

제1절 통계적 가설검정

가설검정(hypothesis test)은 표본으로부터 얻은 사실에 근거하여, 모집단의 특성에 대한 어떤 주장이나 추측을 가설로 설정하고 표본관찰을 통하여 가설이 맞는지 틀리는지를 통계적으로 검정하여 이를 채택(accept) 또는 기각(reject)하는 결정을 내리는 분석방법이다. 즉, 간단히 말해 가설검정이란 설정된 가설의 참과 거짓을 가리는 절차라고 할 수 있다. 이러한 (통계적)가설은 모집단 분포의 모양 또는 모수에 대한 주장이나 추측을 말하는데, 통계학에서는 실제 표본의 관측치와 이론치와의 차이가 확률적인 오차의 범위를 넘어 오류라고 판단되어질 때 가설을 기각(reject)한다라고 한다. 가설을 기각한다는 뜻은 예를 들면, 주사위의 확률이 동일하다는 귀무가설에 대하여 주사위의 확률이 모두 동일하다는 가설이 틀린다는 것을 의미한다. 반면 관측치와 이론치의 차이가 신뢰수준 범위 내에 존재할 경우 가설을 채택(accept)한다고 한다.

이 때 가설을 기각 혹은 채택하는 판단기준이 되는 것을 유의수준(α)이라 한다. 가설이 기각된 경우를 유의하다(significant)고 한다. 그러나 단순히 '유의하다'라고만 하지 말고 반드시 '유의수준 몇 %내에서 유의하다'라고 말해야 해야 하며, 또한 유의확률(p-value)도 제시해야 유의정도를 알 수 있다.

제2절 귀무가설과 대립가설

일반적인 가설검정에서는 모집단의 모수에 대해서 어떤 조건(부등호 혹은 임의의 숫자)을 가정하여 가설을 설정하는데, 이때 이 가설을 귀무가설(null hypothesis)이라 하며, H_0라고 표기한다. 또한 이 가설과 반대되는 가설을 대립가설(alternative hypothesis)이라 하며 H_1으로 나타낸다. H_0와 H_1은 서로 배타적인 관계에 있고 동시에 성립할 수 없다.

귀무가설은 영가설이라고도 하며 "아무런 차이가 없다" 또는 "전혀 효과가 없다"는 내용을 의미하는 주장이고, 대체로 연구에서는 귀무가설을 거부하기 위해 설정한다. 그러나 귀무가설을 기각하지 못하는 연구결과가 많이 나오며 이럴 경우 '귀무가설 기각의 실패'라고도 한다.

대립가설은 연구가설이라고도 하며 "차이가 있다" 혹은 효과가 있다"는 귀무가설의 반대개념으로 생각하면 된다. 일반적으로 귀무가설이 기각되고 대립가설이 받아들여지면 자료는 통계적으로 유의하다(statistically significant)고 표현한다.

통계적 의사결정의 배경이론은 드문 현상의 개념에 기초한다. 왜냐하면 귀무가설은 일반적으로 평범한 상태이기 때문이므로 '귀무가설은 사실'이라는 가정을 하고 출발한다. 이러한 가정 하에 관찰된 결과가 귀무가설 하에서 특이한지 아닌지를 판단하게 된다. 즉 수집된 자료가 귀무가설이 사실이라는 가정 하에서 얻어진 자료와 매우 다를 때 자료는 통계적으로 유의하다고 한다. 분석결과, 만일 귀무가설을 기각하면 자료는 통계적으로 유의하다고 정의한다.

○ **가설 설정**

① 귀무가설(H_0)

기존에 알려진 사실을 간단하고 구체적으로 표현한 가설

② 대립가설(H_1)

실험자가 사실임을 입증하고자하는 가설인데, 귀무가설로 지정되지 않은 모 든 경우를 포괄하여 설정하여야 한다.

위와 같이 설정된 가설은 모집단에서 추출된 표본정보에 따라 그 채택여부가 결정되는데, 이 때 표본에서 정의되고 검정에 사용되는 통계량을 검정통계량(test statistic)이라 한다. 즉, 두 가설 중에 한 개를 선택하는 데 사용하는 통계량이 검정통계량이다. 검정통계량 분포의 모수는 항상 귀무가설에서 정의된 모수값에 의해 결정된다.

귀무가설과 대립가설의 몇 가지 예를 들어보면 다음과 같다.

예제 1) 소득수준별로 선호하는 자동차 유형에 관한 가설

H_0: 소득수준에 따라서 선호하는 자동차 유형은 차이가 없다.

H_1: 소득수준에 따라서 선호하는 자동차 유형은 차이가 있다.

예제 2) 새롭게 개발된 신약의 암 치료 효과에 관한 가설(기존 약 복용시 생존율 1/5일 경우)

H_0: 신약 복용 후 암환자 생존률은 기존의 1/5과 차이가 없다.

H_1: 신약 복용 후 암환자의 생존율은 1/5보다 높아졌다.

예제 3) 기존 전구의 수명이 1년이라 할 때, 신소재를 사용한 제품의 수명에 관한 가설

H_0: 신소재로 만든 전구의 수명은 기존 수명인 1년과 차이가 없다.

H_1: 신소재로 만든 전구의 수명은 기존 수명인 1년 보다 길다.

예제 4) 스트레스와 감기발병율과의 상관관계에 대한 가설

H_0: 스트레스와 감기발병율과는 상과관계가 없다.

H_1: 스트레스와 감기발병율과는 상관관계가 있다.

예제 5) 주거환경이 아동의 학습능력에 미치는 영향에 대한 가설

H_0: 주거환경은 아동의 학습능력에 영향을 미치지 않는다.

H_1: 주거환경은 아동의 학습능력에 영향을 미친다.

제3절 가설검정 오류의 종류와 임계값

표본에서 나온 통계치를 이용하여 모수치를 추정하면 거의 오차가 발생하기 마련이다. 이것은 가설검정의 오류라고 한다. 가설검정에 있어서 귀무가설을 채택하든, 기각하든 간에 어느 하나를 결정할 때에는 두 가지 오류 중 어느 하나를 범할 가능성이 있다.

이러한 가설검증의 오류에는 두 종류가 있다.

표본통계량에 의한 의사결정	모집단의 특성	
	H_0가 참	H_0가 거짓
H_0 수용	올바른 결정$(1-\alpha)$	제2종 오류(β오류)
H_0 기각	제 1종 오류(α오류)	올바른 결정$(1-\beta)$

여기에서 제 1종 오류는 귀무가설(null hypothesis)이 모집단의 특성을 제대로 반영하고 있는데도 불구하고, 이를 기각하는 오류를 말하며 'α오류'로 나타낸다. 제 2종 오류는 귀무가설이 모집단의 특성을 제대로 반영하지 못함에도 불구하고 이를 받아들이는 오류를 말하며 'β오류'로 나타낸다.

위의 표에서 귀무가설의 주장이 틀릴 때(대립가설이 참일 때), 귀무가설 H_0을 기각(즉 H_1을 채택)하는 확률은 $(1-\beta)$이 최대가 되는 방법을 원하게 되는데, 이를 최강검정법이라고 한다.

유의수준(significance level)은 제1종 오류를 범할 확률을 그 검증의 유의수준이라고 하여 α로 표시한다. 보통 유의수준(α)은 0.10, 0.05, 0.01 등으로 정하는 경우가 많다. 유의수준을 얼마로 할 것인가에 대해서는 연구의 성격, 연구자의 주관성 등이 개입되므로 어느 연구에서나 적용될 수 있는 보편타당한 기준은 없다.

일반적으로 표본의 크기 n 이 일정한 경우, 유감스럽게도 쌍방이 일어날 확률을 동시에 작게 할 수는 없다. 따라서 일반적으로 검정을 할 때는 우선 제 1종 오류가 일어날 확률을 어느 수준 α이하로 고정하고, 그 다음 2종 오류가 일어날 확률을 될 수 있는 한 작게 하는 방법을 취하고 있다. 가설검정에서는 유의수준을 α, 또는 p (probability)로 표시한다.

가설검정에서 유의수준(significance level)을 세 가지로 잡고 있다.

첫째는 유의도 0.10 또는 90%의 신뢰수준이다. 이것은 α=0.10 혹은 $p < 0.10$으로 표시한다.

둘째는 유의도 0.05 또는 95%의 신뢰수준이다. 이것은 α=0.05 혹은 $p < 0.05$로 표시한다.

셋째는 유의도 0.01 또는 99%의 신뢰수준이다. 이것은 α=0.01 혹은 $p < 0.01$로 표시한다.

여기서 0.01의 유의수준은 표본의 특성에 의해 나타난 확률이 100번 중에서 1번 이하라는 의미이다. 그러므로 α=0.01이란 하나의 표본에서 나온 통계치가 모수치를 대표하는 정확도에 있어 오차가 1%라는 의미이다. 실제 검정에서는 유의수준 α의 크기는 5%나 1%가 선택되는 경우가 대부분이다. 그러나 반드시 이 값으로 검정을 해야 한다는 것은 아니고, 검정목적에 맞는 유의수준을 선택하는 것이 중요하다.

임계값(critical value)은 주어진 유의수준에서 귀무가설의 채택과 기각에 관한 의사결정을 할 경우, 그 기준이 되는 점으로서 기각치라고도 한다. 즉 검정통계량의 값이 표본으로 계산되었을 때 이 값이 기각역에 속하면 귀무가설 H_0을 기각하고, 대립가설 H_1을 채택하게 된다. 기각역의 형태는 대립가설의 형태를 따르게 되고, 기각치는 검정통계량의 분포와 유의수준 α에 의존한다.

지금까지 설명한 통계적 가설검증, 귀무가설과 대립가설, 유의수준과 임계치를 정규분포의 그림으로 설명하면 아래와 같다.

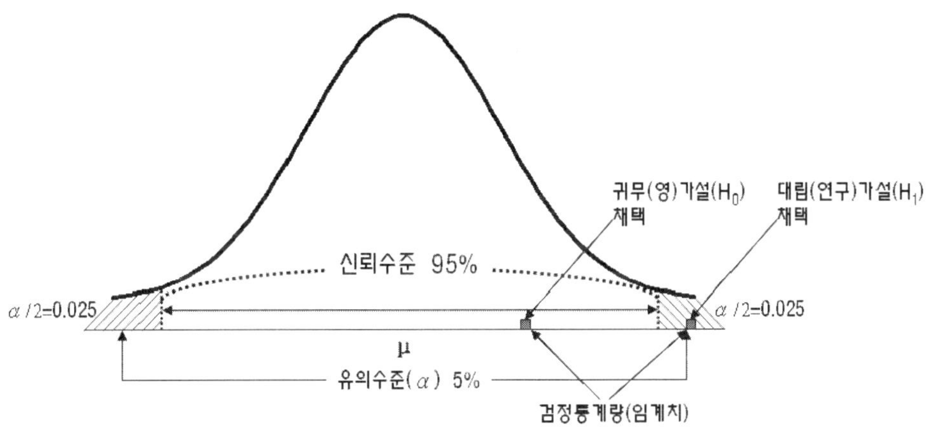

제4절 양측검정과 단측검정

정규모집단의 모평균 μ에 관한 검정은 가장 널리 행해지고 있는 검정이다.

이것을 양측검정(two-tailed test)과 단측검정(one-tailed test)으로 나누어 설명한다.

가설검증 가운데 양측검증과 단측검증을 어떻게 구별하는지를 보면 집단 간에 '차이가 있느냐 없느냐'에 관심을 두는 것이 양측검증이 되고, 집단 간에 '어느 한쪽이 더 높으냐 혹은 낮으냐'에 관심을 가지는 것이 단측검정이다.

예를 들어 '대통령지지도는 성별로 차이가 없을 것이다'라는 것은 집단 간에 '차이가 있느냐, 없느냐'가 관심이므로 양측검정이다. 반면 '남자가 여자보다 정치에 대한 관심이 더 많다'는 집단 간에 어느 한쪽이 상대적으로 많다는 관점으로서 단측검정에 해당한다.

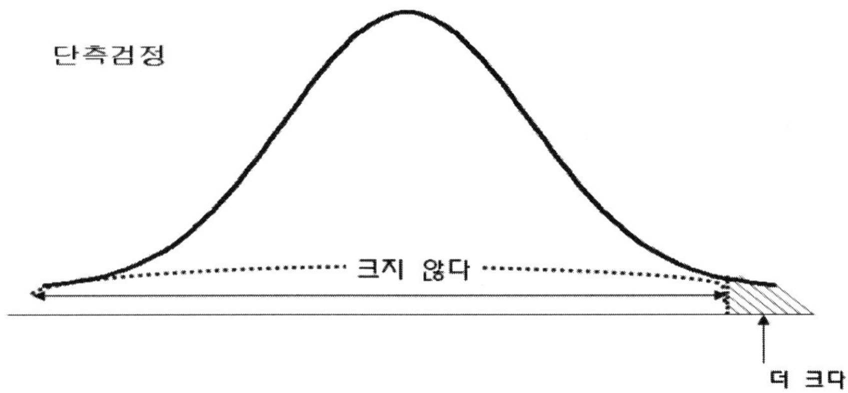

4.1. 양측검정

양측검정에서는 귀무가설과 대립가설을 다음과 같이 설정한다.

$H_0 : \mu = \mu_0$, $H_1 : \mu \neq \mu_0$

여기서 μ_0는 이론적인 목적에서 지정된 임의의 수치이다.

예를 들어, 에어컨 온도를 25°C의 주변에 분포할 것이므로 H_0: μ = 25.0이 된다.(물론 그 때 그 때의 기상 조건이나 범위 사용조건 등은 불균형하다) 검정은 μ_0와

$\overline{X}$가 서로 어느 정도 떨어져 있는가를 알아보기 위한 작업이다. 일단 모평균에 비해 표본평균이 어느 정도 차이가 있는가, 그리고 그 차이가 통계적인 유연인가(신뢰구간 내에 포함), 아니면 실질적인 차이인가를 검정한다. 이는 모평균과 표본평균간의 차이를 표준오차로 나누어서 계산한다.

$Z = \dfrac{\overline{X} - \mu}{s/\sqrt{n}}$이 Z값의 검정통계량(test statistic)이라고 한다.

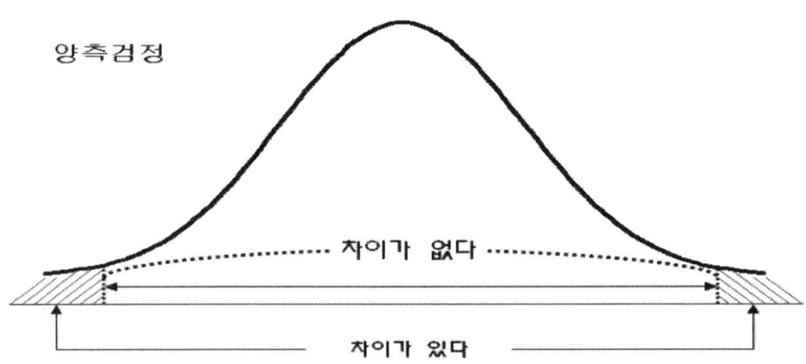

반면 처음에 설정한 유의수준 α와 Z분포를 통하여 계산한 $Z_{\alpha/2}$을 임계치라고 하는데,

검정통계량 t값과 임계치를 상호 비교하여 검정을 한다. 양측검정의 경우에 $|Z| > Z_{\alpha/2}$ 이 되면 귀무가설을 기각(reject)하게 되고, 반대로 $|Z| < Z_{\alpha/2}$ 이 되면 귀무가설을 채택(accept)하게 된다. 양측검정은 귀무가설의 기각역이 양측에 있으므로 양측검정이라고 부른다.

예를 들어 전국고등학생의 키가 160cm이고 표준편차가 20cm인데, A학교 학생 100명을 대상으로 조사해보니 평균키가 165cm 라고 하자. 체육교사는 이 학교 학생들의 평균키가 전국고등학생의 키보다 큰지가 아니라, 단지 차이가 있는지를 파악하고자 하였다. 이 학교의 평균키가 전국고등학생 평균키보다 커도 차이가 있고 작아도 차이가 있다. 즉 이럴 경우에는 유의수준 양쪽에 모두 관심을 둔다. 따라서 양측검정을 해야 한다. 이 경우 귀무가설과 대립가설은 다음과 같다(유의수준 α = 0.05로 설정한다)

귀무가설(H_0) : 165 $=$ 160
대립가설(H_1) : 165 $\neq$ 160
다음 Z값을 구한다.

$$Z = \frac{165 - 160}{20/\sqrt{100}} = \frac{5}{2} = 2.5$$

유의수준이 양측검정일 때 $Z_{0.05/2} = Z_{0.025} = 1.96$이다. 반면 위의 Z값은 2.5로서 유의수준 0.05일 때 Z값보다 크다. 따라서 유의수준에 포함되어 신뢰수준 밖에 존재하게 된다. 즉 귀무가설이 기각되고 대립가설이 채택되어 전국고등학생의 평균키와 A학교학생 평균키에 차이가 있다는 결론에 이른다.

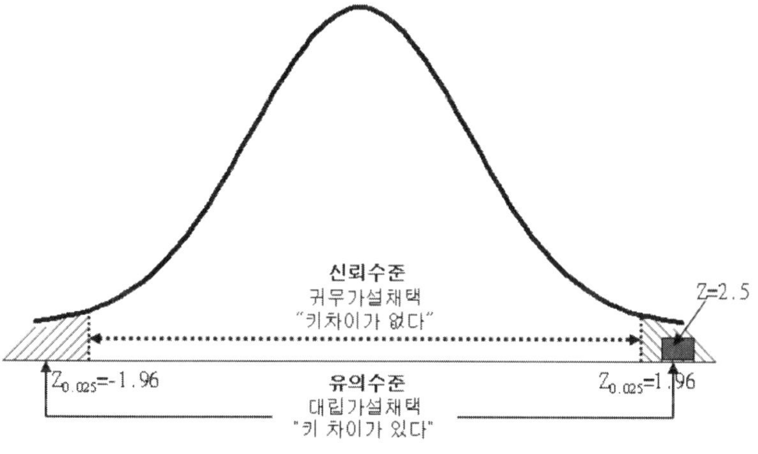

예제 6) 중고차 협회에 의하면 우리나라 평균 중고차 가격은 930만원이라고 한다. 서울의 한 중고차 시장에서 100대를 추출한 결과 평균이 1019만원 표본 표준편차가 350만원이라고 할 때, 유의수준 α = 0.05 하에서 검정하시오.

풀이)

귀무가설(H_0) : 평균 중고차 가격은 930만원이다.

대립가설(H_1) : 평균 중고차 가격은 930만원이 아니다.

다음 Z값을 구한다.

$$Z = \frac{930-1019}{350/\sqrt{100}} = -\frac{89}{35} = -2.54 \ , \ |Z| = 1.96$$

유의수준이 양측검정일 때 $Z_{0.05/2} = Z_{0.025} = 1.96$이다. 반면 위의 $|Z|$값은 2.54로서 유의수준 0.05일 때 Z값보다 크다. 따라서 유의수준에 포함되어 신뢰수준 밖에 존재하게 된다. 즉 귀무가설이 기각되고 대립가설이 채택되어 평균 중고차 가격은 930만원이 아니다 라는 결론에 이른다.

예제 7) 시내 각 정육점에서는 쇠고기를 팔 때 1근, 즉 600g단위로 판매한다. 그런데 여기에 사용되는 저울은 경과연수 및 기타 요인으로 인해 다소의 측정상 오차를 가져오며, 이 때 실제 1근에 해당되는 쇠고기를 각 저울로 측정했을 때의 관측치의 오차는 표준편차가 30g인 정규분포를 따른다고 하자. 이 때 100군데의 정육점을 임의 선정하여 거기서 사용하는 저울로 실제 1근에 해당되는 쇠고기를 측정한 결과 평균이 630g이었다면, 시내 정육점들이 사용하는 저울이 1근의 쇠고기를 계측할 때 평균적으로 600g의 눈금을 보인다는 주장을 어떻게 평가할 수 있을까? (유의수준 α = 0.05로 설정한다)

풀이)

귀무가설(H_0) : 쇠고기 1근은 600g 이다.

대립가설(H_1) : 쇠고기 1근은 600g 이 아니다.

다음 Z값을 구한다.

$$Z = \frac{630-600}{30/\sqrt{100}} = -\frac{30}{3} = 10$$

유의수준이 양측검정일 때 $Z_{0.05/2} = Z_{0.025} = 1.96$이다. 반면 위의 Z값은 10으로서 유의수준 0.05일 때 Z값보다 크다. 따라서 유의수준에 포함되어 신뢰수준 밖에 존재하게 된다. 즉 귀무가설이 기각되고 대립가설이 채택되어 쇠고기 1근은 600g 이 아니다 라는 결론에 이른다.

4.2. 단측검정

모평균의 크기가 이론적·경험적으로 얼마로 예상되는 경우에 단측검정을 실시한다. 현재 μ값이 임의로 설정된 μ_0값보다 클 것으로 예상된다고 하자. 이 경우 대립가설을 보고 우측 단측검정을 해야 하는 것을 알 수 있어야 한다. 귀무가설과 대립가설은 다음과 같다.

즉, 위의 가설은 관심 모수가 일정한 수치보다 크다고 하는 경우이므로 단측검정 중에서도 우측 단측검증을 실시해야 한다. 지금 당장은 귀무가설이 맞는지 틀리는지를 알 수 없으므로 우선 귀무가설에 대한 검정통계량 Z값을 다음과 같이 구한다. Z값의 계산식은 양측검정과 동일하다.

$$Z = \frac{\overline{X} - \mu}{s/\sqrt{n}}$$

여기서 α를 유의수준, n을 자료의 총 개수, $\overline{X}$를 표본평균, μ는 귀무가설에서 설정했던 μ_0라고 한다면 검정통계량 Z값과 유의수준 α에 의해 계산된 임계치 Z_α을 상호 비교하여 $Z > Z_\alpha$이면 귀무가설을 기각하고, $Z \leq Z_\alpha$이면 귀무가설을 채택하게 된다.

또한 만일 μ의 값이 μ_0보다 작을 것이라고 예상되는 경우($\mu < \mu_0$), 즉 관심모수가 일정한 수치보다 작은지에 관심을 두는 경우에 귀무가설과 대립가설은 다음과 같다.

귀무가설 H_0 : $\mu = \mu_0$, 대립가설 H_1 : $\mu < \mu_0$

역시 Z값을 먼저 구한 다음 $Z > Z_\alpha$ 이면 귀무가설을 기각하고, $Z \leq Z_\alpha$이면 귀무가설을 채택한다. 이러한 검정을 좌측 단측검정이라고 한다.

단측검정의 예로서, 전국가구의 가구당 한 달 식비가 30만원, 표준편차 20만원이라고 했을 때, 강원도지역 400가구를 표본으로 조사한 결과 월 가구 식비가 평균 27만원으로 나타났다. 연구자는 강원도의 가구당 식비가 전국에 비해 작은지를 파악하는 데에 관심을 두고 있다(단지 차이가 있는지 뿐만 아니라 방향성도 포함되어 있다). 따라서 이 경우에는 단측검정을 해야 하며 가설은 다음과 같다.

(유의수준 α = 0.05로 한다)

귀무가설(H_0) : 식비 평균 270,000 = 300,000

대립가설(H_1) : 식비 평균 270,000 < 300,000

그 다음은 Z값을 구해 검정통계량 혹은 임계치가 신뢰수준에 속해 있는지, 아니면 유의수준에 속해 있는지를 파악해야 한다. 식을 통해 파악해 보면

$$Z=\frac{270,000-300,000}{200,000/\sqrt{400}}=\frac{-30,000}{10,000}=-3$$

유의수준 0.05일 때 좌측 단측검정에서 $Z_{0.05}=-1.64$ 이다. 반면 검정결과는 -3이므로 신뢰수준 밖, 즉 유의수준 안에 속해 있다. 따라서 '전국가구 한달 식비와 강원도가구 한달 식비는 같다'는 귀무가설은 기각되고, '전국가구 한달 식비에 비해
강원도 가구 한 달 식비가 적다'는 대립가설이 채택된다.

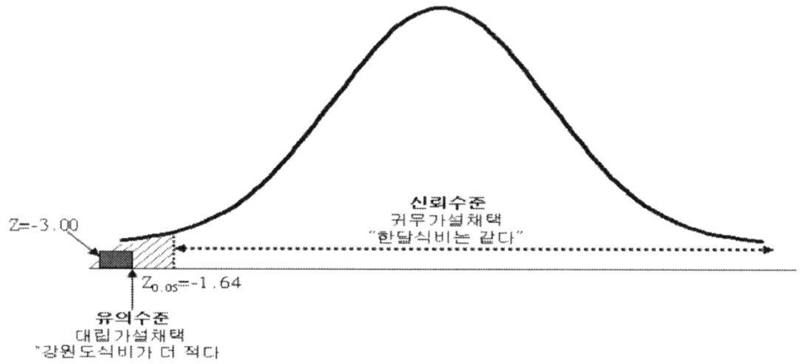

예제 8) 한 사무실 경영자는 사무실 근로자들이 스팸 이메일을 읽고 삭제하는 데 보내는 평균 시간이 1일에 25분을 초과한다고 믿는다. 이와 같은 그의 믿음을 검정하기 위해, 그는 18명의 근로자를 임의로 표본추출하고 각 근로자가 스팸 이메일을 읽고 삭제하는 데 보내는 시간을 기록하였다. 이 결과가 다음에 정리되어 있다. 만일 이와 같은 시간의 모집단이 표준편차가 12분인 정규분포를 따른다면, 이 경영자는 1%의 유의 수준에서 그의 믿음이 옳다고 추론할 수 있을까?

35 48 29 44 17 21 32 28 34

23 13 9 11 30 42 37 43 48

풀이) 모집단의 표준편차가 알려진 모평균 검정 문제입니다. 18명의 표본평균을 구한 뒤, 표본평균이 유의수준 1%에서 차이가 있는지를 알아보기 위해 다음과 같은 가설을 설정합니다.

귀무가설(H_0) : $\mu \le 25$

대립가설(H_1) : $\mu > 25$

가설설정을 마쳤다면, 검정통계량을 통해서 유의수준 1% 단측검정을 실시합니다. 모집단이 정규분포를 따르고 표준편차가 알려져 있기 때문에 Z-검정통계량을 이용합니다. 주어진 자료로부터 표본평균을 구하면, $\overline{X}$ = 30.2입니다.

$$Z = \frac{30.2 - 25}{12/\sqrt{18}} \fallingdotseq \frac{5.2}{12/4.24} \fallingdotseq \frac{5.2}{2.83} \fallingdotseq 1.84$$

유의수준 0.01일 때 좌측 단측검정에서 $Z_{0.01} = 2.32$ 이며, 검정결과는 $Z = 1.84$이다. 그러므로 유의수준 1%에서 귀무가설을 기각하지 못하여 사무실 근로자들이 스팸 이메일을 읽고 삭제하는데 보내는 시간이 25분을 초과한다는 주장은 지지할 수 없습니다.

예제 9) 인터넷을 통하여 MP3를 판매 서비스하는 월드닷컴은 자사 사이트를 이용하여 MP3를 구매하고 각종 서비스를 지원받고 있는 고객들에게 고객 감동서비스를 해주기를 원하고 있다. 구체적인 전략계획을 수립하기에 앞서 월드닷컴에 대한 고객들의 솔직한 서비스 품질평가를 얻기 위해 설문조사를 하였다. 전체 고객 그룹을 잘 대표하는 900명의 고객에게 설문조사를 부탁하였다.

이중 중요한 항목으로는 주문 후 상품을 받을 때까지 소요되는 시간이다. 모두 900명이 답한 배달시간의 평균은 65시간, 표준편차는 30시간으로 계산 되었다.

월드닷컴은 마케팅전략상 72시간 내에 상품을 전달하는 것을 가장 중요한 목표로 설정하고 있다. 그렇다면 900명의 응답결과를 토대로 할 때 평균배달시간이 72시간을 넘지 않는다고 결론내릴 수 있는가?

풀이) 표본 900명을 대상으로 조사한 평균시간(65시간)이 월드닷컴의 기준인 72시간 이내를 만족하는지 검정하는 문제입니다. 유의수준에 대해서 별도의 언급이 없기 때문에 5%로 정하겠습니다. 가설설정은 다음과 같습니다.

귀무가설(H_0) : $\mu \geq 72$

대립가설(H_1) : $\mu < 72$

비록 모분산이 알려져 있지 않지만, 표본의 크기가 충분히 크기 때문에 검정통계량은 t-분포가 아닌 Z-분포를 이용합니다.

$$Z = \frac{\overline{X} - \mu}{s/\sqrt{n}} = \frac{65 - 72}{30/\sqrt{900}} = -7$$

유의수준 0.05일 때 우측 단측검정에서 $-Z_{0.05} = -1.645$이며, 검정결과는 $Z = -7$이다. 유의수준 5% 단측검정에서 귀무가설을 기각합니다. 그러므로 평균배달시간이 72시간 이내라고 결론지을 수 있습니다.

예제 10) 한국월드컴주식회사의 화학공장에서 일일 생산량을 50일 동안 조사한 결과 평균생산량 $\overline{X}=876$, 표준편차 $s=21$톤으로 나타났다. 이회사의 일일 생산량이 870톤을 넘었다고 볼 수 있는가?

1) 유의수준 $\alpha=0.05$에서 검정하시오.
2) 유의수준 $\alpha=0.01$에서 검정하시오.

풀이) 위 문제와 같이 먼저 가설을 설정합니다.

귀무가설(H_0) : $\mu \le 870$

대립가설(H_1) : $\mu > 870$

(1) 유의수준 5%에서 검정하시오.

$$Z=\frac{\overline{X}-\mu}{s/\sqrt{n}}=\frac{876-870}{21/\sqrt{50}}=2.02$$

유의수준 0.05일 때 단측검정에서 $Z_{0.05}=1.645$ 이며, 검정결과는 $Z=2.02$ 이다. 따라서 유의수준 5% 단측검정에서 귀무가설을 기각합니다. 그러므로 일일 생산량이 870톤을 넘었다고 볼 수 있습니다.

(2) 유의수준 1%에서 검정하시오.

검정결과는 (1)에서 구한 $Z=2.02$ 이며, 유의수준 0.01일 때 단측검정에서 이다. 따라서 검정결과 $Z=2.02$ 이 $Z_{0.01}=2.326$ 보다 작기에 유의수준 1% 단측검정에서 귀무가설을 기각하지 못합니다. 그러므로 유의수준 1%에서는 일일 생산량이 870톤을 넘었다고 볼 수 없습니다.

4.3. 양측검정과 단측검정의 선택

일반적으로 양측검정은 모평균이 어느 가정치와 동일한지 아닌지를 조사할 경우 ($\mu=\mu_0$인지 $\mu \ne \mu_0$)에 사용된다. 예를 들면, 에어컨이 정상적으로 작동하고 있다면 기상조건이나 작동조건에 의한 다소간의 불평형이 있다고 해도 실내온도는 설정온도에 가까울 것($\mu=\mu_0$)이며, 실내온도가 설정치에서 크게 다르다는 것

($\mu \ne \mu_0$)은 에어컨이 정상적으로 작동하고 있지 않다는 것을 의미하게 된다. 이와 같은 경우에 양측검정을 한다.

한편 단측검정은 모평균의 크기가 이론적 또는 경험적으로 얼마 이상 혹은 얼마 이하로 예상될 경우($\mu > \mu_0$ 혹은 $\mu < \mu_0$)에 사용한다. 예를 들어 방금 통계학 특강을 듣고 나서

그 특강 전후의 시험을 보았다고 하자. 특강의 효과가 있을 경우는 특강 후의 시험성적의 평균이 특강 전의 시험성적의 평균보다 더 높을 것이다. 이와 같이 우리가 알고자 하는 것은 특강 전후의 시험성적의 평균이 단순히 다르다는 것이 아니라 특강 전보다 특강 후 시험성적의 평균이 얼마만큼 향상되었는가 하는 정보이다. 이와 같은 종류의 실험이나 조사에서 대립가설을 부등호로 놓고 좌측 혹은 우측 단측검정을 사용한다.

양측검정을 할 것인지 혹은 단측검정을 할 것인지는 모평균의 경우와 같이 이론적•경험적으로 모분산의 크기가 예측될 수 있는지 아니면 예측될 수 없는지에 달려 있다.

제5절 검정의 원리

이번에는 모평균에 대한 검정, 모비율에 대한 검정에 대해서 살펴보도록 하자.

5.1. 모평균에 대한 검정

모평균에 대한 검정은 모집단의 분산을 아는지 여부에 따라, 그리고 모집단의 분산을 모를 때 표본수(n)에 따라 검정통계량을 도출하는 방식에 차이가 있다. 하지만 모집단의 분산을 아는 경우와 모집단의 분산을 모르는 경우 n이 대표본(30이상)인 경우에는 모집단의 분산(σ^2)을 사용하는가 아니면 표본 집단의 분산(S^2)을 사용하는가의 차이만 있다. $\mu = \mu_0$

1) 모집단의 분산(σ^2)을 알고 있을 경우

우선 모집단의 분산을 알고 있는 경우를 생각해보자.

가설검정방법은 다음과 같다.

검정방법	귀무가설	대립가설	기각역
단측(우측)	$\mu \le \mu_0$	$\mu > \mu_0$	$Z \ge Z_\alpha$
단측(좌측)	$\mu \ge \mu_0$	$\mu < \mu_0$	$Z \le Z_\alpha$
양측검정	$\mu = \mu_0$	$\mu \ne \mu_0$	$\lvert Z \rvert \ge Z_{\alpha/2}$

단측 검정인 양측검정인지에 따라서 검정통계량(Z)와 비교할 Z점수가 달라지며, 우측 단측 검정일 경우는 양의 Z점수를, 좌측 단측 검정일 경우에는 음의 Z점수를 기준으로 작은지 큰지를 파악한다.

검정통계량의 도출식은 아래와 같다.

$$Z = \frac{\overline{X} - \mu_0}{\sigma / \sqrt{n}}$$

모집단의 분산을 알 경우 정규분포를 가정하여 따라서 도출된 검정 통계량 Z값은 Z-분포에서 해당되는 Z점수와 비교한다.

2) 모집단의 분산(σ^2)을 알지 못할 경우

첫째, 대표본(표본의 수 n이 30 이상인 경우)

가설검정의 방법은 다음과 같다.

검정방법	귀무가설	대립가설	기각역
단측(우측)	$\mu \leq \mu_0$	$\mu > \mu_0$	$Z \geq Z_\alpha$
단측(좌측)	$\mu \geq \mu_0$	$\mu < \mu_0$	$Z \leq Z_\alpha$
양측검정	$\mu = \mu_0$	$\mu \neq \mu_0$	$\lvert Z \rvert \geq Z_{\alpha/2}$

표본의 크기가 큰 경우에는 표본분산 S^2을 모분산 σ^2의 근사값으로 대신 사용하여 검정통계량의 도출식은 분산을 알고 있는 경우와도 동일하다.

$$Z = \frac{\overline{X} - \mu_0}{\sigma / \sqrt{n}}$$

둘째, 소표본(표본의 수 n이 30 미만인 경우)

가설검정의 방법은 t-분포를 사용하며 다음과 같다.

검정방법	귀무가설	대립가설	기각역
단측(우측)	$\mu \leq \mu_0$	$\mu > \mu_0$	$Z \geq t_{(\alpha,\, n-1)}$
단측(좌측)	$\mu \geq \mu_0$	$\mu < \mu_0$	$Z \leq t_{(\alpha,\, n-1)}$
양측검정	$\mu = \mu_0$	$\mu \neq \mu_0$	$\lvert Z \rvert \geq t_{(\alpha/2,\, n-1)}$

소표본을 이용한 경우에는 정규분포를 근사시키기는 것이 무리이며, t분포를 이용하는 것이 타당하다. 즉, 모집단의 분포가 정규분포일 때에는 자유도 $n-1$인 t분포를 이용한다.

$$t = \frac{\overline{X} - \mu_0}{s / \sqrt{n}}$$

예제 11) 어떤 이발사가 우리나라 20대 젊은이들의 머리 카락수는 평균14만개라고 한다. 그러한 주장이 맞는지 20대 젊은이 36명의 표본을 추출하여 파악한 결과, 평균 12만개, 표준편차는 3만개였다. 이 이발사의 주장을 95% 신뢰수준에서 검증하여라.

풀이) 문제에서 95% 신뢰수준에서 검증하라는 문제는 유의수준 5%에서 검정의 문제이므로 먼저 가설을 세우면 다음과 같다.

첫째, 양측검정의 경우

먼저 가설을 세운다.

귀무가설(H_0) : $\mu = 120,000$

대립가설(H_1) : $\mu \neq 120,000$

그리고 유의수준 $\alpha = 0.05$ 검정이고 자유도가 35인 t-분포를 보면 다음과 같은 사실을 알 수 있다.

채택영역 : $-2.031 \leq t \leq 2.031$

기각영역 : $t > 2.031$ 또는 $t < -2.031$

다음 $\mu_0 = 120,000$인 t값을 구한다.

$$t = \frac{\overline{X} - \mu_0}{s/\sqrt{n}} = \frac{120,000 - 140,000}{30,000/\sqrt{36}} = -\frac{20,000}{30,000/6} = -\frac{20,000}{5,000} = -4$$

$t = -4$는 기각영역에 포함되므로 귀무가설이 기각되고 대립가설이 채택되어 평균적으로 14만개가 아니다 라는 결론에 이른다.

둘째, 단측검정의 경우

먼저 가설을 세운다.

귀무가설(H_0) : $\mu = 120,000$

대립가설(H_1) : $\mu > 120,000$

그리고 유의수준 $\alpha = 0.05$ 검정이므로 $\frac{\alpha}{2} = 0.025$이고 자유도가 35인 t-분포를 보면 다음과 같은 사실을 알 수 있다.

채택영역 : $-1.69 \leq t \leq 1.69$

기각영역 : $t > 1.69$ 또는 $t < -1.69$

다음 $\mu_0 = 120,000$ 인 t값을 구한다.

$$t=\frac{\overline{X}-\mu_0}{s/\sqrt{n}}=\frac{120,000-140,000}{30,000/\sqrt{36}}=-\frac{20,000}{30,000/6}=-\frac{20,000}{5,000}=-4$$

$t=-4$ 는 기각영역에 포함되므로 귀무가설이 기각되고 대립가설이 채택되어 평균적으로 12만개 보다 크다는 결론에 이른다.

5.2. 모비율의 검정

모비율 p에 관한 추론은 이항확률변수 X나 표본비율 $\hat{p}$ 을 이용한다. 즉 X가 이항분포 $B(n, p)$를 따르는 모비율 p에 관한 검정을 할 때, 가설검정방법은 다음과 같다.

검정방법	귀무가설	대립가설	기각역
단측(우측)	$p \le p_0$	$p > p_0$	$Z \ge Z_\alpha$
단측(좌측)	$p \ge p_0$	$p < p_0$	$Z \le -Z_\alpha$
양측검정	$p = p_0$	$p \ne p_0$	$\lvert Z\rvert \ge Z_{\alpha/2}$

검정통계량의 도출식은 아래와 같다.

$$Z=\frac{\hat{p}-p}{\sqrt{p_0 q_0/n}}$$

구간추정에서와 마찬가지로 $\hat{p}$의 분포를 정규분포로 근사시킬 수 있는 표본크기의 기준은 $np_0 > 5$, $n(1-n) > 5$일 때이다.

예제 12) 우리나라에서 인구대비 헌혈 비율은 매우 낮은 수준이다. 어떤 병원에서 봉사하는 간호사는 헌혈자 가운데 90%가 남자라고 주장한다. 남성 헌혈비율이 그렇게 높다는 주장에 의견을 가진 다른 간호사가 헌혈자 중 100명을 표본으로 추출하여 조사한 결과, 남자가 85명이었다. 앞선 간호사의 주장이 맞는지 유의수준 5%에서 가설을 검정하여라.

풀이) 먼저 가설을 세운다.

귀무가설(H_0) : $p=0.9$

대립가설(H_1) : $p \ne 0.9$

다음 유의수준 5%에서 가설을 검정하는 문제이므로 양측검정일 때 $Z_{0.05/2}=Z_{0.025}=1.96$이다.

다음 검정통계량을 구하면 다음과 같다.

$$Z=\frac{0.85-0.9}{\sqrt{0.9\times 0.1/100}}=-\frac{0.05}{\sqrt{0.09/100}}=-\frac{0.05}{0.3/10}=-\frac{5}{3}=-1.67,\ |Z|=1.67$$

즉 $|Z|=1.67<Z_{\alpha/2}=1.96$이므로 귀무가설이 채택되어, 간호사의 주장대로 헌혈자 가운데 90%가 남자라는 결론에 이른다.

연습문제

9.1. 전국적으로 이혼한 부부 중 아이가 없는 부부의 비율은 40%라고 한다. 서울지역의 이혼한 부부를 조사한 결과 조사한 부부 100쌍 중 아이가 없는 부부는 43쌍이었다. 서울 지역의 비육이 전국의 비율인 40%와 같다고 할 수 있는지를 유의수준 0.01 에서 검정하라.

9.2. 대학을 졸업하는 전국의 여학생 중 대학원에 진학하는 비율은 10%로 알려져 있다. 금년도 한 학과의 여성졸업자 중 100명을 무작위로 추출한 결과, 12명이 대학원에 진학하였다. 이 학과의 대학원 진학률이 전국수준보다 높다고 할 수 있는지를 유의수준 10%에서 검정하라.

9.3. 어떤 회사 제품의 불량품은 5% 미만이어야 수익성이 있다고 한다. 이를 추정하기 위해 300개의 제품을 점검한 결과, 12개의 불량품이 발견되었다. 이러한 결과는 전체 출하량의 불량률 5% 미만이라고 결론 내리기에 충분한 증거가 되는지를 1% 유의수준을 이용하여 점검하라.

9.4. 삼성에서 딜러의 승률이 50% 내외면 공정하다고 할 수 있다. 이를 점검하기 위해 1,000번 게임을 한 결과, 딜러가 이긴 횟수가 540번이었다. 삼성이 공정하다고 할 수 있는지를 5% 유의수준에서 검정하라.

9.5. A구청의 발표에 의하면 작년에 A구민 중 건강진단을 받는 구민의 비율이 40% 이상이라고 한다. 이를 검정하기 위해 1,000명을 표본으로 추출하여 조사해 본 결과 440명이 작년에 건강진단을 받은 적이 있다고 응답하였다. 5% 유의수준에서 전체 A구민 중 건강진단을 받는 비율을 추청하고 이를 해석하라.

9.6. 시중에서 판매되고 있는 요구르트의 함량은 100ml, 분산은 9ml라고 표시되어 있다. 이 함량이 정확히 지켜지고 있는가를 파악하기 위해 식품안전 검사를 진행하였으며, 시중판매점에서 무작위로 100개를 추출하였다. 그 결과m 100개 요구르트 평균이 99.5ml였다. 실제로 판매되는 요구르트의 함량이 100ml라고 말할 수 있는지 유의수준 0.05에서 검증해보라.

9.7. 한 담배회사에서 새로 개발한 담배의 니코틴 함량이 평균 0.5mg, 분산은 0.04mg라고 주장했다. 그 주장이 사실인가 알아보기 위해 생산된 것중 36개 담배를 무작위로 추출하여 분석한 결과, 평균이 0.58mg이었다. 담배 제조회사의 주장이 타당한가를 유의수준 0.05에서 검증해보라.

9.8. 일반적으로 사람들의 몸속에 있는 혈액(피)의 비율은 몸무게 중 약 8%라고 한다. 60kg인 사람의 5리터의 피가 온 몸을 순환할 때 약 평균 23초, 표준편차 4초라고 어떤 간호사가 주장한다. 실제로 36명을 대상으로 시간을 재봤더니 평균 24초로 나타났다. 이 간호사의 수장을 5% 유의수준에서 검증하여라.

9.9. 강원기업은 새로 개발한 건전지의 수명이 1000시간을 상회한다고 주장한다. 신제품의 실제 평균수명시간을 측정하기 위하여 생상된 건전지 중 9개를 임의로 추출하여 검사하였더니 각 전구의 수명시간은 다음과 같았다.

1112 1053 990 984 1103 1005 1010 1152 1066

위의 표본자료를 이용하여 강원기업의 주장을 유의수준 0.012에서 검정하시오.

9.10. 하이킥기업의 사장은 영업사원의 성과에 불만을 표시하면서 판매계약체결 실적이 평균적으로 많아야 주당 15건이라고 말하고 있다. 이러한 사장의 주장을 검정하기 위하여 36명의 판매원을 임의로 추출하여 어느 한 주의 계약건수를 살펴보았더니 평균이 16건이고 분산이 9로 나타났다. 이 표본자료는 사장의 주장과 상반된다고 볼 수 있는가? 유의수준 0.05에서 검정하여라.

9.11. 주몽은행의 직원은 천원짜리 지폐 한 묶음인 100장을 세는데 소요되는 시간이 평균 30초라고 주장하고 있다. 과연 그런지 조사하기 위해서 9명의 직원을 무작위 추출하여 검정한 결과 평균 32.5초로 나타났으며 표본표준편차는 3.9초였다. 유의수준 0.05로 하여 직원의 주장이 옳은지 검정하여라.

9.12. 수박의 기존품종의 평균무게가 2.5 Kg 이라 한다. 새로운 수박 40통을 랜덤추출하여 무게를 측정한 결과 관측값이 $\overline{X} = 2.7$ 이고 $s = 0.397$ 일 때, 유의수준 $\alpha = 0.01$에서 신품좀 평균무게가 기존품종과 다른가를 확인하여라.

9.13. 장기간 기록된 자료에 따르면, 어느 한 도시로부터의 야간시간대 시외 통화시간의 평균은 통화당 15.2분 이라한다. 무작위로 선정한 25통화에 대하여 표본평균 통화시간은 14.30분, 표준편자는 5분 이었다. 이 통계자료를 이용하여 이 도시의 야간시간 평균 시외통화 시간에 변동이 있었는지 검정하라. 검정을 위한 유의수준은 $\alpha = 0.05$ 로 한다.

9.13. 어느 해수욕장 라디오 방송국에서는 적어도 호텔과 모텔의 90%가 현충일 주말 기간 동안에 찰 것이라고 보도 하였다. 방송국에서는 청취자들에게 주말 동안에 리조트를 이용하기 위해서는 미리 예약을 하라고 권유하였다. 58개의 호텔과 모텔은 토요일 저녁에 49개가 여유가 없다고 알렸으며 비어 있는 방이 9개 있다고 알렸다. 표본결과를 바탕으로 라디오 방송국에서의 권유에 대하여 어떻게 판단하겠는가? 유의수준은 0.05로 한다. p값은 얼마인가?

9.14. 어느 대학의 통계학을 수강하는 학생 6명의 점수가 다음과 같았다. 학생들의 성적의 분포는 정규분포를 따른다고 가정 할 때,

구분	1	2	3	4	5	6
점수	80	75	82	84	81	84

모평균이 80점 이상이라고 할 수 있는지 유의수준 5%하에서 검정하시오

9.15. 어두운 방에서 눈이 적응하는데 걸리는 시간을 측정하는 실험이 있다. 이 때까지의 연구 결과 적응 시간은 7초로 밝혀졌다고 하고, 적응 시간이 정규분포를 따른다고 하자. 9명의 사람을 임의로 선택하여 이 실험을 실시해 보았더니 평균이 6.32초이고 표본표준편차가 1.65초였다고 하면, 이 실험의 결과는 연구의 결과와 모순되는 것인가? 유의수준 $\alpha = 0.1$에서 검정하여라.

9.16. 모대학교 학생들의 학교에 대한 만족도를 알아보기 위해 5점 척도로 구성된 만족도를 모대 학생 200명을 대상으로 조사하였다. 결과는 다음과 같다.

1 매우 불만족 20명　　2 대체로 불만족 40명　　3 보통 60명
4 대체로 만족 50명　　5 매우 만족 30명　　총 200명

1) 표준편차를 구하라
2) 각 점수의 z값을 계산하라
3) 표본평균을 중심으로 모집단 평균의 99% 신뢰구간을 제시하라
4) 모대 학생들의 학교에 대한 만족도는 3.0이다 라는 영가설을 .05 유의수준에서 양측 검증하기 위한 임계값을 구하시오.
5) 영가설의 인정 혹은 기각 여부를 밝히고, 결과를 해석하라

부　록(찾아보기 포함)

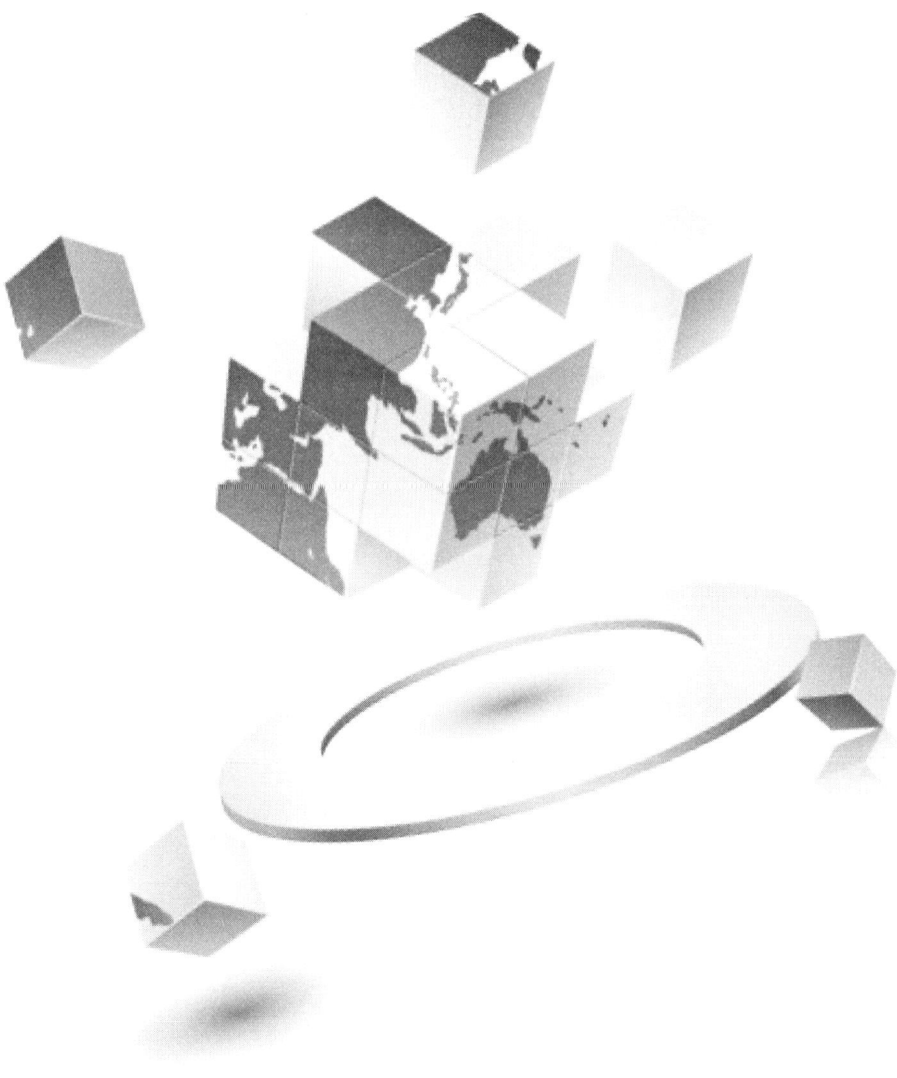

1. 이항확률표

$$P(X=k)=\binom{n}{k}p^k(1-p)^{n-k}$$

n	k	p=0.1	p=0.2	p=0.3	p=0.4	p=0.5
2	0	.8100	.6400	.4900	.3600	.2500
	1	.1800	.3200	.4200	.4800	.5000
	2	.0100	.0400	.0900	.1600	.2500
3	0	.7290	.5120	.3430	.2160	.1250
	1	.2430	.3840	.4410	4320	.3750
	2	.0270	.0960	.1890	.2880	.3750
	3	.0010	.0080	.0270	.0640	.1250
4	0	.6561	.4096	.2401	.1296	.0625
	1	.2916	.4096	.4116	.3456	.2500
	2	.0486	.1536	.2646	.3456	.3750
	3	.0036	.0256	.0756	.1536	.2500
	4	.0001	.0016	.0081	.0256	.0625
5	0	.5905	.3277	.1681	.0778	.0312
	1	.3280	.4096	.3602	.2592	.1562
	2	.0729	.2048	.3087	.3456	.3125
	3	.0081	.0512	.1323	.2304	.3125
	4	.0005	.0064	.0284	.0768	.1562
	5	.0000	.0003	.0024	.0102	.0312
6	0	.5314	.2621	.1176	.0467	.0156
	1	.3543	.3932	.3025	.1866	.0938
	2	.0984	.2458	.3241	.3110	.2344
	3	.0146	.0819	.1852	.2765	.3125
	4	.0012	.0154	.0595	.1382	.2344
	5	.0001	.0015	.0102	.0369	.0938
	6	.0000	.0001	.0007	.0041	.0156
7	0	.4783	.2097	.0824	.0280	.0078
	1	.3720	.3670	.2471	.1306	.0547
	2	.1240	.2753	.3176	.2613	.1641
	3	.0230	.1147	.2269	.2903	.2734
	4	.0026	.0287	.0972	.1935	.2734
	5	.0002	.0043	.0250	.0774	.1641
	6	.0000	.0004	.0036	.0172	.0547
	7	.0000	.0000	.0002	.0016	.0078

이항확률표(계속)

n	k	$p=0.1$	$p=0.2$	$p=0.3$	$p=0.4$	$p=0.5$
8	0	.4305	.1678	.0576	.0168	.0039
	1	.3826	.3355	.1977	.0896	.0312
	2	.1488	.2936	.2965	.2090	.1094
	3	.0331	.1468	.2541	.2787	.2188
	4	.0046	.0459	.1361	.2322	.2734
	5	.0004	.0092	.0467	.1239	.2188
	6	.0000	.0011	.0100	.0413	.1094
	7	.0000	.0001	.0012	.0079	.0312
	8	.0000	.0000	.0001	.0007	.0039
9	0	.3874	.1342	.0404	.0101	.0020
	1	.3874	.3020	.1556	.0605	.0176
	2	.1722	.3020	.2668	.1612	.0703
	3	.0446	.1762	.2668	.2508	.1641
	4	.0074	.0661	.1715	.2508	.2461
	5	.0008	.0165	.0735	.1672	.2461
	6	.0001	.0028	.0210	.0743	.1641
	7	.0000	.0003	.0039	.0212	.0703
	8	.0000	.0000	.0004	.0035	.0176
	9	.0000	.0000	.0000	.0003	.0020
10	0	.3487	.1074	.0282	.0060	.0010
	1	.3874	.2684	.1211	.0403	.0098
	2	.1937	.3020	.2335	.1209	.0439
	3	.0574	.2013	.2668	.2150	.1172
	4	.0112	.0881	.2001	.2508	.2051
	5	.0015	.0264	.1029	.2007	.2461
	6	.0001	.0055	.0368	.1115	.2051
	7	.0000	.0008	.0090	.0425	.1172
	8	.0000	.0001	.0014	.0106	.0439
	9	.0000	.0000	.0001	.0016	.0098
	10	.0000	.0000	.0000	.0001	.0010

이항확률표(계속)

n	k	$p=0.1$	$p=0.2$	$p=0.3$	$p=0.4$	$p=0.5$
15	0	.2059	.0352	.0047	.0005	.0000
	1	.3432	.1319	.0305	.0047	.0005
	2	.2669	.2309	.0916	.0219	.0032
	3	.1285	.2501	.1700	.0634	.0139
	4	.0428	.1876	.2186	.1268	.0417
	5	.0105	.1032	.2061	.1859	.0916
	6	.0019	.0430	.1472	.2066	.1527
	7	.0003	.0138	.0811	.1771	.1964
	8	.0000	.0035	.0348	.1181	.1964
	9	.0000	.0007	.0116	.0612	.1527
	10	.0000	.0001	.0030	.0245	.0916
	11	.0000	.0000	.0006	.0074	.0417
	12	.0000	.0000	.0001	.0016	.0139
	13	.0000	.0000	.0000	.0003	.0032
	14	.0000	.0000	.0000	.0000	.0005
	15	.0000	.0000	.0000	.0000	.0000
20	0	.1216	.0115	.0008	.0000	.0000
	1	.2701	.0576	.0068	.0005	.0000
	2	.2852	.1369	.0278	.0031	.0002
	3	.1901	.2054	.0716	.0123	.0011
	4	.0898	.2182	.1304	.0350	.0046
	5	.0319	.1746	.1789	.0746	.0148
	6	.0089	.1091	.1916	.1244	.0370
	7	.0020	.0545	.1643	.1659	.0739
	8	.0003	.0222	.1144	.1797	.1201
	9	.0001	.0074	.0654	.1597	.1602
	10	.0000	.0020	.0308	.1171	.1762
	11	.0000	.0005	.0120	.0710	.1602
	12	.0000	.0001	.0039	.0355	.1201
	13	.0000	.0000	.0010	.0146	.0739
	14	.0000	.0000	.0002	.0049	.0370
	15	.0000	.0000	.0000	.0013	.0148
	16	.0000	.0000	.0000	.0003	.0046
	17	.0000	.0000	.0000	.0000	.0011
	18	.0000	.0000	.0000	.0000	.0002
	19	.0000	.0000	.0000	.0000	.0000
	20	.0000	.0000	.0000	.0000	.0000

2. 푸아송확률표

$$P(X=k) = \frac{e^{-m}m^k}{k!}$$

k	$m=.1$	.2	.3	.4	.5	.6	.7	.8	.9	1.0
0	.9048	.8187	.7408	.6703	.6065	.5488	.4966	.4493	.4066	.3679
1	.0905	.1637	.2222	.2681	.3033	.3293	.3476	.3595	.3659	.3679
2	.0045	.0164	.0333	.0536	.0758	.0988	.1217	.1438	.1647	.1839
3	.0002	.0011	.0033	.0072	.0126	.0198	.0284	.0383	.0494	.0613
4	.0000	.0001	.0003	.0007	.0016	.0030	.0050	.0077	.0111	.0153
5	.0000	.0000	.0000	.0001	.0002	.0004	.0007	.0012	.0020	.0031
6	.0000	.0000	.0000	.0000	.0000	.0000	.0001	.0002	.0003	.0005
7	.0000	.0000	.0000	.0000	.0000	.0000	.0000	.0000	.0000	.0001
8	.0000	.0000	.0000	.0000	.0000	.0000	.0000	.0000	.0000	.0000

k	$m=1.5$	2	3	4	5	6	7	8	9	10
0	.2231	.1353	.0498	.0183	.0067	.0025	.0009	.0003	.0001	.0000
1	.3347	.2707	.1494	.0733	.0337	.0149	.0064	.0027	.0011	.0005
2	.2510	.2707	.2240	.1465	.0842	.0446	.0223	.0107	.0050	.0023
3	.1255	.1804	.2240	.1954	1404	.0892	.0521	.0286	.0150	.0076
4	.0471	.0902	.1680	.1954	.1755	.1339	.0912	.0573	.0337	.0189
5	.0141	.0361	.1008	.1563	.1755	.1606	.1277	.0916	.0607	.0378
6	.0035	.0120	.0504	.1042	.1462	.1606	.1490	.1221	.0911	.0631
7	.0008	.0034	.0216	.0595	.1044	.1377	.1490	.1396	.1171	.0901
8	.0001	.0009	.0081	.0298	.0653	.1033	.1304	1396	.1318	.1126
9	.0000	.0002	.0027	.0132	.0363	.0688	.1014	.1241	.1318	.1251
10	.0000	.0000	.0008	.0053	.0181	.0413	.0710	.0993	.1186	.1251
11	.0000	.0000	.0002	.0019	.0082	.0225	.0452	.0722	.0970	.1137
12	.0000	.0000	.0001	.0006	.0034	.0113	.0264	.0481	.0728	.0948
13	.0000	.0000	.0000	.0002	.0013	.0052	.0142	.0296	.0504	.0729
14	.0000	.0000	.0000	.0001	.0005	.0022	.0071	.0169	.0324	.0521
15	.0000	.0000	.0000	.0000	.0002	.0009	.0033	.0090	.0194	.0347
16	.0000	.0000	.0000	.0000	.0000	.0003	.0014	.0045	.0109	.0217
17	.0000	.0000	.0000	.0000	.0000	.0001	.0006	.0021	.0058	.0128
18	.0000	.0000	.0000	.0000	.0000	.0000	.0002	.0009	.0029	.0071
19	.0000	.0000	.0000	.0000	.0000	.0000	.0001	.0004	.0014	.0037
20	.0000	.0000	.0000	.0000	.0000	.0000	.0000	.0002	.0006	.0019
21	.0000	.0000	.0000	.0000	.0000	.0000	.0000	.0001	.0003	.0009
22	.0000	.0000	.0000	.0000	.0000	.0000	.0000	.0000	.0001	.0004
23	.0000	.0000	.0000	.0000	.0000	.0000	.0000	.0000	.0000	.0002
24	.0000	.0000	.0000	.0000	.0000	.0000	.0000	.0000	.0000	.0001
25	.0000	.0000	.0000	.0000	.0000	.0000	.0000	.0000	.0000	.0001

3. 표준정규분포표

$$\Phi(x) = \int_{-\infty}^{x} \frac{1}{\sqrt{2\pi}} \exp\left(-\frac{1}{2}u^2\right) du$$

x	$\Phi(x)$	x	$\Phi(x)$	x	$\Phi(x)$	x	$\Phi(x)$	x	$\Phi(x)$
0.00	0.5000	0.60	0.7257	1.20	0.8849	1.80	0.9641	2.40	0.9918
0.01	0.5040	0.61	0.7291	1.21	0.8869	1.81	0.9649	2.41	0.9920
0.02	0.5080	0.62	0.7324	1.22	0.8888	1.82	0.9656	2.42	0.9922
0.03	0.5120	0.63	0.7357	1.23	0.8907	1.83	0.9664	2.43	0.9925
0.04	0.5160	0.64	0.7389	1.24	0.8925	1.84	0.9671	2.44	0.9927
0.05	0.5199	0.65	0.7422	1.25	0.8944	1.85	0.9678	2.45	0.9929
0.06	0.5239	0.66	0.7454	1.26	0.8962	1.86	0.9686	2.46	0.9931
0.07	0.5279	0.67	0.7486	1.27	0.8980	1.87	0.9693	2.47	0.9932
0.08	0.5319	0.68	0.7517	1.28	0.8997	1.88	0.9699	2.48	0.9934
0.09	0.5359	0.69	0.7549	1.29	0.9015	1.89	0.9706	2.49	0.9936
0.10	0.5398	0.70	0.7580	1.30	0.9032	1.90	0.9713	2.50	0.9938
0.11	0.5438	0.71	0.7611	1.31	0.9049	1.91	0.9719	2.52	0.9941
0.12	0.5478	0.72	0.7642	1.32	0.9066	1.92	0.9726	2.54	0.9945
0.13	0.5517	0.73	0.7673	1.33	0.9082	1.93	0.9732	2.56	0.9948
0.14	0.5557	0.74	0.7704	1.34	0.9099	1.94	0.9738	2.58	0.9951
0.15	0.5596	0.75	0.7734	1.35	0.9115	1.95	0.9744	2.60	0.9953
0.16	0.5636	0.76	0.7764	1.36	0.9131	1.96	0.9750	2.62	0.9956
0.17	0.5675	0.77	0.7794	1.37	0.9147	1.97	0.9756	2.64	0.9959
0.18	0.5714	0.78	0.7823	1.38	0.9162	1.98	0.9761	2.66	0.9961
0.19	0.5753	0.79	0.7852	1.39	0.9177	1.99	0.9767	2.68	0.9963
0.20	0.5793	0.80	0.7881	1.40	0.9192	2.00	0.9773	2.70	0.9965
0.21	0.5832	0.81	0.7910	1.41	0.9207	2.01	0.9778	2.72	0.9967
0.22	0.5871	0.82	0.7939	1.42	0.9222	2.02	0.9783	2.74	0.9969
0.23	0.5910	0.83	0.7967	1.43	0.9236	2.03	0.9788	2.76	0.9971
0.24	0.5948	0.84	0.7995	1.44	0.9251	2.04	0.9793	2.78	0.9973
0.25	0.5987	0.85	0.8023	1.45	0.9265	2.05	0.9798	2.80	0.9974
0.26	0.6026	0.86	0.8051	1.46	0.9279	2.06	0.9803	2.82	0.9976
0.27	0.6064	0.87	0.8079	1.47	0.9292	2.07	0.9808	2.84	0.9977
0.28	0.6103	0.88	0.8106	1.48	0.9306	2.08	0.9812	2.86	0.9979
0.29	0.6141	0.89	0.8133	1.49	0.9319	2.09	0.9817	2.88	0.9980
0.30	0.6179	0.90	0.8159	1.50	0.9332	2.10	0.9821	2.90	0.9981
0.31	0.6217	0.91	0.8186	1.51	0.9345	2.11	0.9826	2.92	0.9983
0.32	0.6255	0.92	0.8212	1.52	0.9357	2.12	0.9830	2.94	0.9984
0.33	0.6293	0.93	0.8238	1.53	0.9370	2.13	0.9834	2.96	0.9985
0.34	0.6331	0.94	0.8264	1.54	0.9382	2.14	0.9838	2.98	0.9986
0.35	0.6368	0.95	0.8289	1.55	0.9394	2.15	0.9842	3.00	0.9987
0.36	0.6406	0.96	0.8315	1.56	0.9406	2.16	0.9846	3.05	0.9989
0.37	0.6443	0.97	0.8340	1.57	0.9418	2.17	0.9850	3.10	0.9990
0.38	0.6480	0.98	0.8365	1.58	0.9429	2.18	0.9854	3.15	0.9992
0.39	0.6517	0.99	0.8389	1.59	0.9441	2.19	0.9857	3.20	0.9993
0.40	0.6554	1.00	0.8413	1.60	0.9452	2.20	0.9861	3.25	0.9994
0.41	0.6591	1.01	0.8437	1.61	0.9463	2.21	0.9864	3.30	0.9995
0.42	0.6628	1.02	0.8461	1.62	0.9474	2.22	0.9868	3.35	0.9996
0.43	0.6664	1.03	0.8485	1.63	0.9485	2.23	0.9871	3.40	0.9997
0.44	0.6700	1.04	0.8508	1.64	0.9495	2.24	0.9875	3.45	0.9997
0.45	0.6736	1.05	0.8531	1.65	0.9505	2.25	0.9878	3.50	0.9998
0.46	0.6772	1.06	0.8554	1.66	0.9515	2.26	0.9881	3.55	0.9998
0.47	0.6808	1.07	0.8577	1.67	0.9525	2.27	0.9884	3.60	0.9998
0.48	0.6844	1.08	0.8599	1.68	0.9535	2.28	0.9887	3.65	0.9999
0.49	0.6879	1.09	0.8621	1.69	0.9545	2.29	0.9890	3.70	0.9999
0.50	0.6915	1.10	0.8643	1.70	0.9554	2.30	0.9893	3.75	0.9999
0.51	0.6950	1.11	0.8665	1.71	0.9564	2.31	0.9896	3.80	0.9999
0.52	0.6985	1.12	0.8686	1.72	0.9573	2.32	0.9898	3.85	0.9999
0.53	0.7019	1.13	0.8708	1.73	0.9582	2.33	0.9901	3.90	1.0000
0.54	0.7054	1.14	0.8729	1.74	0.9591	2.34	0.9904	3.95	1.0000
0.55	0.7088	1.15	0.8749	1.75	0.9599	2.35	0.9906	4.00	1.0000
0.56	0.7123	1.16	0.8770	1.76	0.9608	2.36	0.9909		
0.57	0.7157	1.17	0.8790	1.77	0.9616	2.37	0.9911		
0.58	0.7190	1.18	0.8810	1.78	0.9625	2.38	0.9913		
0.59	0.7224	1.19	0.8830	1.79	0.9633	2.39	0.9916		

4. 카이제곱분포표

자유도가 n인 χ^2분포에서의 $P(X \leq x) = p$인 x의 값

n \ p	.005	.01	.025	.05	.10	.20	.25	.30	.40
1	.0000	.0002	.0010	.0039	.0158	.0642	.1015	.1484	.2750
2	.0100	.0201	.0506	.1026	.2107	.4463	.5754	.7133	1.022
3	.0717	.1148	.2158	.3518	.5844	1.005	1.213	1.424	1.869
4	.2070	.2971	.4844	.7107	1.064	1.649	1.923	2.195	2.753
5	.4117	.5543	.8312	1.145	1.610	2.343	2.675	3.000	3.655
6	.6757	.8721	1.237	1.635	2.204	3.070	3.455	3.828	4.570
7	.9893	1.239	1.690	2.167	2.833	3.822	4.255	4.671	5.493
8	1.344	1.647	2.180	2.732	3.490	4.594	5.071	5.527	6.423
9	1.735	2.088	2.700	3.325	4.168	5.380	5.899	6.393	7.357
10	2.156	2.558	3.247	3.940	4.865	6.179	6.737	7.267	8.295
11	2.603	3.053	3.816	4.575	5.578	6.989	7.584	8.148	9.237
12	3.074	3.571	4.404	5.226	6.304	7.807	8.438	9.034	10.18
13	3.565	4.107	5.009	5.892	7.042	8.634	9.299	9.926	11.13
14	4.075	4.660	5.629	6.571	7.790	9.467	10.17	10.82	12.08
15	4.601	5.229	6.262	7.261	8.547	10.31	11.04	11.72	13.03
16	5.142	5.812	6.908	7.962	9.312	11.15	11.91	12.62	13.98
17	5.697	6.408	7.564	8.672	10.09	12.00	12.79	13.53	14.94
18	6.265	7.015	8.231	9.390	10.86	12.86	13.68	14.43	15.89
19	6.844	7.633	8.907	10.12	11.65	13.72	14.56	15.35	16.85
20	7.434	8.260	9.591	10.85	12.44	14.58	15.45	16.27	17.81
21	8.034	8.897	10.28	11.59	13.24	15.44	16.34	17.18	18.77
22	8.643	9.542	10.98	12.34	14.04	16.31	17.24	18.10	19.73
23	9.260	10.20	11.69	13.09	14.85	17.19	18.14	19.02	20.69
24	9.886	10.86	12.40	13.85	15.66	18.06	19.04	19.94	21.65
25	10.52	11.52	13.12	14.61	16.47	18.94	19.94	20.87	22.62
30	13.79	14.95	16.79	18.49	20.60	23.36	24.48	25.51	27.44
40	20.71	22.16	24.43	26.51	29.05	32.34	33.66	34.87	36.16
50	27.99	29.71	32.36	34.76	37.69	41.45	42.94	44.31	46.86
60	35.53	37.48	40.48	43.19	46.46	50.64	52.29	53.81	56.62
70	43.27	45.44	48.76	51.74	55.33	59.90	61.70	63.35	66.40
80	51.17	53.54	57.15	60.39	64.28	69.21	71.14	72.92	76.19
90	59.20	61.75	65.65	69.13	73.29	78.56	80.62	82.51	85.99
100	67.33	70.06	74.22	77.93	82.86	87.95	90.13	92.13	95.81

.50	.60	.70	.75	.80	.90	.95	.975	.99	.995
.4549	.7083	1.074	1.323	1.642	2.706	3.841	5.024	6.635	7.879
1.386	1.833	2.408	2.773	3.219	4.605	5.991	7.378	9.210	10.60
2.366	2.946	3.665	4.108	4.642	6.251	7.815	9.348	11.34	12.84
3.357	4.045	4.878	5.385	5.989	7.779	9.488	11.14	13.28	14.86
4.351	5.132	6.064	6.626	7.289	9.236	11.07	12.83	15.09	16.75
5.348	6.211	7.231	7.841	8.558	10.64	12.59	14.45	16.81	18.55
6.346	7.283	8.383	9.037	9.803	12.02	14.07	16.01	18.48	20.28
7.344	8.351	9.524	10.22	11.03	13.36	15.51	17.53	20.09	21.95
8.343	9.414	10.66	11.39	12.24	14.68	16.92	19.02	21.67	23.59
9.342	10.47	11.78	12.55	13.44	15.99	18.31	20.48	23.21	25.19
10.34	11.53	12.90	13.70	14.63	17.27	19.68	21.92	24.72	26.76
11.34	12.58	14.01	14.85	15.81	18.55	21.03	23.34	26.22	28.30
12.34	13.64	15.12	15.98	16.98	19.81	22.36	24.74	27.69	29.82
13.34	14.69	16.22	17.12	18.15	21.06	23.68	26.12	29.14	31.32
14.34	15.73	17.32	18.25	19.31	22.31	25.00	27.49	30.58	32.80
15.34	16.78	18.42	19.37	20.47	23.54	26.30	28.85	32.00	34.27
16.34	17.82	19.51	20.49	21.61	24.77	27.59	30.19	33.41	35.72
17.34	18.87	20.60	21.60	22.76	25.99	28.87	31.53	34.81	37.16
18.34	19.91	21.69	22.72	23.90	27.20	30.14	32.85	36.19	38.58
19.34	20.95	22.77	23.83	25.04	28.41	31.41	34.17	37.57	40.00
20.34	21.99	23.86	24.93	26.17	29.62	32.67	35.48	38.93	41.40
21.34	23.03	24.94	26.04	27.30	30.81	33.92	36.78	40.29	42.80
22.34	24.07	26.02	27.14	28.43	32.01	35.17	38.08	41.64	44.18
23.34	25.11	27.10	28.24	29.55	33.20	36.42	39.36	42.98	45.56
24.34	26.14	28.17	29.34	30.68	34.38	37.65	40.65	44.31	46.93
29.34	31.32	33.53	34.80	36.25	40.26	43.77	46.98	50.89	53.67
39.34	41.62	44.16	45.62	47.27	51.81	55.76	59.34	63.69	66.77
49.33	51.89	54.72	56.33	58.16	63.17	67.51	71.42	76.15	79.49
59.33	62.13	65.23	66.98	68.97	74.40	79.08	83.30	88.38	91.95
69.33	72.36	75.69	77.58	79.71	85.53	90.53	95.02	100.4	104.2
79.33	82.57	86.12	88.13	90.41	96.58	101.9	106.6	112.3	116.3
89.33	92.76	96.52	98.65	101.1	107.6	113.1	118.1	124.1	128.3
99.33	102.9	106.9	109.1	111.7	118.5	124.3	129.6	135.8	140.2

5. t분포표

자유도가 n인 t분포에서의 $P(X \le x) = p$인 x의 값

n	p = .55	.60	.65	.70	.75	.80	.85	.90	.95	.975	.99	.995
1	.158	.325	.510	.727	1.000	1.376	1.963	3.078	6.314	12.706	31.821	63.657
2	.142	.289	.445	.617	.816	1.061	1.386	1.886	2.920	4.303	6.965	9.925
3	.137	.277	.424	.584	.765	.978	1.250	1.638	2.353	3.182	4.541	5.841
4	.134	.271	.414	.569	.741	.941	1.190	1.533	2.132	2.776	3.747	4.604
5	.132	.267	.408	.559	.727	.920	1.156	1.476	2.015	2.571	3.365	4.032
6	.131	.265	.404	.553	.718	.906	1.134	1.440	1.943	2.447	3.143	3.707
7	.130	.263	.402	.549	.711	.896	1.119	1.415	1.895	2.365	2.998	3.499
8	.130	.262	.399	.546	.706	.889	1.108	1.397	1.860	2.306	2.896	3.355
9	.129	.261	.398	.543	.703	.883	1.100	1.383	1.833	2.262	2.821	3.250
10	.129	.260	.397	.542	.700	.879	1.093	1.372	1.812	2.228	2.764	3.169
11	.129	.260	.396	.540	.697	.876	1.088	1.363	1.796	2.201	2.718	3.106
12	.128	.259	.395	.539	.695	.873	1.083	1.356	1.782	2.179	2.681	3.055
13	.128	.259	.394	.538	.694	.870	1.079	1.350	1.771	2.160	2.650	3.012
14	.128	.258	.393	.537	.692	.868	1.076	1.345	1.761	2.145	2.624	2.977
15	.128	.258	.393	.536	.691	.866	1.074	1.341	1.753	2.131	2.602	2.947
16	.128	.258	.392	.535	.690	.865	1.071	1.337	1.746	2.120	2.583	2.921
17	.128	.257	.392	.534	.689	.863	1.069	1.333	1.740	2.110	2.567	2.898
18	.127	.257	.392	.534	.688	.862	1.067	1.330	1.734	2.101	2.552	2.878
19	.127	.257	.391	.533	.688	.861	1.066	1.328	1.729	2.093	2.539	2.861
20	.127	.257	.391	.533	.687	.860	1.064	1.325	1.725	2.086	2.528	2.845
21	.127	.257	.391	.532	.686	.859	1.063	1.323	1.721	2.080	2.518	2.831
22	.127	.256	.390	.532	.686	.858	1.061	1.321	1.717	2.074	2.508	2.819
23	.127	.256	.390	.532	.685	.858	1.060	1.319	1.714	2.069	2.500	2.807
24	.127	.256	.390	.531	.685	.857	1.059	1.318	1.711	2.064	2.492	2.797
25	.127	.256	.390	.531	.684	.856	1.058	1.316	1.708	2.060	2.485	2.787
26	.127	.256	.390	.531	.684	.856	1.058	1.315	1.706	2.056	2.479	2.779
27	.127	.256	.389	.531	.684	.855	1.057	1.314	1.703	2.052	2.473	2.771
28	.127	.256	.389	.530	.683	.855	1.056	1.313	1.701	2.048	2.467	2.763
29	.127	.256	.389	.530	.683	.854	1.055	1.311	1.699	2.045	2.462	2.756
30	.127	.256	.389	.530	.683	.854	1.055	1.310	1.697	2.042	2.457	2.750
40	.126	.255	.388	.529	.681	.851	1.050	1.303	1.684	2.021	2.423	2.704
60	.126	.254	.387	.527	.679	.848	1.046	1.296	1.671	2.000	2.390	2.660
120	.126	.254	.386	.526	.677	.845	1.041	1.289	1.658	1.980	2.358	2.617
∞	.126	.253	.385	.524	.674	.842	1.036	1.282	1.645	1.960	2.326	2.576

6. F분포표

자유도가 (n_1, n_2)인 F분포에서의 $P(X \le x) = 0.95$인 x의 값

n_2 \ n_1	1	2	3	4	5	6	7	8	9	10	15	20	30	40	60	120	∞
1	161.40	199.50	215.70	224.60	230.20	234.00	236.80	238.90	240.50	241.90	245.90	248.00	250.10	251.10	252.20	253.30	254.30
2	18.51	19.00	19.16	19.25	19.30	19.33	19.35	19.37	19.38	19.40	19.43	19.45	19.46	19.47	19.48	19.49	19.50
3	10.13	9.55	9.28	9.12	9.01	8.94	8.89	8.85	8.81	8.79	8.70	8.66	8.62	8.59	8.57	8.55	8.53
4	7.71	6.94	6.59	6.39	6.26	6.16	6.09	6.04	6.00	5.96	5.86	5.80	5.75	5.72	5.69	5.66	5.63
5	6.61	5.79	5.41	5.19	5.05	4.95	4.88	4.82	4.77	4.74	4.62	4.56	4.50	4.46	4.43	4.40	4.36
6	5.99	5.14	4.76	4.53	4.39	4.28	4.21	4.15	4.10	4.06	3.94	3.87	3.81	3.77	3.74	3.70	3.67
7	5.59	4.74	4.35	4.12	3.97	3.87	3.79	3.73	3.68	3.64	3.51	3.44	3.38	3.34	3.30	3.27	3.23
8	5.32	4.46	4.07	3.84	3.69	3.58	3.50	3.44	3.39	3.35	3.22	3.15	3.08	3.04	3.01	2.97	2.93
9	5.12	4.26	3.86	3.63	3.48	3.37	3.29	3.23	3.18	3.14	3.01	2.94	2.86	2.83	2.79	2.75	2.71
10	4.96	4.10	3.71	3.48	3.33	3.22	3.14	3.07	3.02	2.98	2.85	2.77	2.70	2.66	2.62	2.58	2.54
15	4.54	3.68	3.29	3.06	2.90	2.79	2.71	2.64	2.59	2.54	2.40	2.33	2.25	2.20	2.16	2.11	2.07
20	4.35	3.49	3.10	2.87	2.71	2.60	2.51	2.45	2.39	2.35	2.20	2.12	2.04	1.99	1.95	1.90	1.84
30	4.17	3.32	2.92	2.69	2.53	2.42	2.33	2.27	2.21	2.16	2.01	1.93	1.84	1.79	1.74	1.68	1.62
40	4.08	3.23	2.84	2.61	2.45	2.34	2.25	2.18	2.12	2.08	1.92	1.84	1.74	1.69	1.64	1.58	1.51
60	4.00	3.15	2.76	2.53	2.37	2.25	2.17	2.10	2.04	1.99	1.84	1.75	1.65	1.59	1.53	1.47	1.39
120	3.92	3.07	2.68	2.45	2.29	2.17	2.09	2.02	1.96	1.91	1.75	1.66	1.55	1.50	1.43	1.35	1.25
∞	3.84	3.00	2.60	2.37	2.21	2.10	2.01	1.94	1.88	1.83	1.67	1.57	1.46	1.39	1.32	1.22	1.00

F분포표(계속)

자유도가 (n_1, n_2)인 F분포에서의 $P(X \le x) = 0.975$인 x의 값

n_2 \ n_1	1	2	3	4	5	6	7	8	9	10	15	20	30	40	60	120	∞
1	647.8	799.5	864.2	899.6	921.8	937.1	948.2	956.7	963.3	968.6	984.9	993.1	1001	1006	1010	1014	1018
2	38.51	39.00	39.17	39.25	39.30	39.33	39.36	39.37	39.39	39.40	39.43	39.45	39.46	39.47	39.48	39.49	39.50
3	17.44	16.04	15.44	15.10	14.88	14.73	14.62	14.54	14.47	14.42	14.25	14.17	14.08	14.04	13.99	13.95	13.90
4	12.22	10.65	9.98	9.60	9.36	9.20	9.07	8.98	8.90	8.84	8.66	8.56	8.46	8.41	8.36	8.31	8.26
5	10.01	8.43	7.76	7.39	7.15	6.98	6.85	6.76	6.68	6.62	6.43	6.33	6.23	6.18	6.12	6.07	6.02
6	8.81	7.26	6.60	6.23	5.99	5.82	5.70	5.60	5.52	5.46	5.27	5.17	5.07	5.01	4.96	4.90	4.85
7	8.07	6.54	5.89	5.52	5.29	5.12	4.99	4.90	4.82	4.76	4.57	4.47	4.36	4.31	4.25	4.20	4.14
8	7.57	6.06	5.42	5.05	4.82	4.65	4.53	4.43	4.36	4.30	4.10	4.00	3.89	3.84	3.78	3.73	3.67
9	7.21	5.71	5.08	4.72	4.48	4.32	4.20	4.10	4.03	3.96	3.77	3.67	3.56	3.51	3.45	3.39	3.33
10	6.94	5.46	4.83	4.47	4.24	4.07	3.95	3.85	3.78	3.72	3.52	3.42	3.31	3.26	3.20	3.14	3.08
15	6.20	4.77	4.15	3.80	3.58	3.41	3.29	3.20	3.12	3.06	2.86	2.76	2.64	2.59	2.52	2.46	2.40
20	5.87	4.46	3.86	3.51	3.29	3.13	3.01	2.91	2.84	2.77	2.57	2.46	2.35	2.29	2.22	2.16	2.09
30	5.57	4.18	3.59	3.25	3.03	2.87	2.75	2.65	2.57	2.51	2.31	2.20	2.07	2.01	1.94	1.87	1.79
40	5.42	4.05	3.46	3.13	2.90	2.74	2.62	2.53	2.45	2.39	2.18	2.07	1.94	1.88	1.80	1.72	1.64
60	5.29	3.93	3.34	3.01	2.79	2.63	2.51	2.41	2.33	2.27	2.06	1.94	1.82	1.74	1.67	1.58	1.48
120	5.15	3.80	3.23	2.89	2.67	2.52	2.39	2.30	2.22	2.16	1.94	1.82	1.69	1.61	1.53	1.43	1.31
∞	5.02	3.69	3.12	2.79	2.57	2.41	2.29	2.19	2.11	2.05	1.83	1.71	1.57	1.48	1.39	1.27	1.00

찾아보기

통계학의 입문

인쇄일 2012년 8월 13일
발행일 2012년 9월 3일

저 자 남상복 · 채홍철
발행자 김흥중
발행처 한림원 출판사
서울시 중구 퇴계로 51길 20 넥서스타워 1202호
연락처 (02) 2273-4201 팩 스 (02) 2273-4240
홈페이지 www.hanrimwon.co.kr

ISBN 978-89-93512-37-3
가 격 20,000원